海事司法文库 9

丛书总主编◎霍　敏

合规指引与风险防治

船员权益、海上人身安全卷

海事审判典型案例应用导则建设项目

40

吴锦标　马　奔◎主编

人民法院出版社

图书在版编目（CIP）数据

合规指引与风险防治．船员权益、海上人身安全卷 / 吴锦标，马奔主编．-- 北京 ：人民法院出版社，2024.6
（海事司法文库 / 霍敏总主编）
ISBN 978-7-5109-4166-5

Ⅰ．①合… Ⅱ．①吴… ②马… Ⅲ．①海事法规－案例－中国 Ⅳ．①D993.5

中国国家版本馆CIP数据核字(2024)第106484号

合规指引与风险防治——船员权益、海上人身安全卷
吴锦标　马　奔　主编

策划编辑　李安尼　赵芳慧
责任编辑　赵芳慧
封面设计　尹苗苗
出版发行　人民法院出版社
地　　址　北京市东城区东交民巷27号（100745）
电　　话　（010）67550628（责任编辑）　67550558（发行部查询）
　　　　　　65223677（读者服务部）
客服QQ　2092078039
网　　址　http：//www.courtbook.com.cn
E - mail　courtpress@sohu.com
印　　刷　三河市国英印务有限公司
经　　销　新华书店

开　　本　787毫米×1092毫米　1/16
字　　数　335千字
印　　张　19.5
版　　次　2024年6月第1版　2024年6月第1次印刷
书　　号　ISBN 978-7-5109-4166-5
定　　价　70.00元

海事司法文库
“合规指引与风险防治”课题组

主　　编　吴锦标（青岛海事法院）

马　奔（山东大学）

统　　稿　李　宁（山东法官培训学院）

牛　萌（青岛海事法院）

编写人（按姓氏笔画）

于　昊	于文斌	万贵良	马维东	王　欣
王　浩	王小玫	王可可	王妍娥	王晓斐
王爱玲	王睿琦	牛　萌	田　琨	匡　浩
匡普宇	毕德强	曲燕军	吕延铭	吕晨昊
庄　敏	庄雪莉	刘　坤	刘　昭	刘小娜
刘文文	刘振华	孙　鹏	孙学燕	孙恬静
李　宁	李　华	李　军	李亚男	李俊锋
李培合	李雪莲	杨　俊	杨雨涵	杨振楠
杨紫琼	肖秀雯	余晓龙	宋　萍	宋仪倩
宋俊文	张　波	张　勇	张　静	张先立
陈　超	范峻恺	林　丹	周　洁	周黛娜
孟政宪	赵忆雪	查璎娟	段琪祺	娄雅灵
秦　涛	袁子丰	原浩洋	徐雨均	郭郑超
郭俊莉	郭彦滨	曹照勇	崔婷婷	梁晓晓
葛晓琳	韩　军	曾兆薇	褚　茜	樊羽萌
薛明友	薛稳山			

序

建设海洋强国，是以习近平同志为核心的党中央着眼国家发展大局提出的时代使命。山东是海洋大省，海洋资源丰度指数居全国前列。2024 年 5 月，习近平总书记视察山东时指出，“要发挥海洋资源丰富的得天独厚优势，经略海洋、向海图强，打造世界级海洋港口群，打造现代海洋经济发展高地”，① 为山东进一步推进海洋强省建设指明了前进方向、提供了根本遵循。

近年来，在山东省委的坚强领导和最高人民法院的有力指导下，山东法院坚持以习近平新时代中国特色社会主义思想为指导，统筹推进国内法治和涉外法治，依法平等保护中外当事人合法权益，不断提升涉外商事海事司法公信力，形成了一批国际广泛认可、社会影响深远的涉外商事海事典型案例。司法案例是最鲜活的法律体现，是最生动的法治教科书。《海事司法文库 · 合规指引与风险防治》系列丛书深挖海事精品案件规则价值，将海事司法案例规则予以提炼、整理并集结、编纂成册，为涉外涉海纠纷解决、企业经营风险防范化解等提供司法依据。

海事司法文库编纂是山东法院深入践行习近平法治思想，服务保障高水平对外开放的生动实践。当今世界正经历百年未有之大变局，国际规则体系正在加速重构，制度型开放成为新一轮高水平对外开放的核心指向。海事司法文库广泛收录涉及全球 82 个国家和地区的案例，提炼裁判要旨 800 余条，

① 《习近平在山东考察时强调 以进一步全面深化改革为动力 奋力谱写中国式现代化山东篇章》，载《人民日报》2024 年 5 月 25 日，第 1 版。

主动对接国际高标准经贸规则，统筹国内法治和涉外法治，强化国际法与国内法的有效衔接，实现规则标准“软联通”，为持续营造市场化法治化国际化一流营商环境提供有力司法保障。

海事司法文库编纂是山东法院深入践行“抓前端、治未病”理念，积极参与社会治理的生动实践。司法案例是全社会共同的“法治产品”。“一个案例胜过一打文件”，这生动、深刻阐释了案例的重要功能。海事司法文库将具有参考示范意义的海事案例予以梳理公布，有利于充分发挥司法裁判的评价、指引、教育功能，有利于引导各类涉海主体学习法律、运用法律，增强法治意识、明晰行为边界，合法有序参与海洋活动，防范规避风险，推动企业更好地“走出去”“引进来”。

海事司法文库编纂是山东法院加强府院联动，推动司法与行政良性互动、优势互补、效能叠加的生动实践。在法治轨道上推进海洋强省建设是一项系统工程，需要政府和法院同向发力、同频共振。山东高院联合省政府召开全省府院联动第一次协调会议，推动省政府出台建立县级以上府院联动联席会议制度的意见，有效衔接依法行政和公正司法，促进法治政府建设水平和司法工作水平“双提高”。海事司法文库编纂工作得益于青岛市政府的大力支持，是青岛海事法院四十年来司法智慧的结晶，也是山东法院充分运用府院联动工作机制的重要成果。

希望本丛书能够为企业健康发展提供法治支撑，为行业规则制定提供有益参考，为山东经济繁荣提供司法助力。下一步，山东法院将深入学习贯彻习近平总书记视察山东重要讲话精神，坚定扛牢“走在前、挑大梁”的使命担当，坚持依法履职、公正司法，努力为打造高水平对外开放新高地贡献司法智慧，为谱写中国式现代化山东篇章供给司法动能。

霍敏

2024.6

前 言

习近平总书记指出："加强涉外法治建设既是以中国式现代化全面推进强国建设、民族复兴伟业的长远所需，也是推进高水平对外开放、应对外部风险挑战的当务之急。"[①]当前，我国正处在实现中华民族伟大复兴的关键时期，世界百年未有之大变局加速演进，必须更好发挥法治固根本、稳预期、利长远的保障作用。海事司法作为涉外法治、海洋法治的重要载体，是对接全球资源、加速要素循环、推动法治交流的重要手段，在新时代担负着维护国家海洋权益、规范海洋经济秩序、推动全球海洋治理朝着更加公正合理方向发展的职责使命。

作为国家设立的专司涉外、涉海审判的司法机关，青岛海事法院依法适用国内法、国际公约及条约、国际惯例开展审判工作，每年审理大量涉外、涉海案件，案件数量、种类覆盖全球 80 多个国家和地区，全球视野是海事司法的重要基础。作为中国特色社会主义法治体系的重要组成部分，海事司法具有审理案件全球性、适用法律全球性、司法协作全球性、裁决效力全球性的司法特性，是统筹国内法治与涉外法治，展示中国特色社会主义司法制度优越性的重要窗口。当前，海运贸易量占全球贸易总量的 90% 以上，历史和实践充分证明，经济强国必定是海洋强国、航运强国，海事法院通过发挥职能作用，切实调整规范了以港口、航运、贸易、金融行业为主的法律关系，

① 《习近平在中共中央政治局第十次集体学习时强调 加强涉外法制建设 营造有利法治条件和外部环境》，载《人民日报》2023 年 11 月 29 日，第 1 版。

海洋意识是海事司法的核心和关键。当前，国际航运中心东移已成为不争的事实，海事司法更加应该突出中心视阈，围绕全球海洋治理、海洋经济、海洋科技、海洋法治以及海洋生态环境利用和保护，结合引领型现代海洋城市、国际航运中心建设，努力打造国际海事争议解决优选地。深入践行司法为民理念，贯彻人类命运共同体、海洋命运共同体理念，平等保护中外当事人合法权益，在涉外、涉海案件中释放中国特色涉外法治理念、主张和成功实践，彰显厚生境界。

当前，国际竞争越来越体现为制度之争、规则之争。海事司法因其独特的涉外性、涉海性，审判工作中既要适用我国法律，也要适用外国法、国际公约、条约和国际惯例，由此而形成的裁判规则天然具有国际规则属性，在对接高标准国际经贸规则，稳步扩大规则、规制、管理、标准等制度型开放方面发挥着重要的法治引领、法治保障作用。市场经济本质上是法治经济，法治资源的有效运用必然带动涉外、涉海资源的高度富集与科学配置，船舶扣押与拍卖、海事强制令等海事司法专属职能作为反制部分国家“长臂管辖”和经济制裁措施的重要工具，是海事司法发挥涉外涉海资源配置功能的重要途径。海事司法坚持“条约信守”原则，适用国际条约承认与执行外国仲裁裁决，适用双边司法协助条约承认与执行外国法院判决。与此对应，海事司法的裁判结果在国际社会也能够得到广泛的承认与执行，这是海事司法发挥全球海洋争端解决机制功能的重要方面。海事法院的每一起涉外案件都涵盖诸多涉外法律关系，是涉外法治人才培养与发挥作用的重要实践基地。

“一个案例胜过一打文件。”为深入贯彻落实习近平总书记视察山东重要讲话重要指示精神，坚持依法履职、突出规则引领，为涉外涉海纠纷解决、企业经营风险防范化解提供司法依据、标准供给、国际经贸规则参考和研究资料，我们组织开展《海事司法文库·合规指引与风险防治》系列丛书编纂工作。编辑委员会由山东省高级人民法院党组书记、院长、二级大法官霍敏担任名誉主任、总主编，青岛市委常委、政法委书记程德智，青岛市委常委、副市长耿涛担任编委会主任，青岛海事法院党组书记、院长、一级高级法官吴锦标，山东大学政治学与公共管理学院院长、教授、博士生导师马奔担任主编。本丛书旨在深入挖掘海事司法案例在服务高质量发展和高水平对外开放方面的制度性优势，助力打造市场化、法治化、国际化一流营商环境，着力为中国式现代化山东实践贡献海洋法治力量。

海事司法文库“合规指引与风险防治”课题组

2024 年 5 月

目 录

船员权益

海上人身安全

船员权益

1. 王某诉青岛凯某水产有限公司涉新冠肺炎疫情船员劳务合同纠纷案

——《民法典》背景下生命权及健康权规定的理解与适用

【合规提示】

本案系一起涉新冠肺炎疫情船员劳务合同纠纷案件，原被告签订《劳务合同书》，原告为被告提供劳务服务，后原告的生命权、健康权受到了疫情威胁，双方就合同的解除发生了争议。自然人的生命权、健康权高于基于合同产生的普通债权。对于劳务人员而言，在公司无法为劳务人员提供安全的工作环境，劳务人员的生命权、健康权无法得到保障的情况下，劳务人员可以申请解除双方之间的合同，并在协商不成时自行返回国内，劳务人员的行为在当时所处情势下应当被认定为是一种正当的选择，对劳务人员的正当报酬及回国的必要费用公司应当承担。对于接受劳务的公司而言，应当为劳务人员提供安全的工作环境，保障劳务人员的生命权、健康权。

【案件信息】

1. 裁判文书字号

（2021）鲁72民初131号、（2021）鲁民终1800号

2. 当事人

原告（反诉被告）：王某

被告（反诉原告）：青岛凯某水产有限公司

3. 关键词

民事　船员劳务合同　生命权　健康权　合同解除

【裁判要旨】

《民法典》第1002条规定了自然人享有生命权。自然人的生命安全和生命尊严受法律保护。任何组织或者个人不得侵害他人的生命权。第1004条规定了自然人享有健康权。自然人的身心健康受法律保护。任何组织或者个人不得侵害他人的健康权。本案在查明王某所处国外工作环境新冠肺炎疫情肆虐的背景下，通过适用《民法典》关于生命权、健康权的相关规定，认为自然人的生命权、健康权高于基于合同产生的普通债权。王某出于对自身生命健康的考虑，在国内疫情已得到有效控制，而凯某公司无法为国外工作的王某提供安全工作环境的情形下，申请解除双方合同，并在协商不成时自行返回国内，其行为在当时所处情势下是一种正当的选择，对其选择，应当给予适当的尊重与关切。

【基本案情】

2020年2月13日，被告青岛凯某水产有限公司（以下简称凯某公司）与原告王某签订《劳务合同书》载明:（1）被告安排原告赴西非从事海上渔业生产，任船长职务，合同期限为24个月/届，自登船作业之日起至离船之日止;（2）原告满届年工资标准为28万元，待原告工作两年满届回国，被告另行向原告支付每年2万元的社会保险费用，由原告自己缴纳，如原告未满届回国则不享受保险补助待遇;（3）月薪标准18 000元/月，实际发放月薪与满届工资标准的差额部分，待原告满届回国后一次付清;（4）原告自登船之日起，被告按月薪标准每三个月发放，每年度分四次支付，剩余工资待劳务合同期满次月结清;（5）原告在劳务合同期间无故提出辞职要求回国，需向被告赔付违约金2万元，因此而产生的往返交通费用由原告承担。合同签订后，原告乘机前往埃塞俄比亚首都亚的斯亚贝巴，被告为原告支付机票费7090元。2020年2月14日，原告在塞内加尔登上“鲁某远渔006”轮开始工作。

塞内加尔发生新冠肺炎疫情后，当地船员在船舶到港后仍可自由上下船，可能引发疫情传播，故原告向被告提出解除合同。在未取得被告同意的情况下，原告于2020年7月28日自行离船。原告自2020年2月14日登船至2020年7月28日离船，在船工作共计163天，被告于2020年5月1日向原告支付工资 25 578 元，于 2020 年 7 月 21 日支付 49 520 元，原告在工作期间还分批预支工资 9100 元，合计 84 198 元。原告离船后，以 24 965 元的价格购买机票，于 2020 年 9 月 7 日自塞内加尔首都达喀尔乘坐航班返回西安，产生隔离费 6440 元。

原告提出诉讼请求：（1）判决双方于 2020 年 9 月 7 日解除劳务合同关系；（2）判令被告支付工资 94 068 元；（3）判令被告支付国外住宿费用 12 020 元、回国机票费用 24 965 元、隔离费用 6440 元。

被告辩称：（1）在原告违约的情况下，被告按月薪标准进行结算符合合同约定，原告的应得工资已全部支付完毕；（2）原告无权主张私自下船后的工资；（3）原告私自下船后产生的国外费用、机票费用、隔离费用与合同履行没有法律上的因果关系，属于原告违约造成的可以避免的损失，应由原告自行承担；（4）船上没有出现新冠肺炎疫情，其他船员都在坚守岗位；（5）合同的实际解除日期应为原告私自下船离岗之日即 2020 年 7 月 28 日。

凯某公司向本院提出反诉请求：判令王某支付违约金 2 万元、出国机票费 7090 元。

王某针对反诉请求答辩称：（1）凯某公司没有按时支付工资；（2）凯某在新冠疫情期间没有提供安全的劳动环境。

【裁判说理】

争议焦点：（1）原告是否有权解除案涉劳务合同，若有，则劳务合同何时解除。（2）原告关于支付工资的请求是否成立。（3）双方当事人基于合同解除提出的其他请求是否成立，包括凯某公司关于王某支付违约金和出国机票费的请求是否成立；原告关于被告支付其回国机票费、隔离费及国外住宿费用的请求是否成立。

青岛海事法院认为：本案系涉新冠肺炎疫情船员劳务合同纠纷。案涉《劳务合同书》不违反法律、行政法规的强制性规定，合法有效。

一、原告有权解除涉案劳务合同及劳务合同解除时间

1. 原告有权解除劳务合同。原告主张其有权解除合同的理由有二：一是被告未按合同约定支付工资；二是在新冠肺炎疫情出现情况下被告未提供安全生产环境。

首先，原告以被告未按约定支付工资而解除合同的理由是否成立。《劳务合同书》第 4 条约定："原告自登船之日起，被告按月薪标准每三个月发放，每年度分四次支付，剩余工资待劳务合同期满次月结清。"原告主张被告应自 2020 年 2 月 14 日其登船之日起每三个月支付工资，被告主张应按季度每年分四次支付。本院认为，在原告 2 月上船的情况下，参考被告发放工资做法并结合原告在合同履行及要求解除合同过程中均未对工资支付情况提出异议的事实，被告的主张应予支持。依据被告按季度每年分四次支付工资的主张，原告第一季度工资（2020 年 2 月 14 日至 2020 年 3 月 31 日）应为 27 000 元（18 000 元 / 月 ÷30 天 ×45 天），第二季度工资（2020 年 4 月 1 日至 6 月 30 日）应为 54 000 元（18 000 元 / 月 ÷30 天 ×90 天）。被告已于 2020 年 5 月 1 日和 7 月 21 日分别向原告支付 25 578 元和 49 520 元，原告在工作期间分批预支工资 9100 元。综上，本院认定被告支付工资的时间及金额符合合同约定，原告关于被告未按约定支付工资的主张无事实依据，其据此解除合同的理由不成立。

其次，原告以被告在新冠肺炎疫情期间未提供安全生产环境而解除合同的理由是否成立。原告在船工作期间恰逢全球新冠肺炎疫情暴发，原告所在的塞内加尔国短期内罹患新冠肺炎的患者急速增加，政府一度宣布进入国家紧急状态；同时，原告工作的船舶允许当地船员自由上下船而未采取相应的隔离措施，这些因素足以使原告对罹患新冠肺炎产生恐惧与担忧；原告相对封闭的工作环境又导致其信息来源相对单一，国内外新闻媒体连篇累牍的报道无疑加重了原告对自身生命健康的担心与焦虑。《民法典》第 1002 条、第 1004 条规定，自然人享有生命权、健康权，自然人的生命安全、生命尊严、身心健康受法律保护。该规定赋予自然人在生命安全、生命尊严、身心健康遭遇威胁时寻求法律保护的权利，体现了生命健康至上的价值取向。本案纠纷系由《民法典》施行前的法律事实引起，根据《最高人民法院关于适用〈中华人民共和国民法典〉时间效力的若干规定》第 2 条之规定，从更有利于保护民事主体合法权益，更有利于维护社会和经济秩序，更有利于弘扬社会主义核心价值观的角度出发，本案可以适用《民法典》之规定。本院认为，作为基本权利，自然人的生命权、健康权的法律价值明显高于基于合同而产生的普通债权，其保护标准应相对宽泛，对主体的要求不应过于苛责。因此，原告出于对自身生命健康的考虑，在无力改变国外工作环境而国内已经控制疫情的情况下，向被告提出解除合同申请，并在与被告协议不成时选择自行离船返回国内，其行为在当时所处情势下是一种正当的选择，对其选择，应当给予适当的尊重与关切。综上，原告以被告未提供安全生产环境为由请求解除合同，理由正当，本院予以支持。

2. 案涉劳务合同的解除时间。根据《合同法》第 96 条的规定，当事人主张解除合同的，应当通知对方，合同自通知到达对方时解除。本案中，原告于 2020 年 7 月 28 日离船前曾向被告提出解除合同，在未得到被告同意的情况下自行离船，此后再未履行合同义务。被告事后认可合同于 2020 年 7 月 28 日原告下船离岗之日解除，符合法律规定。原告主张合同自 2020 年 9 月 7 日其乘机返回国内之日解除，没有事实依据；此外，参照双方《劳务合同书》第 1 条关于“合同期限自登船作业之日起至离船之日止”的约定，亦宜认定原告离船之日为合同解除之日。

二、原告关于支付工资的请求是否成立

《合同法》第 97 条规定：“合同解除后，尚未履行的，终止履行；已经履行的，根据履行情况和合同性质，当事人可以要求恢复原状、采取其他补救措施，并有权要求赔偿损失。”根据上述规定，原告有权基于其提供劳务的事实请求凯某公司支付合同解除前欠付的工资。

原告向被告主张的 94 068 元的欠付工资，系按照合同约定的满届工资标准计算至 2020 年 9 月 7 日，且其依据的满届工资标准包含了合同约定的每年 2 万元的社会保险费用。关于工资标准，因原告并未实际工作至满届，本院认定按月薪标准发放工资，原告主张按照满届工资标准计算工资，不符合合同约定，本院不予支持。关于工作期限，本院认定劳务合同于原告离船之日即 2020 年 7 月 28 日解除，工资应发放至该日，原告关于工资计算至 2020 年 9 月 7 日的主张，本院不予支持。关于原告主张的工作满届后被告应当支付的每年 2 万元的社会保险费用，因原告在合同解除前部分履行了合同义务，实际提供了相应劳务，故其有权享有合同实际履行期间的社会保险保障。综上，按照月薪 18 000 元的标准，并将社会保险费用并入工资，计算至合同解除之日，被告需支付原告工资（18 000 元 / 月 ×12 月 +20 000 元）÷365 天 ×163 天 =105 391.78 元，扣除被告已经支付的 84 198 元，被告尚需支付原告工资 21 193.78 元。

三、双方当事人基于合同解除提出的其他请求是否成立

1. 被告（反诉原告）关于原告（反诉被告）支付违约金和出国机票费的请求不成立。案涉劳务合同约定，原告（反诉被告）在劳务合同期间无故提出辞职要求回国，需向被告（反诉原告）赔付违约金 2 万元，因此而产生的往返交通费用由原告（反诉被告）承担。被告（反诉原告）据此请求原告（反诉被告）支付 2 万元违约金及出国机票费 7090 元。本院认为，原告（反诉被告）下船离岗系因新冠肺炎疫情出现情况下维护其生命权、健康权的正当行为，不属于合同约定的“无故提出辞职要求回国”情形，被告（反诉原告）无权依据该条款请求原告（反诉被告）支付违约金及出国机票费，被告（反诉原告）的主张本院不予支持。

2. 原告关于被告支付其回国机票费、隔离费及国外住宿费用的请求是否成立。《劳务合同书》对于往返费用的负担没有明确约定，从违约条款“在劳务合同履行期间无故提出辞职要求回国，则自行承担往返交通费用”的表述来看，如果合同正常履行完毕，则由被告负担原告返回国内所需要的费用。因原告对合同解除并无过错，其解除合同理由正当，因此，该费用应由被告负担。原告返回国内的机票费 24 965 元、隔离费用 6440 元，均系其回国发生的必要费用，对其主张，本院予以支持。原告未能举证证明国外住宿费用具体数额，其请求被告支付该费用无事实依据，本院不予支持。

山东省高级人民法院二审驳回上诉，维持原判。

【法官后语】

作为基本权利，自然人的生命权、健康权的法律价值明显高于基于合同而产生的普通债权，其保护标准应相对宽泛，对主体的要求不应过于苛责。

生命，作为人体维持其生存的基本的物质活动能力，是人最高的人格利益，具有至高无上的人格价值，是人的第一尊严。生命权是人享有其他民事权利的基础。生命丧失，人的一切民事权利都随之消失。从《民法通则》中“生命健康权”的表述到《侵权责任法》和《民法总则》中“生命权、健康权”的表述，再到《民法典》专门设置的单独条文保护生命权、健康权，可以看出法律对生命权的保护随着时代的变化而发展，从最初的只有消极防御权能变为兼备积极权能和消极权能，更新了关于人之生命的价值理念，不仅

体现了法律对人之本体的高度重视，也符合弘扬社会主义核心价值观的价值导向。

权利人有权行使维护生命安全的权利，防止他人对自己生命的非法侵害。当有非法侵害生命的行为和危害生命的危险发生时，权利人有权采取相应的措施，保护自己，消除危害，使生命得以延续。权利人身处对生命构成危险的环境之中，有权请求改变生命危险环境，保护生命安全。当周围环境对生命安全构成危险，即使危险尚未发生，权利人也有权要求改变环境，消除危险。危险环境包括威胁生命安全的一切场合、处所、物件。改变生命危险环境可以由权利人自行改变，也可以请求危险环境的管理人改变。生命权人有权申请司法机关依法消除威胁生命的危险，是生命权法律保护的重要内容，因为生命一旦丧失，就无法逆转，因而更加突出了消除生命威胁请求权的作用和地位。

因此，原告出于对自身生命健康的考虑，在无力改变国外工作环境而国内已经控制疫情的情况下，向被告提出解除合同申请，并在与被告协议不成时选择自行离船返回国内，其行为在当时所处情势下是一种正当的选择，对其选择，应当给予适当的尊重与关切。在被告未提供安全生产环境的情形下，原告请求解除合同，理由正当，应当支持。

在案发当时疫情肆虐的情形下，船员的生命健康受到威胁，生命权、健康权作为基本权利，理应受到法律保障。本案的裁判规则对践行社会主义核心价值观、促进社会和谐具有积极、正面的推动作用，有利于保障劳动者基本权益，也有利于良好社会风气的形成。该案生效后，在海事司法和远洋渔业领域产生了较大的影响，取得了良好的社会效果。

【相关法条】

1.《中华人民共和国民法典》（2021 年 1 月 1 日施行）

第五百六十六条第一款 合同解除后，尚未履行的，终止履行；已经履行的，根据履行情况和合同性质，当事人可以请求恢复原状或者采取其他补救措施，并有权请求赔偿损失。

第一千零二条 自然人享有生命权。自然人的生命安全和生命尊严受法律保护。任何组织或者个人不得侵害他人的生命权。

第一千零四条 自然人享有健康权。自然人的身心健康受法律保护。任何组织或者个人不得侵害他人的健康权。

2.**《中华人民共和国民事诉讼法》**（2023 年 9 月 1 日修正）

第六十七条 当事人对自己提出的主张，有责任提供证据。

当事人及其诉讼代理人因客观原因不能自行收集的证据，或者人民法院认为审理案件需要的证据，人民法院应当调查收集。

人民法院应当按照法定程序，全面地、客观地审查核实证据。

3.**《最高人民法院关于适用〈中华人民共和国民法典〉时间效力的若干规定》**（2021 年 1 月 1 日施行）

第二条 民法典施行前的法律事实引起的民事纠纷案件，当时的法律、司法解释有规定，适用当时的法律、司法解释的规定，但是适用民法典的规定更有利于保护民事主体合法权益，更有利于维护社会和经济秩序，更有利于弘扬社会主义核心价值观的除外。

承办人：李　华

编写人：李　华　陈　超

2. 青岛兴某国际海事服务有限公司诉于某某涉船员劳动关系确认纠纷管辖异议案

——船员劳动合同纠纷案件由海事法院专门管辖的判定标准认定

【合规提示】

本案系一起涉船员劳动关系确认纠纷管辖异议案。对于船员而言，要把握海事法院受理涉船员案件的标准，主要是船员的诉讼请求内容是否涉及船员登船、在船工作、离船遣返相关报酬给付，是否属于船舶优先权范围，只要是这个范围的，就可以到海事法院提起诉讼。其中，因不服劳动仲裁机构作出的认定公司与船员之间成立劳动关系的裁决内容而提起的劳动关系确认纠纷案件，不属于海事法院专门管辖，船员应当到仲裁裁决指定的地方法院起诉。

【案件信息】

1. 裁判文书字号

（2023）鲁 72 民初第 492 号

2. 当事人

原告：青岛兴某国际海事服务有限公司

被告：于某某

3. 关键词

民事　船员劳动合同　海事法院　专门管辖

【裁判要旨】

1. 无论是船员劳务合同纠纷还是船员劳动合同纠纷，由海事法院管辖的判断标准是，原告方诉讼请求的内容是否涉及船员登船、在船工作、离船遣返相关报酬给付，是否为船舶优先权范围内的诉求。

2. 因不服劳动仲裁机构作出的认定公司与船员之间成立劳动关系的裁决内容而提起的劳动关系确认纠纷案件，不属于海事法院专门管辖。

【基本案情】

被告于某某因与青岛兴某国际海事服务有限公司（以下简称兴某公司）船员劳动合同纠纷于 2021 年 11 月 15 日向青岛市市北区劳动人事争议仲裁委员会提出仲裁申请。青岛市市北区劳动人事争议仲裁委员会作出北劳人仲案字（2022）第 18 号裁决书认定双方存在劳动关系，载明的救济途径是向用人单位所在地或者劳动合同履行地的基层人民法院提起诉讼。兴某公司向青岛市市北区人民法院提起诉讼，市北区人民法院作出（2022）鲁 0203 民初 5603 号民事裁定书，认定“原被告之间涉案争议期间的劳动关系系被告在海上工作期间产生的船员劳动合同纠纷，双方对劳动仲裁裁决不服的，应向海事法院提起诉讼。因此，原告的起诉不属于本院管辖”，裁定驳回兴某公司的起诉。经二审审理，青岛市中级人民法院作出（2023）鲁 02 民终 3168 号民事裁定书予以维持。后兴某公司向青岛海事法院提起诉讼。

兴某公司诉称：（1）兴某公司的经营范围系为中国籍及外国籍海船提供

配员，代理船员用人单位管理海船船员事务，代理海船船员申请培训、考试、办证等业务，没有经营任何船舶。于某某工作的船舶不属于兴某公司。（2）兴某公司作为船东公司代理，为被告办理了上船培训，原被告之间不存在建立劳动关系的合意，兴某公司仅提供中介服务；于某某培训期的相应报酬由船东支付，于某某并不接受兴某公司的劳动管理。（3）于某某提交的银行流水转款备注为“待派金、押金、隔离费”等，明显不是劳动报酬，不符合《关于确立劳动关系有关事项的通知》第2条中认定存在劳动关系可参照凭证的情形。（4）兴某公司向青岛正源司法鉴定机构所出具的函件仅是为了配合于某某办理保险事宜的格式性文件，其中也并未对与于某某之间存在劳动关系作出任何认可的表述，不应按照一份保险材料就认定劳动关系，原仲裁机构的认定明显错误。故请求法院判令确认兴某公司与于某某不存在劳动关系。

被告于某某在答辩期内提出管辖异议，认为：（1）关于海事法院受理案件范围，根据《海事诉讼特别程序法》第6条、《最高人民法院关于海事法院受理案件范围的规定》第24条规定，海事法院仅受理船员与雇主间的劳务关系、报酬给付和人身伤亡的赔偿，不能受理劳动关系确认纠纷案件。本案是原被告之间的劳动关系确认纠纷，已经由青岛市市北区劳动人事争议仲裁委员会作出北劳人仲案字（2022）第18号裁决书处理完毕。青岛海事法院作为处理海上纠纷的专门法院只能受理直接到法院提起诉讼的案件，没有任何法律规定可以受理对劳动仲裁委员会作出的裁决不服的案件。青岛海事法院对本案没有管辖权。（2）青岛海事法院不应对劳动仲裁委员会作出的裁决作出处理，受理本案违反了“一事不再理”的民事诉讼原则。青岛市市北区人民法院和青岛市中级人民法院分别作出驳回兴某公司起诉和维持一审的裁定。地方法院已对本案作出终结性处理的情况下，青岛海事法院不能再对本案作出处理。（3）兴某公司在市北区人民法院作出一审裁定后的上诉状中也认为青岛海事法院对本案没有管辖权。市北区人民法院和青岛市中级人民法院都想当然地认为海上纠纷就应该由海事法院受理，却未对海上的劳务纠纷和劳动纠纷作出清晰区分，青岛海事法院不应处理本应由地方法院处理的案件。（4）于某某在向市北区劳动人事争议仲裁委员会申请劳动仲裁前已经向青岛海事法院立案庭电话核实，立案庭已经明确答复只受理劳务纠纷，不受理劳动关系的确认纠纷。此外，于某某也查询到关于海上船员发生工伤后到青岛海事法院申请确认劳动关系的案件，都被以无管辖权为由予以驳回起诉处理，于某某这才向劳动仲裁委员会提起劳动仲裁。

【裁判说理】

争议焦点：经过劳动仲裁前置程序且诉讼请求为确认劳动关系不存在的劳动争议案件，是否应由海事法院管辖。

青岛海事法院认为：兴某公司系在青岛市市北区劳动人事争议仲裁委员会作出确认原被告双方存在劳动关系之后，向青岛海事法院提起的诉讼，诉讼请求为"依法判令确认原告与被告于2020年10月2日至2021年7月25日期间不存在劳动关系"。《民事案件案由规定》将确认劳动关系纠纷归为劳动合同纠纷。根据《最高人民法院关于审理劳动争议案件适用法律问题的解释（一）》第1条规定，"劳动者与用人单位之间发生的下列纠纷，属于劳动争议，当事人不服劳动争议仲裁机构作出的裁决，依法提起诉讼的，人民法院应予受理：（一）劳动者与用人单位在履行劳动合同过程中发生的纠纷；（二）劳动者与用人单位之间没有订立书面劳动合同，但已形成劳动关系后发生的纠纷……"本案为明确的劳动争议纠纷。又根据《最高人民法院关于审理劳动争议案件适用法律问题的解释（一）》第3条第1款的规定，"劳动争议案件由用人单位所在地或者劳动合同履行地的基层人民法院管辖"，本案应当由青岛市市北区人民法院管辖。

《海事诉讼特别程序法》第6条规定，"海事诉讼的地域管辖，依照《中华人民共和国民事诉讼法》的有关规定。下列海事诉讼的地域管辖，依照以下规定：……（五）因海船的船员劳务合同纠纷提起的诉讼，由……海事法院管辖……"《最高人民法院关于海事法院受理案件范围的规定》规定，"船员劳动合同、劳务合同（含船员劳务派遣协议）项下与船员登船、在船服务、离船遣返相关的报酬给付及人身伤亡赔偿纠纷案件"，属于海事法院受理案件范围；《最高人民法院关于审理涉船员纠纷案件若干问题的规定》第1条规定，"船员与船舶所有人之间的劳动争议不涉及船员登船、在船工作、离船遣返，当事人直接向海事法院提起诉讼的，海事法院告知当事人依照《中华人民共和国劳动争议调解仲裁法》的规定处理"，第5条规定，"与船员登船、在船工作、离船遣返无关的劳动争议提交劳动争议仲裁委员会仲裁，仲裁庭根据船员的申请，就船员工资和其他劳动报酬、工伤医疗费、经济补偿或赔偿金裁决先予执行的，移送地方人民法院审查"。根据以上规定，本案已经经过劳动仲裁前置程序，为典型的劳动争议案件，且诉讼请求不涉及船员登船、在船工作、离船遣返相关报酬给付，亦与船舶优先权无关，海事法院不具有管辖权。

青岛海事法院以裁定结案。

【法官后语】

本案是一起典型的船员劳动合同中确认劳动关系的劳动争议管辖异议案件。此类案件的管辖认定，主要在于对海事诉讼特别程序的设定宗旨及《最高人民法院关于审理涉船员纠纷案件若干问题的规定》第1条的正确理解。

案件中用人单位不服劳动争议仲裁部门作出的确认劳动关系的仲裁裁决，向裁决指明的基层人民法院提起诉讼，请求确认劳动关系不存在。该基层人民法院以本案为在海上工作期间产生的船员劳动合同纠纷应由海事法院管辖为由裁定驳回其起诉，其上诉审中级人民法院裁定予以维持。但当事人双方均认为本案应由该基层法院管辖，用人单位不得已向海事法院提起诉讼，船员则提出管辖异议。海事法院经审查认为本案仍应由该基层人民法院管辖而裁定将本案移送回该基层人民法院。本案反映了作为专门法院的海事法院、地方人民法院及当事人等诉讼程序的参与方对此类管辖问题在认识上存在的分歧与矛盾。而此种分歧与矛盾的存在，主要是因为在不同时期就海事法院此类案件管辖的规定不同，各阶段的管辖判断标准也随之变化，在对新标准的了解程度不够而旧标准占主导地位的情况下，导致认识产生混乱。

为厘清这一问题，先就相关管辖规定的历史沿革情况予以梳理。

一、关于海事法院就船员劳动合同、劳务合同案件管辖规定的沿革

自海事法院成立以来，关于海事法院就船员劳动合同、劳务合同纠纷案件管辖的相关规定，主要经历以下三个阶段。

（一）海事法院设立之初，船员劳动合同、劳务合同均未明确规定

1984年11月14日发布的《全国人民代表大会常务委员会关于在沿海港口城市设立海事法院的决定》第3条原则性规定“海事法院管辖第一审海事案件和海商案件，不受理刑事案件和其他民事案件”，对案件类型未作详细规定。

1984年11月28日发布的《最高人民法院关于设立海事法院几个问题的

决定》列明的海事法院收案范围的18种海事、海商案件中，没有船员劳务合同或劳动合同案件。

（二）21世纪之初，仅明确规定船员劳务合同纠纷案件

2000年7月1日施行的《海事诉讼特别程序法》第6条规定："海事诉讼的地域管辖，依照《中华人民共和国民事诉讼法》的有关规定。下列海事诉讼的地域管辖，依照以下规定：……（五）因海船的船员劳务合同纠纷提起的诉讼，由……海事法院管辖……"其中仅规定了船员劳务合同的管辖。

2001年9月18日施行的《最高人民法院关于海事法院受理案件范围的若干规定》第25项亦仅规定"船员劳务合同纠纷案件"。

（三）海事法院设立30年后，船员劳动合同、劳务合同均予以明确

2016年实施的《最高人民法院关于海事法院受理案件范围的规定》（以下简称2016年《受案范围规定》）第24项规定："船员劳动合同、劳务合同（含船员劳务派遣协议）项下与船员登船、在船服务、离船遣返相关的报酬给付及人身伤亡赔偿纠纷案件"。其中就两种合同形式均予以规定，同时规定了管辖限定语为"与船员登船、在船服务、离船遣返相关的报酬给付"。

2020年9月实施的《最高人民法院关于审理涉船员纠纷案件若干问题的规定》（以下简称《涉船员案件规定》）第1条规定："船员与船舶所有人之间的劳动争议不涉及船员登船、在船工作、离船遣返，当事人直接向海事法院提起诉讼的，海事法院告知当事人依照《中华人民共和国劳动争议调解仲裁法》的规定处理。"该条规定与上述2016年《受案范围规定》一脉相承，并进一步规定了在限定范围之外案件起诉到海事法院的处理方法。

二、海事法院就船员劳动合同、劳务合同案件管辖的判断标准之认定

从上述梳理可见，海事法院就船员劳动合同、劳务合同案件管辖的规定经历三个阶段。海事法院设立之初的第一阶段，是海事法院管辖案件的理论与实践的探索阶段，相关案件类型规定尚不全面。在第二阶段明确规定受案范围为"船员劳务合同"时，海事法院以区分"劳动合同"与"劳务合同"来判断受案范围。判断标准为与船员签订劳动合同、用人单位为船员购买社会保险的案件为"劳动合同案件"，需先进行劳动仲裁，海事法院不直接受理。一段时间以来这一标准被社会普遍认可，此类案件的管辖在海事法院、

地方法院、当事人及劳动仲裁机构等均形成共识。

2016 年《受案范围规定》将船员劳动合同、劳务合同均规定在海事法院受案范围后，各界对此项规定的了解和理解程度不同，导致相关案件处理结果也不相同。关于 2016 年《受案范围规定》，最高人民法院民四庭作出的《解读〈最高人民法院关于海事法院受理案件范围的规定〉》对第 24 项的解释是："对海事法院受理该类案件的范围进行具体限制，排除海事法院受理船员因与上下船和在船服务无直接关系的纠纷，但是根据《规定》第 110 项的规定，如果当事人就船员上下船和在船服务相关纠纷与其他纠纷（如船员离船在岸期间与用人单位发生的工资、社会保险等纠纷）一并起诉的，则案件仍由海事法院受理。"该解释明确两点：一是条文明确规定"与船员登船、在船服务与离船遣返相关的报酬给付"范围内的案件海事法院予以受理，同时，以非此即彼的思路排除了该范围之外的案件；二是如果就范围内和范围外的请求一并起诉的，仍由海事法院管辖。这一解释解决了两种情况交织的复杂的现实情况的案件受理问题。此时，对管辖的判断主要把握三个关键词，即"登船、在船工作、离船遣返"。

《涉船员案件规定》于 2020 年 9 月颁布实施，为更好地适用该规定，《最高法民四庭负责人就〈最高人民法院关于审理涉船员纠纷案件若干问题的规定〉答记者问》中阐述了规定出台的背景为上述 2016 年《受案范围规定》中将船员劳动合同和劳务合同一并规定在海事法院受案范围内，需对两类案件进行区分认定；并且实践中出现了"船员的诉讼请求不涉及上船服务、与船舶优先权无关的现象"。在海事审判实践的基础上，《涉船员案件规定》对实践中的普遍做法予以认可，即对于不涉及船舶优先权、属于一般劳动争议的案件，应按照劳动法的规定实行仲裁前置；船员提出的诉讼请求同时涵盖与船舶优先权有关的事项和与船舶优先权无关的事项，为方便船员诉讼，避免要求船员拆分诉讼请求分别通过仲裁前置和直接诉讼的方式解决争议，海事法院可以考虑对两类请求一并予以受理。

从该解答可见，在 2016 年《受案范围规定》及《涉船员案件规定》颁布实施后，判断管辖的标准为：诉讼请求为"与船员登船、在船服务与离船遣返相关的报酬给付"及"与船舶优先权有关"。我国 1992 年颁布的《海商法》第 22 条关于船舶优先权范围的规定中，与船员劳动合同和劳务合同相关的船舶优先权的规定为"船长、船员和在船上工作的其他在编人员根据劳动法律、行政法规或者劳动合同所产生的工资、其他劳动报酬、船员遣返费用和社会保险费用的给付请求”。该规定也要求是在船上工作产生的工资、报酬、遣返费及社会保险费用，与2016年《受案范围规定》及《涉船员案件规定》的立法精神一致。

除了上述范围的案件由海事法院管辖之外，其他案件均不在海事法院受理案件范围内。上述范围内和范围外的诉讼请求交织的案件，解答提出“海事法院可以考虑一并受理”，但在《涉船员案件规定》中并没有明文规定，该种情况是否受理在于个案分析和法院的自由裁量。

三、本案的认识分歧原因及裁判标准

本案中用人单位起诉时阐明的关于管辖观点系因案件已经过劳动仲裁，而仲裁裁决指引的受诉法院为基层人民法院；船员提出管辖异议中的观点则明显看出其认识仍基于上述分析中第二阶段的法律规定所形成的管辖判断标准，即“劳务合同”与“劳动合同”的区别。本案裁定中兼顾了两者的观点及诉求。首先分析本案从案件类型应当属于普通劳动争议案件，依法应由地方法院管辖；对用人单位的诉求给予回应并予以肯定。再从诉讼请求不符合“与船员登船、在船服务与离船遣返相关的报酬给付”及“与船舶优先权有关”之标准，判断本案不应由海事法院受理；对船员的认识予以纠偏。地方法院仅以“海上工作产生”“涉船员”等为判断标准的裁判思路已不足以正确解决此类管辖纠纷。青岛海事法院裁定将案件移送回原基层法院，符合法律规定及立法精神。

【相关法条】

《中华人民共和国民事诉讼法》（2021年12月24日修正）

第一百三十条第一款 人民法院受理案件后，当事人对管辖权有异议的，应当在提交答辩状期间提出。人民法院对当事人提出的异议，应当审查。异议成立的，裁定将案件移送有管辖权的人民法院；异议不成立的，裁定驳回。

对应新法：

《中华人民共和国民事诉讼法》（2023年9月1日修正）

第一百三十条第一款 人民法院受理案件后，当事人对管辖权有异议的，应当在提交答辩状期间提出。人民法院对当事人提出的异议，应当审查。异议成立的，裁定将案件移送有管辖权的人民法院；异议不成立的，裁定驳回。

承办人：郭俊莉

编写人：郭俊莉　宋仪倩

3. 梁某阳等六船员诉南京旺某船务有限公司船员劳务合同纠纷案

——船舶违法作业时，船员合法权益的保护审查

【合规提示】

船员作业应遵守国家法律，不得从事违法行为。

【案件信息】

1. 裁判文书字号

（2023）鲁72民初344号等

2. 当事人

原告：梁某阳等六船员

被告：南京旺某船务有限公司

3. 关键词

民事　船员劳务合同　违法作业

【裁判要旨】

船员因受欺诈、胁迫而违法作业，船员主张相关工资和其他报酬的，对船员的请求应予支持。

【基本案情】

梁某阳等六人系“旺某 96”轮船员。因该轮涉嫌走私，2023 年年初由青岛海警局于日照港将该轮扣押。经调查，案涉船舶涉嫌走私与梁某阳等六人无关。因在船工资尚未支付，该六名船员于 2023 年 2 月 23 日申请青岛海事法院扣押“旺某 96”轮，后于 2023 年 3 月 20 日提起诉讼，诉请支付其在船工资。经核实，“旺某 96”轮实际船东为郑某，挂靠于南京旺某船务有限公司，案发时处于光船租赁期间。

【裁判说理】

争议焦点：船员违法作业，对其工资报酬应否支持。

青岛海事法院认为：根据《最高人民法院关于审理涉船员纠纷案件若干问题的规定》，船员因受欺诈、胁迫而违法作业，船员主张相关工资和其他报酬的，对船员的请求应予支持。但船舶所有人举证证明船员对违法作业自愿明知的，对船员的请求不予支持。船东或船员的行为应受行政处罚或涉嫌刑事犯罪的，则依照相关法定程序处理。本案梁某阳等六名船员对案涉船舶涉嫌违法并不知情，因此对其六人要求支付在船工资的诉请，应予支持。本院根据船员申请扣押船舶后，六名船员提起诉讼，经过充分释法说理，最终双方达成和解，实际船东郑某当即足额支付了梁某阳等六名船员的工资，六名船员也撤回了起诉。

【法官后语】

违法作业情形下船员工资是否应予保护，一直是颇有争议的问题。为平衡船员权益合法保障和维护正常生产生活秩序，《最高人民法院关于审理涉船员纠纷案件若干问题的规定》明确船员因受欺诈、胁迫而违法作业，船员主张相关工资和其他报酬的，对船员的请求应予支持。但在实践中，违法船舶因违法行为被有关机关依法扣押、在船船员接受有关机关的调查询问后，即使船员与违法犯罪活动无关，但由于“不知法、不懂法”或者出于不想“惹麻烦”的惧怕心理，多数船员放弃索要工资，船员的合法权益没有得到很好的保障。当前中国的船员总量位居世界第一，海事司法实践中涉及船员纠纷也占据较大比重。本案的处理，充分保护了船员的合法权益，体现了海事司法对弱势群体的保护，让海事司法的温度“看得见”“能感受”，具有积极的社会示范意义。

【相关法条】

1.《中华人民共和国民事诉讼法》（2023 年 9 月 1 日修正）

第一百二十一条第一款 当事人进行民事诉讼，应当按照规定交纳案件受理费。财产案件除交纳案件受理费外，并按照规定交纳其他诉讼费用。

第一百五十七条第一款 裁定适用于下列范围：

（一）不予受理；

（二）对管辖权有异议的；

（三）驳回起诉；

（四）保全和先予执行；

（五）准许或者不准许撤诉；

（六）中止或者终结诉讼；

（七）补正判决书中的笔误；

（八）中止或者终结执行；

（九）撤销或者不予执行仲裁裁决；

（十）不予执行公证机关赋予强制执行效力的债权文书；

（十一）其他需要裁定解决的事项。

2.《最高人民法院关于适用〈中华人民共和国民事诉讼法〉的解释》（2022 年 4 月 1 日修正）

第二百一十三条 原告应当预交而未预交案件受理费，人民法院应当通知其预交，通知后仍不预交或者申请减、缓、免未获批准而仍不预交的，裁定按撤诉处理。

承办人：张　勇

编写人：张　勇

4. 林某诉宗某船员劳务合同纠纷案

——法官多跑腿，调解到船边

【合规提示】

本案系一起船员劳务合同纠纷案件，双方对于是否应付劳务费产生争议。对于船员而言，当自身权益遭受损害时，应当依法维权；对于船主而言，应当及时支付船员工资，诚实守信。

【案件信息】

1. 裁判文书字号

（2023）鲁72民初307号

2. 当事人

原告：林某

被告：宗某

3. 关键词

民事　船员劳务合同　调解

【裁判要旨】

船员劳务合同纠纷应坚持调解优先原则，避免程序空转。

【基本案情】

林某通过中介介绍到宗某船上从事捕捞工作，出海作业两个航次后，宗某将林某解雇，仅支付其5700元工资，剩余3900元工资未支付，林某多次讨要无果后提起诉讼。案件受理后，办案人员电话联系宗某，宗某以林某工作期间操作不当给其造成巨额损失为由拒绝进行调解，并表示作业繁忙不会到庭参加庭审，败诉的话誓将讨个说法。办案人员遂驱车百里来到岚山区童海渔码头，现场进行调解。

【裁判说理】

被告不到庭，办事人员主动上门调解。经耐心细致的调解工作，双方和解并即时给付，原告撤诉。

【法官后语】

这是一起标的额仅为3900元的小案，但却是渔业船员经常遇到的“急难愁盼”问题。由于船主宗某存在强烈的抵触情绪，始终拒绝出面调解，也拒绝到庭应诉，如果简单“依法”下判，必然会案结事不了，还会衍生出二审、再审、执行等相关案件，造成程序空转，劳民伤财，不仅增添当事人的讼累，也增加了司法成本。办案人员主动转变工作作风，变坐堂问案为上门调解，到双方工作的渔码头现场进行调解。起初宗某拒绝出面，办案人员又联系其所在村居渔业主任和当地渔业协会会长协助调解，宗某碍于情面这才到场。经过一个多小时动之以情、晓之以理的思想工作，打消了宗某的怨气，对宗某主张的损失事由也从法律关系、举证责任等方面存在的不利因素逐一进行讲解，最终双方达成和解协议并当场微信支付。一起不折不扣的小案成功化解。该案是海事法官秉持“群众利益无小事”“小案不小办”工作理念，用心用情用力办好每起案件，认真践行司法为民的工作缩影。

【相关法条】

《中华人民共和国民事诉讼法》（2023年9月1日修正）

第一百四十八条第一款　宣判前，原告申请撤诉的，是否准许，由人民法院裁定。

承办人：张　勇

编写人：张　勇

5. 韩某某诉姜某某、荣成市朝某捕捞有限公司船员劳务合同纠纷案

——船员劳务合同任意解除权的法律适用

【合规提示】

本案中，原告和被告签订了固定期限的劳务合同。按照合同的履行原则，被告应当遵守约定，遵循诚信原则，雇佣原告上船工作并按照合同支付工资。但被告提前解除合同且未通知原告，给原告造成了一定的经济损失，应予以适当赔偿。原告作为船员，了解当地渔船用工惯例，在被告长时间未通知其上船工作的情况下，应寻求解决方案，减少损失。原告的损失数额可以参考当地渔船用工市场中同类情况的待岗时间及在岸工资标准予以确定。同时倡导船东和船员在签订船员劳务合同时，可以对任意解除合同方约定违约责任。

【案件信息】

1. 裁判文书字号

（2023）鲁72民初171号

2. 当事人

原告：韩某某

被告：姜某某、荣成市朝某捕捞有限公司

3. 关键词

民事　船员劳务合同　合同解除　损失赔偿

【裁判要旨】

合同提前解除，违约方应赔偿守约方合理的经济损失。

【基本案情】

2022年8月31日，原告韩某某与被告姜某某签订了《劳务合同书》，姜

某某雇佣韩某某在其经营的“鲁某渔 5××69”渔船上从事船员工作，该船登记在被告荣成市朝某捕捞有限公司名下。合同约定：“船方因海上生产需要，雇佣员工在船上工作，经双方友好协商达成如下协议：本合同自 2022 年 8 月 31 日至 2023 年 1 月 14 日止，合同一经双方签字，即视为船方带雇员到达船上工作开始；雇员的工资报酬标准及支付方式：工资报酬每人 95 000 元，船方给雇员的月支为 5000 元，剩余工资合同期满一次性付清。”原告工作至 2022 年 9 月 21 日下船。被告姜某某未向原告支付工资，亦未再通知原告上船工作。

原告遂于 2022 年 11 月 16 日提起诉讼，要求被告姜某某支付原告船员工资 95 000 元，并请求确认原告的工资对登记在被告荣成市朝某捕捞有限公司名下的“鲁某渔 5××69”渔船享有船舶优先权。

被告辩称认可双方协商的调解数额，暂时资金困难无法偿还，希望与原告协商付款时间。

本案在诉前调解过程中，经调解员调解，原告变更了诉讼请求，要求被告按照合同约定折算日平均工资每天 704 元的标准支付出海 23 天的工资，按照在岸待岗工资每天 180 元的标准支付截至 10 月 31 日 38 天的工资，共计 23 032 元。案件在审理过程中，经法官调解，原被告共同确认在船工作时间为 21 天，在岸工资标准确定为 150 元。对因被告提前解除合同，原告主张赔偿其 40 天的经济损失，法官从渔船用工的特殊性、劳务合同的法律属性及被告的经营状况等方面给原被告进行了充分释明，双方最终就工资数额及经济损失达成和解。因涉及船舶优先权的确认，本案需法院审查后予以判决。

【裁判说理】

争议焦点：船员劳务合同任意解除权的法律适用及违约造成损失的认定。

青岛海事法院认为：原告韩某某与被告姜某某签订了《劳务合同书》，双方成立船员劳务合同关系，原告为姜某某提供了劳务，姜某某理应向原告支付欠付的工资。审理过程中，二被告对原告的工作时间及拖欠工资予以认可，对付款数额及时间达成一致，本院予以确认。原告放弃要求被告支付利息的请求，本院予以认可。同时，原告作为船员，其工资给付请求对产生该海事请求的特定船舶，在法定期限内具有优先受偿的权利。原告请求确认船舶优先权符合法律规定，但应在法定期限内通过法院扣押产生优先权的船舶行使。

青岛海事法院以判决方式结案。

【法官后语】

船员劳务纠纷是海事法院受理案件类型中比重较大的类型。以青岛海事法院为例，2021年青岛海事法院受理案件中，船员劳务纠纷案件占比高达63%，2022年占比也达到了59%。其中石岛海事法庭受理的渔船船员劳务纠纷案件占青岛海事法院收案的70%左右。石岛法庭辖区内的石岛渔港是北方最大的渔港。渔船用工数量大，船员紧缺，规模较小的船公司或个体船东在船员用工方面不规范的现象不同程度存在，船员纠纷数量长期居高不下。该类纠纷在审判实务中基本都以船员在船工作的实际天数和合同约定的工资标准来计算劳动报酬，对船舶经营人提前解除合同或船员提前离船导致合同无法按期履行的违约责任或经济损失的赔偿，双方当事人大多不予主张。当事人对船员劳务合同任意解除权的行使及合同解除后责任承担的随意性，既是受船员劳务市场的行业惯例影响，也是相关法律适用不清晰所导致，是目前司法裁判实践中的难点。

本案中，原告和被告签订了书面的劳务合同，合同中未约定违约责任。原告在船工作21天后下船，被告未再通知船员上船。10月被告安排船舶出海也未通知原告上船。被告虽未明确通知原告解除合同，但其此后船舶出海未通知原告，应视为其与原告的劳务合同不再继续履行，合同已实际解除。原告认为双方签订了固定期限的劳务合同，由于渔船出海作业时间不固定，为了能保证随时出海，原告在合同期内不会再从事新的工作，在等待期内，被告也应按合同约定支付全额工资95 000元。被告坚持只支付给原告在船工作的工资，并表明这是行业内的通常做法。从合同的履行原则来看，被告应当遵守约定，遵循诚信原则，雇佣原告上船工作并按照合同支付工资。被告提前解除合同，给原告造成了一定的经济损失，应予以适当赔偿。原告作为船员，了解当地渔船用工惯例，在被告长时间未通知其上船工作的情况下，应寻求解决方案，减少损失。原告的损失数额可以参考当地渔船用工市场中同类情况的待岗时间及在岸工资标准予以确定。

通过梳理相同类型的船员劳务合同纠纷案件，其共性化争议相对比较集中。

一、在船员劳务合同中，合同双方是否享有任意解除权

船员劳务合同的任意解除权法律并无明确规定，但从劳务合同的法律特

征分析，应该赋予合同双方任意解除权。

劳务合同是双方当事人以书面或口头约定，在确定或不确定的期间内，一方向他方提供劳务，他方给付报酬的合同。主要特征包括：合同双方主体是平等的，是依据《民法典》中签订合同的自愿原则进行，不涉及人身依附关系，有别于《劳动合同法》调整下的劳动合同；合同以劳务为给付标的，是一方当事人向另一方当事人提供的活劳动，即劳务；合同内容任意性较强，合同双方当事人完全可以以其自由意志决定合同的内容及相应的条款，就劳务的提供与使用、受益等双方意定。劳务合同是手段之债，提供劳务者根据接受劳务者的指示而劳动，并不必然代表接受劳务者与提供劳务的一方存在人格与经济上的从属性。劳务合同是民事合同的一种，它属于民法范畴，其法律特质类同于委托合同，即委托单位（接受劳务者）将一定的任务（劳务）交给被委托方（提供劳务者），被委托方（提供劳务者）在合同规定的时间完成任务或者提交结果，委托方（接受劳务者）支付费用（劳务费）。

《民法典》第 933 条规定，委托人或者受托人可以随时解除委托合同。劳务合同的上述特征符合任意解除权的法律要求。任意解除权制度是意思自治与合同严守两大原则之间博弈的结果，体现着特殊情境下法律对于更高自由与效率的价值追求。赋予劳务合同双方任意解除权，既是对提供劳务者与接受劳务者双向选择劳务自由的保护，也是对劳务市场效率的保障，避免社会资源的浪费。

二、船员劳务合同解除的赔偿损失的认定

固定期限劳务合同提前解除，守约方要求违约方承担赔偿损失的责任符合法律规定。《民法典》第 584 条规定："当事人一方不履行合同义务或者履行合同义务不符合约定，造成对方损失的，损失赔偿额应当相当于因违约所造成的损失，包括合同履行后可以获得的利益；但是，不得超过违约一方订立合同时预见到或者应当预见到的因违约可能造成的损失。"对船员劳务合同解除后的损失的认定，既要考虑到合同纠纷的相关法律规定，保障合同双方的合法权利，也要符合当地渔船用工市场的行业惯例，达到社会效果与法律效果的统一。

船员用工形式多样，劳务合同中既有按照捕捞季节的起至（每年的捕捞季一般分为两季，分别是从当年的 9 月 1 日到次年的春节前及春节后到当年 4 月 30 日）签订固定期限合同，也有一两个航次的临时用工合同（简称"打替班”)。固定期限的劳务合同是当前船员用工市场的主要用工形式。固定期限合同解除时，如何确定赔偿责任的承担，是审判实务中需要解决的问题。在量化经济损失时，要充分考虑到以下船员劳务合同的特点：

1. 船员职业具有时间连续、地点固定、工作生活场所合一、劳动强度和作息时间不固定等特点。渔船船员的工作特性尤为突出：渔船海上作业风险高，工作生活环境恶劣，工作稳定性差，船员流动性强。工作的特殊性导致船员劳务报酬的特殊性。长期合同中，一般会就上船工资和在岸工资分别作出约定。临时合同的日工资要高于固定合同的平均日工资。

2. 渔船用工市场长期紧张。船上工资远高于陆地工资，且渔船行业对普通船员的从业要求较低，大量外来务工人员被高薪诱惑，对渔船作业高危、高强度认识不足，许多新船员不能胜任工作，在一两个航次后就私自下船，而船东因船员违约打乱正常航次出现较大损失；另外由于船员紧缺，部分签订了固定合同的船员，受中介更高工资诱惑，频繁违约跳槽从事短工。由于船员多为外来人员，即使合同约定了违约责任，船东也难以找到船员追究其责任。合同任意解除对船东造成的经济损失相对于船员自身的损失更大。

3. 船舶经营状况不良。由于近海捕捞能力远远超过近海资源的恢复能力，渔业捕捞资源日趋匮乏，渔船运营成本不断增加，渔船效益逐年下滑，导致船东出海作业的天数减少，收益下降，无法及时支付船员工资，即使签订了固定期限的劳务合同，合同也无法按期履行。

船员难找，跳槽频繁；船东经营效益差，出海作业期间不固定。船员用工合同稳定性差。所以长期以来在当地船员用工市场上，船员的劳动报酬都是按照在船工作时间支付，干一天活给一天工资，下船后不再支付，即使签订了固定期限的劳务合同，也只是根据在船工作时间支付工资，对因合同解除造成的损失予以主张的情况较少。但行业内的习惯做法不能违反法律规定。本案中，原告提出了赔偿损失的请求，对其主张的损失数额，要充分考虑到船员劳务的特殊性和船员用工市场的特点。普通船员在船工资每天六七百元，职务船员更高，临时劳务（“打替班”）日工资又要高于固定期限的平均日工资。船员用工市场是供方市场，“打替班”的劳务方式非常普遍，而且“打替班”的工资支付基本是一个航次一结。船员在劳务合同解除后，寻找新的船上工作比较容易。所以在本案中，法官给予原告一个航次待岗时间，以陆地工资为标准，给予解除合同的经济补偿，原被告均予以接受，最终达成调解。

本案通过对船员劳务合同任意解除权的法律适用，推动了对该类合同解除权的性质认定及行使方式的法律效力等问题的调研，有助于统一裁判尺度，提高该类案件的审判质效。同时本案的裁判结果兼顾了船东和船员双方利益，符合当地海上用工习惯，对船东任意解除权的行使造成船员的经济损失有了较为明确的预期，为海上合理用工作出了法律指引。

【相关法条】

1.**《中华人民共和国民法典》**（2021 年 1 月 1 日施行）

第一百七十六条 民事主体依照法律规定或者按照当事人约定，履行民事义务，承担民事责任。

第五百七十九条 当事人一方未支付价款、报酬、租金、利息，或者不履行其他金钱债务的，对方可以请求其支付。

2.**《中华人民共和国海商法》**（1993 年 7 月 1 日施行）

第二十一条 船舶优先权，是指海事请求人依照本法第二十二条的规定，向船舶所有人、光船承租人、船舶经营人提出海事请求，对产生该海事请求的船舶具有优先受偿的权利。

第二十二条 下列各项海事请求具有船舶优先权：

（一）船长、船员和在船上工作的其他在编人员根据劳动法律、行政法规或者劳动合同所产生的工资、其他劳动报酬、船员遣返费用和社会保险费用的给付请求；

（二）在船舶营运中发生的人身伤亡的赔偿请求；

（三）船舶吨税、引航费、港务费和其他港口规费的缴付请求；

（四）海难救助的救助款项的给付请求；

（五）船舶在营运中因侵权行为产生的财产赔偿请求。

载运 2000 吨以上的散装货油的船舶，持有有效的证书，证明已经进行油污损害民事责任保险或者具有相应的财务保证的，对其造成的油污损害的赔偿请求，不属于前款第（五）项规定的范围。

第二十八条 船舶优先权应当通过法院扣押产生优先权的船舶行使。

第二十九条 船舶优先权，除本法第二十六条规定的外，因下列原因之一而消灭：

（一）具有船舶优先权的海事请求，自优先权产生之日起满一年不行使；

（二）船舶经法院强制出售；

（三）船舶灭失。

前款第（一）项的一年期限，不得中止或者中断。

承办人：李雪莲

编写人：李雪莲

6. 许某某诉威海世某远洋渔业有限公司船员劳务合同纠纷案

——渔业政策调整导致经营风险的责任承担

【合规提示】

本案是一起劳动者与用人单位签订《劳动合同书》，因用人单位未及时支付工资等费用，劳动者诉用人单位的船员劳务合同纠纷案件。双方对能否因渔业政策改变劳动合同约定产生争议。对于劳动者而言，应注意在双方合同对工资作出明确约定的情况下，其有权按照合同约定的工资标准向用人单位请求支付。对于用人单位而言，应明确渔业政策变化属于正常的经营风险，在双方就此无特殊约定的情况下，由此导致的合同履行的变化并不能作为用人单位改变工资标准的理由。发生渔业政策变化等情况时，用人单位可积极与劳动者协商或签订补充协议，尽量降低渔业政策带来的不利影响。

【案件信息】

1. 裁判文书字号

（2022）鲁72民初895号

2. 当事人

原告：许某某

被告：威海世某远洋渔业有限公司

3. 关键词

民事 船员劳务合同 经营风险 不可抗力 船员遣返

【裁判要旨】

1. 因经营风险导致渔船无法出海作业，由此产生的损失应由船舶所有人或经营人自行承担。

2. 用人单位对于船员未能及时遣返的原因负有举证责任。

【基本案情】

2016年原告、被告签订《劳动合同书》，约定原告年薪工资为25万元，每月发放2万元。按照合同约定，原告自2017年10月8日起随被告所属渔船在伊朗海域从事捕捞作业。此后，双方协商自2020年起，原告年薪由25万元提升至29万元。

2020年10月，被告收到伊朗渔业组织关于所有拖网渔船暂停捕捞作业两年的通知，遂安排渔船在伊朗海域锚地抛锚，并安排船员遣返。被告在庭审过程中称：因新冠肺炎疫情导致机票一票难求，被告在多方努力下为原告购买了2021年2月8日的回国机票。

在乘机回国之前，原告与其他船员在船从事渔船的日常维护、保养，直至2021年2月4日下船离职。

原告、被告共同确认：截至2020年11月底，被告欠付原告41 666.67元；2020年12月及2021年1月的工资未予结算；原告回国后，被告陆续向原告支付38 000元。对于2020年12月及2021年1月的工资标准，双方争议较大；原告主张按照双方约定的年薪29万元计算上述两个月的工资；被告主张因渔船未出海作业，应按每月3000元向原告支付工资。

原告提出诉讼请求：判令被告支付原告工资及押金51 999元及利息。

被告辩称：被告于2020年10月收到伊朗渔业组织关于所有拖网渔船暂停捕捞作业两年且须于2020年11月25日之前回港的通知，被告不得不停产，继而分批安排船员回国。当时正值全球新冠肺炎疫情暴发，机票价格暴涨且一票难求。原告等待乘机回国的两个月不是被告造成的，是新冠疫情造成的，是不可抗力，这两个月应按照每月3000元人民币的标准发放工资。

【裁判说理】

争议焦点：被告可否以当地渔业组织暂停同类型渔船捕捞作业为由自行降低船员工资标准。

青岛海事法院认为：被告主张因渔船未出海作业，应按每月 3000 元向原告支付工资。但被告未举证证明原告、被告曾就 2020 年 12 月及 2021 年 1 月的工资标准重新协商并达成合意；而渔船未能出海作业属于被告经营风险，原告对此没有过错；且渔船停止出海作业后，被告未曾向原告下达过解除劳动合同的指令或通知，原告在遣返回国前一直在船工作，直至 2021 年 2 月 4 日下船离职，双方之间的劳动合同关系此时才得以解除，被告负有依照劳动合同约定向原告支付合同解除前劳动报酬的义务；同时，根据《船员条例》第 27 条、第 28 条、第 29 条的规定，被告作为用人单位，负有遣返原告回国的义务，被告主张受疫情影响无法及时购买机票安排遣返，但未提交证据予以证明，应承担举证不能的不利后果。综上，被告提出按每月 3000 元支付 2020 年 12 月及 2021 年 1 月工资的主张既无合同约定也无法律依据，不应予以支持。对于上述两个月的工资，应按照原告、被告之间已有约定计算。按照年薪 29 万元的约定，被告应向原告支付 2020 年 12 月及 2021 年 1 月的工资共计 48 333.33 元，加上被告此前欠付的劳动报酬 41 666.67 元，扣除被告已支付的劳动报酬 38 000 元，被告仍须向原告支付劳动报酬 52 000 元。

青岛海事法院以判决方式结案。

【法官后语】

近年来，我国远洋渔业发展迅速，远洋渔业船员权益保护的迫切性日益凸显。相较于货运船舶而言，远洋渔业船舶管理松散，船员作业强度高、风险大，渔船经营风险受当地政府渔业政策影响较大。在渔船经营不善的情况下，极易导致渔船船员被迫长期滞留船上且被拖欠工资的困境。本案即属此种情况。本案船员被欠付工资达数十万元，且双方就因伊朗渔业政策调整原因导致的船员未出海作业期间的工资标准争议很大。就此，被告主张应按每月 3000 元支付原告 2020 年 12 月及 2021 年 1 月渔船未出海作业的工资，并主张原告等待乘机回国的两个月并非被告造成，而系因新冠肺炎疫情，属不可抗力。对此，首先应当明确的是，被告该主张并未提交证据予以证明。其次，伊朗渔业政策调整属于被告经营期间正常的经营风险，由此产生的损失理应由船舶所有人或经营人自行承担。本案法官在合理分配举证责任的情况下，依法保护了渔船船员的合法权益，避免船舶所有人或经营人将渔船经营风险转嫁到渔船船员身上，对船员遣返前的在船工资予以充分维护，进一步夯实和强化了船员权益的司法保障。

【相关法条】

1.《中华人民共和国劳动合同法》（2012 年 12 月 28 日修正）

第三十条 用人单位应当按照劳动合同约定和国家规定，向劳动者及时足额支付劳动报酬。

用人单位拖欠或者未足额支付劳动报酬的，劳动者可以依法向当地人民法院申请支付令，人民法院应当依法发出支付令。

2.《中华人民共和国民法典》（2021 年 1 月 1 日施行）

第五百八十四条 当事人一方不履行合同义务或者履行合同义务不符合约定，造成对方损失的，损失赔偿额应当相当于因违约所造成的损失，包括合同履行后可以获得的利益；但是，不得超过违约一方订立合同时预见到或者应当预见到的因违约可能造成的损失。

承办人：秦　涛

编写人：秦　涛　刘文文

7. 鲁某某诉卫某船舶管理（上海）有限公司、山东某社会保障服务有限公司船员劳务合同纠纷案

——中国外派船员的工资薪酬应当符合我国劳动法相关规定

【合规提示】

本案系一起船员诉劳务公司、船舶公司支付工资薪酬的船员劳务合同纠纷案件，船员与劳务公司签订了两份合同，双方对实际履行的合同及工资报酬产生争议。对于劳务公司来说，应与船员签订书面劳动合同，明确用工单位、工作要求、工资薪酬。对于船舶公司来说，应执行国家劳动标准，提供相应的劳动条件和劳动保护。

【案件信息】

1. 裁判文书字号

（2022）鲁72民初1042号

2. 当事人

原告：鲁某某

被告：卫某船舶管理（上海）有限公司、山东某社会保障服务有限公司

3. 关键词

民事　船员劳务合同　外派船员工资标准

【裁判要旨】

1. 船员与劳务公司之间签有两份合同，应以双方之间真实意思表示合同为实际履行合同。

2. 双方合同记载船员为实习生，船员持有的船员服务簿注明其职务为D/C，但没有证据证明船员为尚未毕业在校学生，合同也未涉及船员实习的权

利和义务，在合同约定船员工资低于当地最低工资标准的情形下，合同约定的工资标准对当事人没有约束力。

3. 船员因疫情隔离，劳务公司应当向其支付隔离期间工资，雇佣期间隔离检测费、上下船路费。

4. 国外企业、机构或者个人不得在中国境内招收劳务人员赴国外工作，且劳务公司未能证明其受国外公司委托与船员签订合同，在劳务公司与船员之间具备劳务合同的情形下，劳务公司与船员形成外派船员的合同关系，船员主张报酬、隔离期间工资、隔离期间检测费、上下船路费应向劳务公司主张。

【基本案情】

2020 年 11 月 23 日，鲁某某（原告）与山东某社会保障服务有限公司（第二被告）签订《船员雇佣合约》，约定原告被派遣至一散装货船工作，国籍为利比里亚，上船港口为中国舟山，合同期限为 9±1 个月，每月底薪工资为 269 美元，每月假期工资为 63 美元，每月固定最低超时津贴 182 美元，每月工资总额为 514 美元。该合约盖有第二被告公章，原告未在其提供的该份合同中签名或盖章。同日，原告与第二被告签订月工资为 900 美元的《船员雇佣合约》。

2020 年 11 月 25 日，第二被告又与原告签订了一份《上船协议书》，合同约定第二被告受卫某船舶管理（上海）有限公司（第一被告）与原告的共同委托，推荐原告上第一被告所属轮船任实习生，协议期限为船员上船之日起至下船之日止，正常为 10±2 个月，鲁某某因伤、残、病、亡或由于船东的原因及不可抵抗的原因，造成鲁某某不能继续在船工作，本协议自行停止；鲁某某在上船之日起算应得外派工资，下船之日结束外派工资，鲁某某的外派工资包括基本工资、固定加班费、节假日工资及加班费、社保金等，鲁某某按船东的规定领取外派工资和有关的津贴，船员的通常工作时间按船公司和所在船船长的要求执行，船员额外加班费的支付，由船东按固定在船直接发给船员；原告在第二被告外派上船期间应具备有效的相关从业证书，证书费用除健康检查证明书、防疫接种证书外原则上由原告承担，如由第二被告付费为原告办理，原告下船后一周内应主动交还给第二被告。如原告需要第二被告为其办理上船所要求的外籍证书，办理证书所需费用由第二被告承担，证书所有权为第二被告，如原告因个人原因未完成协议被提前遣返，办理证书的费用由原告全额负责，所有权为原告；ITF 条款，原告完全接受船东制定的工资标准及船员各种待遇规定，保证不闹工资、不闹待遇。在国外工作期间，保证不同国际运输工人联合会等任何组织进行接触和联系；不向任何组织和个人透露第二被告和船东所规定的工资标准及协议情况，并同意按船长要求在所需要的有关工资标准文件上签字，船员若发生闹工资待遇并同有关国际组织联系，给第二被告和船东利益造成损失时，一切经济责任和政治后果将全部由船员承担。第二被告负责原告从集结地至上船及下船返回集结地的差旅费用，原告必须服从第二被告及船东公司的旅行安排，乘坐由第二被告及船东公司指定的交通工具上船及遣返。原告因个人原因或家庭原因未完成合同要求提前下船，必须事先得到第二被告或船东公司的同意，因此而发生的所有费用（包括外籍证书费用和下船及接班人员的旅差费等）由原告自理。张某在甲方代表处签字，第二被告在甲方处盖章。

2020 年 11 月 27 日，原告在浙江省舟山市登上第一被告所属轮船开始工作。原告经安排休假于 2021 年 6 月 21 日在唐山市曹妃甸区下船。2021 年 6 月 21 日至 2021 年 6 月 28 日原告在唐山市曹妃甸区进行了集中隔离，隔离完成后，返回南昌。

2021 年 1 月 7 日、2 月 7 日、2 月 10 日、3 月 19 日、4 月 27 日、5 月 28 日、8 月 24 日，原告中国银行账户共收到 2141.08 美元。自 2021 年 2 月起，银行汇款手续费提高，每次汇款船员承担手续费 10 美元，因此，原告每月实际收到工资每月为 340 美元。

原告提供与微信名为“张某船长”的微信聊天记录显示，2021 年 7 月 19 日，张某船长向其发送了一份报表，包含 2020 年 11 月 24 日上船差旅费人民币 126 元、下船差旅费人民币 423.50 元、体检费用人民币 578 元，合计人民币 1298.50 元，报表显示实报人民币 1298.50 元，签收人为原告，但是该单据中，副总复核、船员部审核、总经理审批处均没有签名。“张某船长”称，“你的账刚做，你们是 6 月下的船，7 月报销会根据情况发放”，“看财务的进度，以前发工资的时间，下周吧”。

第二被告提供的武汉某船舶管理有限公司向第三人出具的利比里亚证书申办费用清单记载，为原告办理利比里亚证书花费 130 美元和人民币 150 元的服务费。

另认定，《山东省关于公布全省最低工资标准的通知》(鲁证字〔2018〕80号)规定，从2018年6月1日起，青岛市、济南市最低工资标准按每月1910元执行。《山东省关于公布全省最低工资标准的通知》(鲁证字〔2021〕169号)规定，从2021年10月1日起，青岛市、济南市最低工资标准按每月2100元执行。

原告提出诉讼请求：(1)判令两被告向原告支付拖欠工资1371.25美元；(2)判令两被告向原告支付2021年6月21日至28日隔离期间工资120美元；(3)判令两被告向原告支付上下船路费、隔离期间检测费用人民币1298.50元；(4)判令第二被告向原告支付解除劳动关系的经济补偿514美元；(5)判令本案诉讼费由两被告承担。

第一被告辩称：(1)第一被告并非本案的适格主体；(2)原告未满足服务期限，因自己原因提前下船存在过错，相反应当支付船方因此遭受的相关损失；(3)关于原告诉请的经济补偿金缺少事实及法律依据，不属于劳动法下任何一项情形，不应当得到支持；(4)原告的隔离费用没有提供支付凭证等证据，此外，原告自下船时已与船方解除关系，之后发生的费用均与船方无关。

第二被告辩称：(1)原、被告之间不存在劳务合同关系；(2)原告的月工资标准是合计350美元，并非514美元，且在船工资已经全部支付完毕；(3)原告共计在船服务不足合同约定的8个月，已经构成违约；(4)自原告下船之后，劳务合同关系已经解除，原告无权要求支付合同完成奖以及下船之后的遣返费、隔离工资及住宿费、检测费，且需要承担利比里亚证书130美元及服务费150元人民币。原告主张经济补偿金无任何事实及法律依据。

【裁判说理】

争议焦点：(1)原告与第二被告实际履行的是《船员雇佣合约》(月工资514美元)还是《上船协议书》?(2)第二被告是否拖欠原告船员报酬1371.25美元?(3)第二被告是否需向原告支付隔离期间工资120美元、隔离期间检测费、上下船路费1298.50元?(4)第一被告是否与第二被告共同承担支付拖欠原告船员报酬、隔离期间工资、隔离期间检测费、上下船路费的义务?(5)本院是否受理原告主张第二被告向其支付解除劳动关系的经济补偿 514 美元的诉讼请求？

青岛海事法院认为：

一、原告与第二被告实际履行的是《船员雇佣合约》（月工资 514 美元）还是《上船协议书》

2020 年 11 月 23 日，原告与第二被告签订统一格式的《船员雇佣合约》，月份工资分别是 514 美元和 900 美元，2020 年 11 月 25 日，原告又与第二被告签订一份《上船协议书》，原告与第二被告均认可月工资 900 美元的《船员雇佣合约》是为了应对国外组织检查而签订，上述事实可以证明，原告与第二被告为了应对国外组织检查而签订虚假合同，第二被告主张基于同样的理由签订了《船员雇佣合约》（月工资 514 美元），但是没有说明签订两份《船员雇佣合约》的原因。原告主张实际履行月份工资为 514 美元的合同与原告、第二被告为应对检查签订的合同是统一格式，名称均为《船员雇佣合约》，合同采用的文字也是中英双语，便于应对国外机构检查，而《上船协议书》仅采用中文，不利于应付国外机构检查。《船员雇佣合约》主要约定高于《上船协议书》约定的劳务报酬，符合应对船员报酬检查的需要。《上船协议书》第 8 条明确约定了船员同意按船长要求在所需要的有关工资标准文件上签字，保证不同国际运输工人联合会等任何组织进行接触和联系，该约定表明，《上船协议书》是双方真实意思表示和实际履行的合同，不是为了应对国外组织检查使用的合同。依据原告提供其中国银行账户自 2021 年 1 月 7 日至 8 月 24 日收到报酬的明细，结合第二被告主张扣减 10 美元汇款费用的解释，第二被告主张原告的月工资 350 元比较可信。综合上述情况，本院认定，本案中，《船员雇佣合约》是为了应对国外组织检查而使用的格式合同，《上船协议书》是双方真实意思表示，并且是原告与第二被告实际履行的协议。

二、第二被告是否拖欠原告船员报酬 1371.25 美元

《上船协议书》写明第二被告受第一被告、原告的共同委托签订合同，《船员雇佣合约》均写明第二被告是第一被告的委托代理人或是第一被告的代表，第一被告对此不予认可，第二被告在庭审中表明《上船协议书》中第一被告是笔误，应为卫某公司英国公司，并提供《管理协议》予以证明，上述证据不足以支持第二被告受第一被告委托签订合同的结论。

《对外劳务合作管理条例》第 2 条第 2 款规定，国外的企业、机构或者个人不得在中国境内招收劳务人员赴国外工作。交通运输部颁布的《海员外

派管理规定》(2021年8月11日修正)第12条规定，境外企业、机构在中国境内招收外派海员，应当委托海员外派机构进行。外国驻华代表机构不得在境内开展海员外派业务。原告与第二被告签订的协议名称为《上船协议书》和《船员雇佣合约》，内容是针对原告提供劳务约定权利和义务。根据上述规定，原告是提供劳务者，第二被告是原告的海员外派机构，双方形成外派船员的合同关系。第二被告主张，第二被告系卫某公司英国公司的代理人，案涉劳务合同的主体应为卫某公司英国公司与原告，不符合上述规定，本院不能支持。

根据《对外劳务合作管理条例》第27条以及《海员外派管理规定》第26条的规定，原告与第二被告关于工资福利待遇及其支付方式海员应当符合国内法律、法规和相关国际公约要求。依据国内相关劳动法律法规，实习生是指大中专院校、职业教育机构、职业培训机构组织到企业实习的尚未毕(结)业的在校学生。虽然《上船协议书》写明原告是实习生，并且原告持有的船员服务簿注明其职务为D/C，但是没有证据显示原告是尚未毕业的在校学生。《上船协议书》没有涉及原告实习的权利和义务，况且，第二被告没有提供证据证明其具备船员培训许可证，并具备向国外船舶派遣实习船员的资格。第二被告是以实习生的名义派遣原告上船提供劳务，该行为不符合我国法律规定。

《劳动法》第48条规定，国家实行最低工资保障制度。最低工资的具体标准由省、自治区、直辖市人民政府规定，报国务院备案。用人单位支付劳动者的工资不得低于当地最低工资标准。原告主张第二被告按照《上船协议书》约定支付的工资低于最低工资标准，本院予以审查。《最低工资规定》第3条规定，本规定所称最低工资标准，是指劳动者在法定工作时间或依法签订的劳动合同约定的工作时间内提供了正常劳动的前提下，用人单位依法应支付的最低劳动报酬。本规定所称正常劳动，是指劳动者按依法签订的劳动合同约定，在法定工作时间或劳动合同约定的工作时间内从事的劳动。劳动者依法享受带薪年休假、探亲假、婚丧假、生育(产)假、节育手术假等国家规定的假期间，以及法定工作时间内依法参加社会活动期间，视为提供了正常劳动。依据鲁证字〔2018〕80号以及鲁证字〔2021〕169号两份《山东省关于公布全省最低工资标准的通知》的规定，原告提供劳动期间山东省济南市的最低工资标准为每月人民币1910元。按照2021年中国人民银行美元汇率中间价 1 美元等于 6.4512 元人民币计算，1910 元人民币折算为 296.07 美元，《上船协议书》中约定原告的基本工资为每月 200 美元，低于山东省人民政府公布的济南市最低工资，不符合我国法律规定，该约定对当事人没有约束力。结合原告提供劳务的实际情况，原告主张按照《船员雇佣合约》约定的每月工资 514 美元支付报酬，本院予以支持。因此，原告主张劳动报酬总额为 3512 美元（514 美元 ×6 个月 +514 美元 ÷30 天 ×25 天），本院予以支持。第二被告已经支付报酬 2141.08 美元，欠付 1371.25 美元。第二被告支付原告报酬时扣减汇款手续费 10 美元，没有依据，本院不予支持。原告经安排下船休假，不属于第二被告主张的《上船协议书》第 11 条规定的情形，第二被告主张原告承担办理利比里亚证书的 130 美元和服务费人民币 150 元，不符合约定，本院不予支持。

三、第二被告是否需向原告支付隔离期间工资 120 美元、隔离期间检测费、上下船路费 1298.50 元

《人力资源社会保障部办公厅关于妥善处理新型冠状病毒感染的肺炎疫情防控期间劳动关系问题的通知》第 1 条规定："对新型冠状病毒感染的肺炎患者、疑似病人、密切接触者在其隔离治疗期间或医学观察期间以及因政府实施隔离措施或采取其他紧急措施导致不能提供正常劳动的企业职工，企业应当支付职工在此期间的工作报酬，并不得依据劳动合同法第四十条、四十一条与职工解除劳动合同。在此期间，劳动合同到期的，分别顺延至职工医疗期期满、医学观察期期满、隔离期期满或者政府采取的紧急措施结束。"《船员条例》第 26 条第 3 款规定，船员用人单位应当在船员年休假期间，向其支付不低于该船员在船工作期间平均工资的报酬。原告依据休假安排在唐山市曹妃甸区下船后即进行 7 天的国内隔离，第二被告应当支付原告在船工作期间平均工资的报酬，支付隔离期间 7 天的工资，按照月工资 514 美元计算，第二被告应当支付原告隔离期间工资 120 美元。

依据原告与张某船长的微信聊天记录，张某船长的回复没有说明第二被告同意报销，应当理解为根据报销审批的结果决定是否发放。《上船协议书》与《船员雇佣合约》均是第二被告与原告签订的合同，《船员雇佣合约》主要约定高于《上船协议书》约定的劳务报酬，《上船协议书》中其他约定是当事人的真实意思表示，对第二被告与原告具有约束力。《上船协议书》约定，由第二被告负责原告从集结地至上船及下船返回集结地的旅差费用。原告提

供的未报销费用明细实际合计数额为人民币1127.50元，未报销费用明细中没有相关人员审核的签字，也没有证据证明合计数额人民币1298.50元正确，本院认为合计数额人民币1298.50元系计算错误。隔离期间检测费、上下船路费人民币549.50元发生于雇佣期间，第二被告按照约定应当支付，人民币578元发生在雇佣关系成立之前，原告主张第二被告报销，没有依据，本院不予支持。

四、第一被告是否与第二被告共同承担支付原告船员报酬、隔离期间工资、隔离期间检测费、上下船路费的义务

根据上述分析，原告与第一被告不存在合同关系，原告主张第一被告负有支付拖欠原告船员报酬、隔离期间工资、隔离期间检测费、上下船路费的义务，没有法律和合同依据，本院不予支持。

五、本院是否受理原告主张第二被告向其支付解除劳动关系的经济补偿514美元的诉讼请求

《最高人民法院关于海事法院受理案件范围的规定》第24条规定，海事法院受理船员劳动合同、劳务合同（含船员劳务派遣协议）项下与船员登船、在船服务、离船遣返相关的报酬给付及人身伤亡赔偿纠纷案件。因此，原告要求第二被告支付解除劳动合同经济补偿金的主张不属于本院受理范围，本院依法对该部分诉讼请求不予受理。

【法官后语】

船员上船工资、隔离工资、遣返费用等涉及船员基本生活权益与人格尊严，因船员工作远离陆地、长期无法回家、精神压力大等工作特点，应当对其给予人文关怀与关切，对其合法权益，应当充分保障。本案通过准确查明事实，正确适用法律，积极回应船员司法需求，确保船员权益受到依法保护，最终判决劳务公司应当支付船员工作报酬、遣返费用、疫情期间工资以及其他合理费用。本案的审理充分贯彻了司法为民理念，妥善处理涉疫情期间的船员权益纠纷，维护了船员的基本生存权益，有利于保护船员身心健康和人格尊严，发挥了海事司法在保障船员权益方面的重要作用，正确引导船员保护自身合法权益，督导企业合法合规处理涉船员事务，有助于风清气正的和谐社会氛围的形成。

【相关法条】

1.《中华人民共和国民法典》（2021年1月1日施行）

第一百七十六条 民事主体依照法律规定或者按照当事人约定，履行民事义务，承担民事责任。

第五百七十九条 当事人一方未支付价款、报酬、租金、利息，或者不履行其他金钱债务的，对方可以请求其支付。

2.《中华人民共和国劳动合同法》（2012年12月28日修正）

第二条 中华人民共和国境内的企业、个体经济组织、民办非企业单位等组织（以下称用人单位）与劳动者建立劳动关系，订立、履行、变更、解除或者终止劳动合同，适用本法。

国家机关、事业单位、社会团体和与其建立劳动关系的劳动者，订立、履行、变更、解除或者终止劳动合同，依照本法执行。

第四十八条 用人单位违反本法规定解除或者终止劳动合同，劳动者要求继续履行劳动合同的，用人单位应当继续履行；劳动者不要求继续履行劳动合同或者劳动合同已经不能继续履行的，用人单位应当依照本法第八十七条规定支付赔偿金。

3.《中华人民共和国劳动法》（2018年12月29日修正）

第二条 在中华人民共和国境内的企业、个体经济组织（以下统称用人单位）和与之形成劳动关系的劳动者，适用本法。

国家机关、事业组织、社会团体和与之建立劳动合同关系的劳动者，依照本法执行。

4.《中华人民共和国船员条例》（2023年7月20日修订）

第二十六条 船员在船工作时间应当符合国务院交通主管部门规定的标准，不得疲劳值班。

船员除享有国家法定节假日的假期外，还享有在船舶上每工作2个月不少于5日的年休假。

船员用人单位应当在船员年休假期间，向其支付不低于该船员在船工作期间平均工资的报酬。

5.《最高人民法院关于适用〈中华人民共和国民事诉讼法〉的解释》（2022年4月1日修正）

第九十条 当事人对自己提出的诉讼请求所依据的事实或者反驳对方诉讼请求所依据的事实，应当提供证据加以证明，但法律另有规定的除外。

在作出判决前，当事人未能提供证据或者证据不足以证明其事实主张的，由负有举证证明责任的当事人承担不利的后果。

承办人：马维东

编写人：崔婷婷　马维东

8. 王某某诉青岛海某星船舶管理有限公司船员劳务合同纠纷案

——船员依法享有带薪年休假

【合规提示】

本案系一起船员与船舶公司签订劳务合同，船员诉船舶公司请求赔偿的船员劳务合同纠纷案件。劳务合同系双方真实意思表示，且内容不违反法律和行政法规的强制性规定，合同合法有效，当事人双方均应当全面履行合同。

【案件信息】

1. 裁判文书字号

（2022）鲁72民初1190号

2. 当事人

原告：王某某

被告：青岛海某星船舶管理有限公司

3. 关键词

民事　船员劳务合同　不称职

【裁判要旨】

1. 船员除享有国家法定节假日的假期外，还享有在船舶上每工作 2 个月不少于 5 日的年休假，年休假期间工资不低于该船员在船工作期间的平均工资。

2. 海某星公司安排王某某在连云港下船休假，王某某因此按照新冠肺炎防疫要求进行隔离。海某星公司应当支付王某某隔离期间的工资。即使海某星公司辞退王某某，该辞退决定应当在王某某返回原住地隔离结束后开始生效，因此，海某星公司也应当支付王某某隔离期间的工资。在王某某隔离期间，海某星公司以王某某工作不合格为由辞退王某某，依据不足。

【基本案情】

2021 年 6 月 25 日，原告与被告签订上船服务协议，约定原告接受被告派遣至海星某盛轮担任甲板铜匠工作；工作期限为 10 个月，对工资标准，自离开所在地到上船期间的合理的交通费、住宿费、伙食费及协议期满由下船港返回到所在地的合理的交通费、住宿费由被告承担；防疫特殊需求的花费由船东或被告承担等都作出约定。

原告于 2021 年 6 月 28 日被派遣至海星某盛轮担任甲板铜匠。2022 年 12 月 29 日，被告发送邮件安排原告某等船员在连云港换班休假。

2022 年 1 月 19 日至 2022 年 2 月 2 日，原告在江苏省连云港市徐圩新区隔离，共计 14 天。

2022 年 1 月 20 日，被告通过微信通知原告，其被辞退。

2022 年 2 月 3 日至 2022 年 2 月 16 日，原告在湖北省荆州市某管理区隔离，共计 14 天。

另查明，被告已分四笔向原告支付工资 17 472.92 美元，原告、被告均确认在船工资已经结清。

原告提出诉讼请求：判令被告向其支付体检费、隔离住宿费、路费及赔偿金。

被告辩称：（1）辞退原告系因其无法胜任本职工作，如船员工作不称职，我司及船东将予以辞退。因此，原告被辞退后无权要求赔偿两个月工资。（2）未报销上下船交通费、体检费等因原告未提供票据原件。（3）未完成合同及表现不好的船员不享受隔离补贴。

【裁判说理】

争议焦点：（1）王某某主张的3600美元赔偿金是否支持；（2）王某某主张的隔离工资人民币8300元是否支持。

青岛海事法院认为：本案系船员劳务合同纠纷。王某某、海某星公司之间已签订劳务合同，该合同系双方真实意思表示，且内容不违反法律和行政法规的强制性规定，合同合法有效，当事人双方均应当全面履行合同。现王某某主张其被辞退，要求赔偿。海某星公司同意报销王某某体检费、隔离住宿费、路费人民币3064元，本院予以支持。

一、王某某主张的3600美元赔偿金是否支持

王某某主张海某星公司应当按照合同约定，将合同剩下的两个月工资3600美元付清。《船员条例》第26条第2款规定，船员除享有国家法定节假日的假期外，还享有在船舶上每工作2个月不少于5日的年休假。第3款规定，船员用人单位应当在船员年休假期间，向其支付不低于该船员在船工作期间平均工资的报酬。海某星公司安排王某某下船休假，但是没有说明休假的天数，王某某在船工作满6个月，海某星公司应当安排王某某下船休假不少于15天。按照上述规定，海某星公司给付王某某休假工资900美元，按2022年1月19日汇率计算为人民币5737.14元，王某某主张按照按2020年6月19日汇率计算，不能支持。王某某主张给付工资两个月3600美元，没有依据，本院不予支持。

二、王某某主张的隔离工资人民币8300元是否支持

海某星公司安排王某某在连云港下船休假，王某某因此按照新冠肺炎防疫要求进行隔离。海某星公司应当支付王某某隔离期间的工资。即使海某星公司辞退王某某，该辞退决定应当在王某某返回原住地隔离结束后开始生效，因此，海某星公司也应当支付王某某隔离期间的工资。在王某某隔离期间，海某星公司以王某某工作不合格为由辞退王某某，依据不足。海某星公司对辞退王某某时间的解释，也没有证据支持。按照海某星公司防疫补贴的规定，

王某某主张隔离补贴人民币 8300 元，本院予以支持。

【法官后语】

本案是一起船员劳务合同纠纷，通过准确查明事实，正确适用法律，最终判决派遣单位应当向船员支付体检费、隔离住宿费、路费，同时确认船员依法享有年休假，并依法享有休假期间工资，用人单位不履行向船员支付休假工资及隔离期间津贴的义务，与法相悖。船员的工作性质特殊，其长期远离陆地，在海上进行作业，精神压力较大，船员享有的休假有助于保持船员身心健康，船员享有的休假工资有助于维护船员的正常生活权益，因此应当对其进行合法保护。本案的审理，充分贯彻了司法为民的理念，依法保障了船员应当享有的休假和休假工资，同时妥善处理了涉疫情期间的船员权益纠纷。本案判决再次阐明企业履行船员依法享有权益的义务，有利于督导企业合法依规进行经营，对良好和谐的社会氛围起到了积极的促进作用，有助于发挥海事司法在保障船员权益方面的重要作用。

【相关法条】

1.《中华人民共和国民法典》（2021 年 1 月 1 日施行）

第五百七十七条　当事人一方不履行合同义务或者履行合同义务不符合约定的，应当承担继续履行、采取补救措施或者赔偿损失等违约责任。

第五百七十九条　当事人一方未支付价款、报酬、租金、利息，或者不履行其他金钱债务的，对方可以请求其支付。

2.《中华人民共和国民事诉讼法》（2023 年 9 月 1 日修正）

第四十条　人民法院审理第一审民事案件，由审判员、陪审员共同组成合议庭或者由审判员组成合议庭。合议庭的成员人数，必须是单数。

适用简易程序审理的民事案件，由审判员一人独任审理。基层人民法院审理的基本事实清楚、权利义务关系明确的第一审民事案件，可以由审判员一人适用普通程序独任审理。

陪审员在执行陪审职务时，与审判员有同等的权利义务。

第一百三十六条　人民法院对受理的案件，分别情形，予以处理：

（一）当事人没有争议，符合督促程序规定条件的，可以转入督促程序；

（二）开庭前可以调解的，采取调解方式及时解决纠纷；

（三）根据案件情况，确定适用简易程序或者普通程序；

（四）需要开庭审理的，通过要求当事人交换证据等方式，明确争议焦点。

3.《中华人民共和国船员条例》（2023 年 7 月 20 日修订）

第二十六条 船员在船工作时间应当符合国务院交通主管部门规定的标准，不得疲劳值班。

船员除享有国家法定节假日的假期外，还享有在船舶上每工作 2 个月不少于 5 日的年休假。

船员用人单位应当在船员年休假期间，向其支付不低于该船员在船工作期间平均工资的报酬。

承办人：马维东

编写人：崔婷婷　马维东

9. 于某强诉上海鹤某船舶科技有限公司、泰某船舶管理有限公司船员劳务合同纠纷案

——隔离期工资的认定

【合规提示】

本案系船员劳务合同纠纷，涉案雇佣合同并未就船员隔离期间如何计付工资作出约定。对于船员而言，要注意疫情防控期间，船员被集中隔离期间可视为在船期间的延伸，船员可就此期间主张报酬。船员在船基本薪酬水平（基薪）较低不利于保护船员权益时，隔离期报酬的计算标准可参照船员劳务合同约定的在船工资支持。对于船东而言，要积极协助船员做好疫情期间的隔离保护工作，及时支付隔离期间工资，遣送船员回家是其合同义务，不能以船员已经下船为由拒付工资。

【案件信息】

1. 裁判文书字号

（2022）鲁72民初1461号

2. 当事人

原告：于某强

被告：上海鹤某船舶科技有限公司、泰某船舶管理有限公司

3. 关键词

民事　船员劳务合同　隔离期间　工资的认定

【裁判要旨】

考虑船员作为水手，基本工资较低，隔离期也较短的情况，以在船工资而非基薪支持船员的隔离期报酬。

【基本案情】

2022年1月2日，于某强与上海鹤某船舶科技有限公司（以下简称鹤某公司）、泰某船舶管理有限公司（以下简称泰某公司）签订8±1个月《海员就业协议》，约定月薪2800美元，合同签2500美元，保证金100美元，兼职木匠200美元。1月3日，于某强在舟山港登上“诚某9”轮散货船任水手兼职木匠，6月20日被提前解除合同。于某强在日照岚山港下船隔离10天，至6月30日隔离结束。

于某强向青岛海事法院起诉，要求两被告支付违法解除劳动合同经济补偿、隔离期工资等。

【裁判说理】

争议焦点：如何认定隔离期间工资的支付标准？

青岛海事法院认为：本案中船员主张两被告支付2022年6月20日至30日隔离期带薪休假在船工资933.33美元及其他损失。法院经审理认为，《中国船员集体协议（A类）》的最低基薪标准为行业对全体船东的一种约束，船员与鹤某公司在案涉协议中没有约定船员隔离期工资，但在《海员就业协议》中约定“月薪为2800美元/月”，即在船工资。隔离期属于我国政

府为更好地应对新冠肺炎疫情所必须要求的，也属于采取船员回国入境为执行国家公共政策的期间，可以以约定的在船工资计算船员隔离期报酬。以在船工资为标准计算隔离期公司所致损失也未超过违约方订立合同时预见或可预见之范畴，结合涉案船员系水手，在船工资也仅为2800美元，隔离期也仅为10天，为有效维护船员权益，本院对原告主张的隔离期报酬予以支持。

青岛海事法院以调解结案。

【法官后语】

本案系船员劳务合同纠纷，涉案雇佣合同并未就船员隔离期间如何计付工资作出约定。船员作为一种特殊的职业，理应与社会大众享有平等权益。隔离期报酬同样涉及船员基本生存。本案考虑船员作为水手，基本工资较低，隔离期也较短的情况，以在船工资而非基薪支持船员的隔离期报酬，充分体现了对船员这一群体利益的平等尊重保护，体现了海事司法在维护新冠疫情防治的大局、保障船员利益方面的重要作用。

本案以调解结案，促使双方在特殊时期通过协商解决薪酬问题，提高了多元解纷效果。敦促用人单位保障船员权益，作为船员也应理性表达诉求，实现劳动关系的良性可持续发展。本案确立的裁判规则及案件的调解效果对践行社会主义核心价值观具有积极的推动作用，平衡了船员与用人单位双方的利益，以公正裁判为社会树立行为规范，切实发挥司法裁判的规范、评价、教育、引领作用。

【相关法条】

《中华人民共和国民法典》（2021年1月1日施行）

第五百六十二条　当事人协商一致，可以解除合同。

当事人可以约定一方解除合同的事由。解除合同的事由发生时，解除权人可以解除合同。

第五百七十九条　当事人一方未支付价款、报酬、租金、利息，或者不履行其他金钱债务的，对方可以请求其支付。

承办人：王爱玲

编写人：王爱玲

10. 朱某龙、周某超、邵某兵、朱某连等十三人诉福建某船务有限公司、彭某新船员劳动合同纠纷案

——依法维护船员权益、保护市场主体

【合规提示】

本案系一起船员劳动合同纠纷案，原告与被告福建某船务有限公司签订《船员劳动合同》，后因船务公司经济困难无法运营，拖欠原告工资。海商法规定，船长、船员和在船上工作的其他在编人员根据劳动法律、行政法规或者劳动合同所产生的工资、其他劳动报酬、船员遣返费用和社会保险费用的给付请求具有船舶优先权。对于船员而言，可以申请拍卖船舶以实现自身权益。对于船务公司而言，依法成立劳动合同关系且船员依约在船工作后，船务公司应当及时足额支付劳动报酬，否则船员工资的给付请求对其所在船舶具有船舶优先权。船务公司应通过实质化解纠纷方式，与船员达成和解协议可终止拍卖船舶、解除船舶扣押。

【案件信息】

1. 裁判文书字号

（2022）鲁72民初1635号

2. 当事人

原告：朱某龙等

被告：福建某船务有限公司、彭某新

3. 关键词

民事　船员劳动合同　船舶优先权

【裁判要旨】

船员劳动合同关系依法成立且船员依约在船工作后，用人单位应当及时足额支付劳动报酬，船员工资的给付请求对其所在船舶具有船舶优先权。船员请求给付工资并确认船舶优先权、申请扣押拍卖船舶，通过调解实质化解纠纷，可终止拍卖船舶、解除船舶扣押。

【基本案情】

2021 年 11 月，朱某龙、周某超、邵某兵、朱某连等十三人分别与福建某船务有限公司（以下简称某船务公司）签订《船员劳动合同》，在某船务公司、彭某新所属的“港某”轮工作，后某船务公司陆续拖欠船员工资不等。“港某”轮于 2022 年 5 月 5 日到达青岛锚泊后未再营运。2022 年 8 月，朱某龙等十三人诉至法院申请诉前扣押船舶并请求支付工资并确认船舶优先权。法院根据法律规定启动了船舶扣押和拍卖程序。扣押期间，船舶所有人中断了正常的给养供给，船上燃油、物料给养告罄，法院组织给养保证船员基本生活并为船舶安排加油保障安全。船舶所有人只是因一时经济困难并非恶意拖欠船员工资，同时船舶所有人希望法院不要拍卖船舶，让企业也可以继续运营。在此情况下，法院积极与原、被告展开沟通协调，船员也作出了一定让步，船舶所有人将租赁船舶的预收租金偿还了拖欠的工资，双方最终达成和解。朱某龙等原告船员申请终止拍卖船舶、解除船舶扣押并撤诉。

【裁判说理】

争议焦点：（1）两被告是否欠付原告船员工资及工资金额；（2）船舶优先权的确认。

朱某龙等十三名船员与福建某船务有限公司、彭某新达成和解，朱某龙等十三名船员申请终止拍卖船舶、解除船舶扣押并撤诉。

【法官后语】

本案的典型意义在于，法院将为人民群众办实事、实质性化解矛盾纠纷的理念贯穿于办案始终。在船舶拍卖程序启动后，法院仍未停止沟通船东和船员，最终促使当事人达成和解。一方面维护了船员的合法权益，另一方面保护了市场主体，使民营企业得以继续运营，助力优化了营商环境。

案涉船舶所有人最初消极应诉，后在法院的协调下出面解决问题。法院通过多方协调联络，动员船员做出一定让步，船东通过预支租赁费用的方式筹措了300余万元工资款予以支付，案件得以顺利解决。本案在处理过程中，兼顾维护船员权益与保护市场主体。虽在处理过程中多次遇瓶颈障碍，但法院坚持实质性化解纠纷、解决问题，将更有利于维护双方当事人的合法权益作为目标，最终实现“案结事了”，通过“小案不小办”，展示了依法履职的担当和司法为民的情怀。

在船舶所有人断供后，法院向船员提供生活必需品供给，法官先后两次登船稳定船员情绪并确认船舶安全。在船舶拍卖程序启动后，法官与远在日本的自然人船舶所有人以及福州的船舶所有人数次微信视频沟通。经过大量的调解协调工作，案件得到突破性进展，船舶所有人从最初的消极应诉等待船舶被拍卖到尽力筹措资金解决问题，十三名船员也在法院的协调下部分作出让步，案件最终顺利得以解决。本案是法院践行依法履职、彰显司法为民理念的生动体现。法院在办案过程中通过推动案件实质性化解，让当事人亲身感受到了“法律有尺度，司法有温度”。

【相关法条】

《中华人民共和国海商法》（1993年7月1日施行）

第二十一条 船舶优先权，是指海事请求人依照本法第二十二条的规定，向船舶所有人、光船承租人、船舶经营人提出海事请求，对产生该海事请求的船舶具有优先受偿的权利。

第二十二条 下列各项海事请求具有船舶优先权：

（一）船长、船员和在船上工作的其他在编人员根据劳动法律、行政法规或者劳动合同所产生的工资、其他劳动报酬、船员遣返费用和社会保险费用的给付请求；

……

承办人：吕延铭

编写人：吕延铭　毕德强　肖秀雯

11. 陈某某诉日照市万某丰渔业有限公司承揽合同纠纷案

——合同名称不影响对合同性质的认定

【合规提示】

本案系一起承揽合同纠纷案件，双方对于合同的实际性质认定和灭失叉车的赔偿责任承担存在争议。实践中，当事双方常会使用标准的合同名称去签订合同，但大多数情况下对该合同类型的实际法律意义并不了解，结果就会造成“名不符实”的情况出现。毕竟合同不可能穷尽约定所有状况，不同类型的合同对于双方权利义务的规定、出现损失后的责任承担等问题的认定天差地别，而人民法院则会根据实际情况来认定合同性质，在这种情况下往往会给合同双方造成巨大的法律风险。比如本案涉及的租赁合同与承揽合同就存在区分难点，特别是在工程建设中存在机械设备的提供及使用时，往往因当事人双方约定不明确或对法律关系理解不准确而产生纠纷。因此，当事双方在签订合同时，如果对于合同的性质没有深入的理解，应尽量规避使用明确的合同名称，以免双方形成错误认识，影响合同的履行，后续一旦进入司法流程形成定性上的难点。另外，此类案件进入司法流程后，也要根据实际情况选择是否按照合同之诉来进行，如果因为合同的实际性质认定不同导致缺乏合同依据，无法使损失得到弥补时，可以考虑侵权损害赔偿之诉，依照侵权损害赔偿责任的构成要件来起诉，就侵权行为、行为人的过错、侵权行为与损害结果之间的因果关系、损害结果等方面组织证据证明自己的主张，以保护自身的合法权益。

【案件信息】

1. 裁判文书字号

（2021）鲁72民初250号、（2021）鲁民终969号

2. 当事人

原告：陈某某

被告：日照市万某丰渔业有限公司

3. 关键词

民事　承揽合同　交付工作成果　租赁合同　交付租赁物

【裁判要旨】

1. 当事人所签订的合同虽具备明确的合同名称，但合同约定的权利义务内容与其名称不一致的，应从合同目的、权利义务关系、实际履行情况等角度对实际形成的合同关系进行综合判断，确定合同的实际性质。

2. 在工程建设类的案件中，承揽合同与租赁合同区分的关键在于合同标的是工作任务还是作业设备的使用权。

【基本案情】

2020 年 12 月 16 日，原告、被告签订《叉车租赁合同》，约定："被告租赁原告两台叉车，租金 1800 元 / 台 / 天；租赁期限以实际使用时间为准。"合同签订后，原告于 2020 年 12 月 20 日将两台叉车进入约定的岚山区万某丰渔港作业。2020 年 12 月 28 日，因天气原因，原告的叉车停在被告租赁的船舶上，因海上风大，船舶发生倾斜下沉，导致原告的叉车最终随船坠海沉入海底。因原告灭失的叉车系租赁而来，每天租赁费 500 元。原告于 2021 年 1 月 22 日向叉车所有权人支付了叉车赔偿款及租赁费。

原告诉称：其叉车灭失是被告的行为直接导致，被告应当承担赔偿责任，请求判令被告赔偿原告叉车损失及赔偿原告因此造成的租赁费损失。

被告辩称：涉案合同性质为承揽性质的施工合同，并非车辆租赁合同；合同明确约定涉案叉车看护等安全事宜由原告自行负责，叉车随案外人船舶落海灭失与被告无关；原告诉称各项损失没有事实根据和法律依据，请求驳回原告的全部诉讼请求。

【裁判说理】

争议焦点：（1）原被告之间形成的合同性质是租赁合同还是承揽合同；（2）叉车灭失责任的承担与认定。

青岛海事法院认为，根据《合同法》第13章有关租赁合同的相关规定，租赁合同是出租人将租赁物交付给承租人使用、收益，承租人支付租金的合同。但是通过对本案所谓租赁合同的内容以及实际履行过程进行综合分析，双方关系不符合租赁合同的特征：

首先，双方约定的工作内容为叉装礁体块作业，按照叉车工作小时（台班）计算报酬，双方未就租赁期限、叉车的“交付”“归还”作出任何约定。案涉叉车始终由原告雇佣司机或者自行操作使用并进行维护管理，由原告支付雇佣的司机报酬，被告只按照叉车实际工作时间与原告每日完成的工作量结算报酬。由此可见原告自始至终自主使用两台叉车，被告并未介入叉车的具体操作与使用。

其次，根据《合同法》第213条的规定，租赁合同的内容包括租赁物的名称、数量、用途、租赁期限、租金及其支付期限和方式、租赁物的维修等条款。如果按照租赁合同认定原告、被告之间的关系，难以解释案涉叉车不工作期间，被告无须支付任何费用的事实，原告、被告之间的叉车租赁合同也未就叉车使用过程中必然要产生的“燃油费”“司机工资”“维修费”等成本事宜作出相关约定。结合庭审中原告的陈述，原告提供生产工具及劳务人员（雇佣司机）进场，在被告指定的工作场所完成指定工作任务，以其完成的工作量换取劳务报酬，证明被告签订叉车租赁合同的目的不是获得叉车的使用权。

根据《合同法》第251条第1款的规定，“承揽合同是承揽人按照定作人的要求完成工作，交付工作成果、定作人给付报酬的合同”。原告、被告双方之间已形成事实上的“劳务承揽合同”法律关系，原告系承揽人，被告系定作人。在承揽合同中，由于承揽人自带劳动工具，一般约定由其自负管理使用的责任，这与案涉叉车租赁合同关于“车辆的看护、维修、保养，车辆及人员安全，由乙方（原告）自行负责”的约定可相互印证。

青岛海事法院以判决方式结案，驳回原告对被告日照市万某丰渔业有限公司的诉讼请求。本案一审判决后，原告不服提起上诉，二审维持了一审判决。

【法官后语】

实践中，租赁合同与承揽合同有时难以区分，特别是在工程建设中存在机械设备的提供及使用时，往往因当事人双方约定不明确或对法律关系理解不准确而产生纠纷。其实两者有着明显的区别：首先，从客体上来看，租赁合同的标的是交付特定物；承揽合同的标的则是交付特定的工作成果。其次，从权利义务内容上来看，租赁合同是转移租赁物使用权的合同，出租人的主要义务是向承租人交付标的物以供承租人使用、收益；承租人的主要义务是向出租人支付租金并保管好租赁物，合同到期后返还租赁物。承揽合同是以完成一定工作为合同目的。承揽人的主要义务是利用自己的设备、技术、劳力完成定作人指定的工作，并按照约定向定作人交付特定的工作成果。承揽人在完成工作过程中所使用的设备、技术实际仍由自己掌控和使用，定作人仅依约支付报酬。最后，从风险承担上来看，租赁合同中如因承租人保管不善造成租赁物毁损、灭失的，承租人应当承担相应的损害赔偿责任。而在承揽合同中，承揽人需要自行承担取得工作成果的风险，对工作成果的完成负全部责任，即对完成承揽工作所需的自带工具、机械、设备等的安全负完全责任。

比如在本案中，原告、被告双方之间虽然签订的合同名称为租赁合同，但实际上双方成立的是承揽合同关系。双方合同目的系利用叉车完成叉装礁体块作业，叉车是作业工具而非标的物。案涉叉车并未交付被告使用，实际上一直在原告的控制之下。原告的报酬结算方式是按照原告完成的工作量计算的工作报酬。合同明确约定，车辆的看护、维修、保养，车辆及人员安全，由原告自行负责。所以原告、被告签订的合同系承揽合同，不是租赁合同，原告无法要求被告承担案涉叉车灭失的损害赔偿责任。

【相关法条】

《中华人民共和国合同法》（2021 年 1 月 1 日废止）

第二百一十二条 租赁合同是出租人将租赁物交付承租人使用、收益，承租人支付租金的合同。

第二百一十三条 租赁合同的内容包括租赁物的名称、数量、用途、租赁期限、租金及其支付期限和方式、租赁物维修等条款。

第二百一十六条 出租人应当按照约定将租赁物交付承租人，并在租赁期间保持租赁物符合约定的用途。

第二百五十一条第一款 承揽合同是承揽人按照定作人的要求完成工作，

交付工作成果，定作人给付报酬的合同。

对应新法：

《中华人民共和国民法典》（2021年1月1日施行）

第七百零三条　租赁合同是出租人将租赁物交付承租人使用、收益，承租人支付租金的合同。

第七百零四条　租赁合同的内容一般包括租赁物的名称、数量、用途、租赁期限、租金及其支付期限和方式、租赁物维修等条款。

第七百零八条　出租人应当按照约定将租赁物交付承租人，并在租赁期限内保持租赁物符合约定的用途。

第七百七十条　承揽合同是承揽人按照定作人的要求完成工作，交付工作成果，定作人支付报酬的合同。

承揽包括加工、定作、修理、复制、测试、检验等工作。

承办人：周黛娜

编写人：周黛娜　褚　茜

12. 钱某某诉孙某、孙某某等船员劳务合同纠纷案

——船员劳务合同项下雇主身份及工作期间的认定

【合规提示】

本案是一起船员劳务合同纠纷。签订船员劳务合同时应根据合同相对性原则，明确签订合同、承担责任的主体以及有关工作期间起止时间、工资标准等内容，避免分歧，切实保护船员合法权益。

【案件信息】

1. 裁判文书字号

（2021）鲁72民初303号

2. 当事人

原告：钱某某

被告：孙某、孙某某、张某某

3. 关键词

民事　船员劳务合同　追索劳动报酬　雇主　工作期间

【裁判要旨】

1. 签署船员劳务合同的一方没有明确表明是以雇主还是代理人身份签字，但根据合同实际履行情况、船舶实际经营管理情况以及被代理人与船舶所有人的追认，可以认定系以代理人身份签字，应由被代理人作为合同当事人承担相应法律后果。

2. 船员劳务合同未明确每日工资按照自然日还是满 24 小时为一日，应根据航海作业的特点和习惯认定为满 24 小时为一日。

【基本案情】

船员钱某某与孙某签订劳动合同，约定到孙某某所有的“鲁某渔5××18”渔船任大副，以一个航次为期限，合同期为 2020 年 10 月 29 日起至靠港卸货工资结清止，工资每日 750 元，新船员冒充老船员打替班合同无效。孙某某的侄子孙某在“甲方（用工方）雇主或代理人”栏签名。

钱某某于 2020 年 10 月 29 日 22 时上船工作，至 2020 年 11 月 4 日 3 时受伤离船入院治疗，原告获得 500 元工资后，未获得剩余工资。

钱某某因工资纠纷到某某市港湾街道办事处渔业办公室信访，信访意见书仅载明经与船东调解未果，未明确船东身份。

后钱某某向孙某及孙某某的丈夫张某某索要工资，被孙某辱骂、张某某殴打，经某某市公安局现场调解协议解决，但未解决工资纠纷。

原告钱某某向本院提出诉讼请求：判令孙某、孙某某、张某某支付工资 4750 元，并负担本案诉讼费用。主要理由为钱某某有表示孙某、孙某某、张某某系合伙关系，都是老板，都在参与渔船的经营管理，都应该支付工资，应按照自然日计算自合同约定的工作起始时间至入院治疗期间的工资。

张某某、孙某辩称：劳动合同系孙某受张某某委托签订，张某某同意在合理合法的情况下支付合理的工资，但认为钱某某并不具备大副的资质也不能够提供与此相应的劳务，不同意按照约定工资标准结算工资，且认为，钱某某于 2020 年 10 月 29 日 22 时才上船，并没有提供劳务，实际从 2020 年 10 月 30 日开始提供劳务，2020 年 11 月 3 日受伤即停止提供劳务，以前也存在结算半天工资的情形，故仅应按照满 24 小时为一日，支付自上船时起至离船时止期间的工资。

【裁判说理】

争议焦点：（1）被告孙某、孙某某、张某某是否应当承担清偿原告工资的责任；（2）原告的工作时间与工资标准如何计算。

一、关于孙某、孙某某、张某某是否应当承担清偿钱某某工资的责任

法院认为，《合同法》第 8 条第 1 款规定："依法成立的合同，对当事人具有法律约束力。当事人应当按照约定履行自己的义务，不得擅自变更或者解除合同。"故根据合同相对性原则，钱某某应向劳动合同的相对方主张权利。本案中，钱某某与孙某签订劳动合同，在"鲁某渔 5××18"渔船上任职大副。孙某在"甲方（用工方）雇主或代理人"栏签名，虽然该劳动合同中没有明确表明孙某系以雇主还是代理人身份签字，但钱某某确认孙某系船舶代理，张某某认可孙某系其代理，并愿意承担相应的责任，作为登记船舶所有人的孙某某亦予以认可，可以认定孙某系作为张某某的代理签订劳动合同，孙某的行为后果应由张某某承担。张某某作为劳动合同的当事人，应当承担向钱某某支付工资的合同义务。钱某某主张孙某系代表孙某某签订劳动合同，钱某某提交的信访处理意见书以及现场调解协议书均显示钱某某向孙某、张某某主张权利，并未向孙某某主张权利，钱某某未提交其他证据予以佐证，且孙某、孙某某均不认可，故不予采纳。

张某某与孙某某系夫妻关系，且涉案渔船登记船舶所有人为孙某某，张某某予以经营，可以认定，张某某系为夫妻共同生活经营涉案渔船，因此产生的债务属于夫妻共同生活所负的债务，孙某某应当承担共同偿还责任。

钱某某主张孙某与孙某某、张某某系合伙关系，应共同承担责任，没有提交证据予以佐证，且孙某、孙某某、张某某均不予认可，不予采信，钱某某据此主张孙某承担清偿义务，没有事实和法律依据，不予支持。

二、关于钱某某的工作时间与工资标准

各方对于钱某某的工作时间与工资标准存有争议。关于工作时间，钱某某认为，每日应按自然日计算，自2020年10月29日起至11月4日离船之日止，计7日。孙某、孙某某、张某某认为，每满24小时为一日，钱某某2020年10月29日22时许上船并未工作，钱某某2020年11月3日受伤后亦未工作，故应自2020年10月30日计算至2020年11月3日，计4日。法院认为，依照《民法总则》第203条第2款规定："期间的最后一日的截止时间为二十四时；有业务时间的，停止业务活动的时间为截止时间。"第204条规定："期间的计算方法依照本法的规定，但是法律另有规定或者当事人另有约定的除外。"本案中，劳动合同明确约定"合同期为2020年10月29日起至靠港卸货工资结清止"，钱某某2020年10月29日22时许上船，至2020年11月4日凌晨受伤离船，孙某、孙某某、张某某未结算工资。钱某某主张工作期间应自2020年10月29日登船之时起至2020年11月4日离船之时止，符合劳动合同约定，予以支持。孙某、孙某某、张某某以钱某某上船当天未干活以及受伤后未干活为由主张扣减相应期间，不符合劳动合同约定，没有事实与法律依据，不予支持。各方并未明确约定以自然日为一日还是每满24小时为一日，根据航海作业的特点和习惯，船员在船期间每日24小时轮班工作，故船员在船期间均应视为工作期间，每满24小时应为一日，不足24小时的，除非当事人有明确约定，按一日计算。据此，法院认定，钱某某的工作期间为6日。（2013）青海法海商初字第432号民事判决书以半日计算钱某某另案工资，并不影响本案钱某某依据本案所涉劳动合同的约定依法向本案孙某、孙某某、张某某主张权利。

关于工资标准，钱某某依照合同约定按照每日750元计算，主张4750元。孙某、孙某某、张某某主张钱某某无大副职务适任证书，且无大副任职经历，无法胜任大副职务，根据劳动合同"新船员冒充老船员打替班本合同无效"的约定，不应按照每日750元计算，仅同意支付2500元。本院认为，孙某、孙某某、张某某在钱某某未提供大副职务适任证书的情况下，仍雇佣钱某某上船担任大副，应当自行承担相应的法律后果。虽然钱某某提交的其与王某某、郭某某、宋某某的劳动合同（书）无法证明是否担任大副职务，但钱某某提交的本院生效判决以及钱某某与樊某某签订的劳动合同（书）显示，钱某某受雇于孙某、孙某某、张某某前，具备从事大副职务的职业经历，孙某、孙某某、张某某主张"新船员冒充老船员打替班本合同无效"，没有事实和法律依据，本院不予采信。钱某某留存船舶证书等资料保全证据以及多次通过诉讼索要工资等行为，系正常维权行为，并不足以构成孙某、孙某某、张某某拒绝承担法律责任的理由。劳动合同明确约定“劳动报酬经协商每日750元”，钱某某的工资应按照每日750元计算，扣除孙某、孙某某、张某某已付的500元，钱某某的工资应为4000元。

【法官后语】

“小案事不小。”本案既涉及合同当事人身份的认定，又涉及工作时间的认定。

一、明确船员劳务合同当事人的认定规则

船员劳务合同纠纷中，准确识别雇主身份以及工作船舶，有利于准确认定当事人权利义务，有利于确定船员的相关权益，以及是否享有船舶优先权。对于合同当事人的认定而言，原则上，应根据合同相对性原则，认定船员劳务合同的签订、履行方为当事人。但是，实践中，船舶经营人、管理人与船舶所有人存在分离的情形，而且，实际招聘、管理船员或与船员签订船员劳务合同的人并不一定是雇主本人，而可能系雇主的代理、亲属或雇主指定的船长、大副等，从而导致识别船员的雇主身份以及船舶所有人身份存在难度。

由于船员工资属于船舶优先权，存在船员与船东恶意串通虚设船舶优先权损害其他海事债权人利益的可能；也存在代理人与船东恶意串通将船东的义务转嫁给无债务清偿能力的代理人以逃避债务损害船员利益的情形。因此，需审慎审查。一方当事人在合同“雇主/代理人”栏签字，但未明确表明是以雇主还是代理人身份签字，不能单纯以代理人与被代理人的认可为依据，应综合合同实际履行情况、船舶实际经营管理情况、代理人与船舶所有人的关系以及船舶所有人的追认情况综合予以认定，准确识别雇主身份，确定当事人权利与义务。

一般而言，一方当事人在“雇主/代理人”栏签字，要先识别其系以雇主还是代理人身份签字，看其签订合同时是否表明自己的身份，能否举证证明具有相应的代理权限或被代理人或船舶所有人是否予以追认，船员是否确认，并应结合合同的履行情况以及船舶实际经营管理情况予以综合认定。否则，应作出对被告不利的认定。

二、明确船员工作期间“日”的含义

“日”的定义，在不同行业有不同的含义。如自然日、日历日、早九晚五、晚七朝八、12小时/日、24小时/日、8小时/日、银行工作日、连续工作日、良好天气日，包含节假日、节假日除外、日出到日落、日落到日出等。当事人应明确规定“日”的含义，以免发生分歧。

当事人对船员劳务合同中每日是按照自然日还是满24小时计算发生争议时，应依照《民法典》的规定，根据船员劳务合同的具体条文内容，结合船舶作业特点与航海习惯予以认定。

依照《民法典》关于期间的规定，除非法律另有规定或者当事人另有约定，一般以24小时为期间的最后一日的截止时间，有业务时间的，停止业务活动的时间为截止时间。航海实践中，根据航海作业的特点和习惯，船员在船期间每日24小时轮班工作，故船员在船期间均应视为工作期间。除非当事人另有明确约定，每满24小时应为一日，不足24小时的，按一日计算。

【相关法条】

1.《中华人民共和国合同法》（2021年1月1日废止）

第八条 依法成立的合同，对当事人具有法律约束力。当事人应当按照约定履行自己的义务，不得擅自变更或者解除合同。

依法成立的合同，受法律保护。

第一百零九条 当事人一方未支付价款或者报酬的，对方可以要求其支付价款或者报酬。

对应新法：

《中华人民共和国民法典》（2021年1月1日施行）

第五百零九条 当事人应当按照约定全面履行自己的义务。

当事人应当遵循诚信原则，根据合同的性质、目的和交易习惯履行通知、协助、保密等义务。

当事人在履行合同过程中，应当避免浪费资源、污染环境和破坏生态。

第五百七十九条 当事人一方未支付价款、报酬、租金、利息，或者不履行其他金钱债务的，对方可以请求其支付。

2.《中华人民共和国民法总则》(2021 年 1 月 1 日废止)

第二百零三条 期间的最后一日是法定休假日的，以法定休假日结束的次日为期间的最后一日。

期间的最后一日的截止时间为二十四时；有业务时间的，停止业务活动的时间为截止时间。

第二百零四条 期间的计算方法依照本法的规定，但是法律另有规定或者当事人另有约定的除外。

对应新法：

《中华人民共和国民法典》(2021 年 1 月 1 日施行)

第二百零三条 期间的最后一日是法定休假日的，以法定休假日结束的次日为期间的最后一日。

期间的最后一日的截止时间为二十四时；有业务时间的，停止业务活动的时间为截止时间。

第二百零四条 期间的计算方法依照本法的规定，但是法律另有规定或者当事人另有约定的除外。

承办人：张 波

编写人：张 波 杨雨涵

13. 乔某杰诉武汉凤某国际船舶管理有限公司船员劳务合同纠纷案

——船员外派机构应当承担海员因新冠肺炎疫情滞留海外期间及回国隔离期间的工资、旅费、食宿费等遣返费用

【合规提示】

船员外派机构应当依法从业，根据“谁派出，谁负责”的原则，海员外派机构以自己名义代为他人办理外派海员备案登记的，应视同其以自己的实

际行为与海员建立海员外派关系，应当履行海员外派机构的职责，与船东签订配员协议，并督促船员与船东签订上船协议，依照《2006年海事劳工公约》规定，支付海员因新冠肺炎疫情滞留国外以及隔离期间的食宿费、差旅费、工资等遣返费用。

【案件信息】

1. 裁判文书字号

（2021）鲁72民初2183号

2. 当事人

原告：乔某杰

被告：武汉凤某国际船舶管理有限公司

3. 关键词

民事　船员劳务合同　海员外派机构

【裁判要旨】

1. 海员外派机构接受他人委托，以自己名义办理海员外派备案登记，系以自己的实际行为与海员建立海员外派关系，属于海员的外派机构，应当履行海员外派机构的职责。

2. 海员外派机构应当承担海员因新冠肺炎疫情滞留国外及国内隔离期间的工资、旅费、食宿费等遣返费用。

【基本案情】

2021年1月5日，原告乔某杰在威海职业学院培训后，经由学校老师介绍，与华某海事公司的丁经理（丁某）协商好登离船以及工资事宜后，丁经理委托武汉凤某国际船舶管理有限公司代为报备派遣出境。乔某杰经丁经理安排在中国台湾省台北登上华某船务代理有限公司代理的塞拉利昂籍M/V WINGBEAT×轮，担任见习水手，见习期满后继续留任水手，2021年6月30日解职离船，因新冠肺炎疫情在孟加拉国滞留4个月后回国，先后在广州隔离14天，乘飞机至烟台，由专车转运至荣成集中隔离7天。丁经理仅负担了乔某杰境外滞留期间的食宿费以及部分回国的国际机票费用。

原告乔某杰向本院提出诉讼请求：（1）判令被告支付原告工作期间双倍

工资；（2）判令被告以市场工资标准支付工作期间工资；（3）判令被告支付原告工作期间应给予缴纳的社会保险；（4）判令被告赔偿原告精神损失费 10 万元；（5）判令被告支付原告因上船工作产生的路费、隔离费、住宿费共计 20 749 元；（6）判令被告承担本案的诉讼费用。

被告答辩称：第一、二、五项诉讼请求均没有法律依据。上述诉讼请求的成立依据是原告和被告之间应有成立劳动合同或者是劳务合同关系，但是原告与被告之间没有签订书面的劳务合同或者劳动合同，被告也没有向原告表达其成立船员劳务合同的意思表示。原告和被告素不相识，相互之间并无联系和沟通，被告也未向原告直接提供服务。根据《最高人民法院关于审理涉船员纠纷案件若干问题的规定》第 3 条的规定，船员服务机构仅代理船员办理相关手续，或者仅为船员提供就业信息，且不属于劳务派遣情形。船员服务机构主张其与船员仅成立居间或委托合同关系的，应予支持。综上，被告与原告不属于劳动关系，也不属于劳务派遣的情形。原告的诉讼请求没有法律依据。至于原告的第三项诉讼请求，应向相关机构主张权利。对原告的第四项诉讼请求，被告不予置评。对于原告变更及增加后的诉讼请求，被告认为没有事实和法律依据，根据被告提交的证据，原告的滞留原因是新冠肺炎疫情造成的不可抗力，原告已经和香港船东充分沟通，出具了相关说明，原告在和香港船东达成一致意见情况下，再起诉有违诚信原则，原告主张的赔偿没有法律依据。

【裁判说理】

争议焦点：（1）原、被告之间是否成立海员外派或劳动合同关系；（2）海员外派机构是否应当承担海员遣返期间的旅费、食宿费、工资，并赔偿海员因新冠肺炎疫情滞留国外期间的精神损失。

青岛海事法院认为：

一、原、被告之间是否成立海员外派或劳动合同关系

本院认为，海员外派，是指为外国籍或者港澳台地区船舶提供配员的船员服务活动。从事海员外派的机构应当符合国家规定的条件，并申领海员外派机构资质证书。当时施行的《海员外派管理规定》第 4 条规定，海员外派遵循“谁派出，谁负责”的原则。从事海员外派的机构应当对其派出的外派海员负责，做好外派海员在船工作期间及登、离船过程中的各项保障工作。第 12 条第 1 款规定：“境外企业、机构在中国境内招收外派海员，应当委托海员外派机构

进行。”本案中，原告与丁经理联系上船工作事宜，经被告报备派遣，出境登上外籍船舶工作，虽然被告未与原告直接发生联系，但被告作为有资质的海员外派机构，以自己名义办理了海员外派备案登记，以自己的实际行为与原告建立了海员外派关系，被告系原告的海员外派机构，应当履行海员外派机构的职责，对原告负责，做好原告在船工作期间及登、离船过程中的各项保障工作。

二、海员外派机构是否应当承担海员遣返期间的旅费、食宿费、工资，并赔偿海员因新冠肺炎疫情滞留国外期间的精神损失

依照《最高人民法院关于审理涉船员纠纷案件若干问题的规定》第10条的规定，船员境外工作期间被遗弃，或遭遇其他突发事件，船舶所有人或其财务担保人、船员外派机构未承担相应责任，船员请求财务担保人、船员外派机构从财务担保费用、海员外派备用金中先行支付紧急救助所需相关费用的，应予支持。本案中，新冠肺炎疫情出现后，全球海员换班成为世界难题。被告作为海员外派管理机构，应积极协调船东予以处置，并承担相应责任。在境外船东或丁经理或其所属公司未承担相应责任情况下，被告作为海员外派机构，应从海员外派备用金中先行支付紧急救助所需相关费用。

依照《2006年海事劳工公约》规定，海员有权于在船上服务满12个月前获得遣返，并无须承担费用。船东应承担的遣返费用至少包括以下项目：（1）到达根据本导则第6款选定的遣返目的地的旅费；（2）从海员离船时起至抵达遣返目的地时止的食宿费；（3）如本国法律、法规或集体协议有规定，从海员离船时起至抵达遣返目的地时止的工资和津贴；（4）将海员个人行李30公斤运至遣返目的地的运输费……通常的旅行方式为乘坐飞机，海员有权选择其同意接受雇佣时的地点作为遣返目的地。

原告自2020年1月5日上船，至2021年6月30日下船，已在船上服务超过12个月，有权获得遣返。由于原告没有签订合同，无法确定约定的原告遣返地点，原告有权以其接受雇佣时的地点为遣返地点。自离船之后到原告雇佣时的地点之间产生的海员遣返的所有必要合理旅费、食宿费、行李费、工资、补贴等遣返费用，原告均有权主张。

船东或丁经理仅承担原告离船后境外滞留期间的食宿费，并未全部承担原告回国的国际国内机票及隔离期间的食宿费，原告有权主张。虽然丁经理在与原告的微信聊天记录中声称国际机票为人民币35 000元并要求原告承担三分之一，原告亦表示同意，但违反《2006年海事劳工公约》的强制性规

定，不予支持。

关于原告滞留境外以及回国隔离期间的工资。本院认为，依照《2006年海事劳工公约》以及《最高人民法院关于依法妥善审理涉新冠肺炎疫情民事案件若干问题的指导意见（一）》第4条的规定，参照当时施行的《人力资源社会保障部办公厅关于妥善处理新型冠状病毒感染的肺炎疫情防控期间劳动关系问题的通知》第1条规定，对新型冠状病毒感染的肺炎患者、疑似病人、密切接触者在其隔离治疗期间或医学观察期间以及因政府实施隔离措施或采取其他紧急措施导致不能提供正常劳动的企业职工，企业应当支付职工在此期间的工作报酬，并不得与职工解除劳动合同。在此期间，劳动合同到期的，分别顺延至职工医疗期期满、医学观察期期满、隔离期期满或者政府采取的紧急措施结束。本案中，受新冠疫情影响，原告于2021年6月30日自船上解职后即滞留境外，2021年9月23日，原告自孟加拉国达卡飞抵广州后隔离14天，随后在荣成市集中医学观察点继续隔离观察7天，至2021年10月14日解除隔离。故原告有权主张自离船解职之日起滞留国外期间以及回国隔离期满的工资。原告在船工作期间职务为AB，月工资为人民币11 000元。综合考虑新冠肺炎疫情的影响，结合原告提交的工作记录的具体工作时间以及丁经理微信聊天记录中提及工资不含退伙费的情形，本院按照原告前述月工资标准计算。经计算，被告应支付原告2021年7月1日至2021年10月14日期间的工资人民币38 133元。

2022年5月19日，青岛海事法院作出（2021）鲁72民初2183号民事判决，判决被告支付原告回国的国际国内机票及隔离期间的食宿费19 587元、滞留境外以及回国隔离期间的工资38 133元。

【法官后语】

为保护海员权益，我国法律规定境外企业、机构在中国境内招收外派海员，应当委托具有专业外派资质的海员外派机构进行，并办理备案登记。海员外派遵循“谁派出，谁负责”的原则。海员外派机构应当依法从业，并需与船东签订配员协议，督促船员与船东签订上船协议。本案明确认定，海员外派机构以自己名义代为他人办理外派海员备案登记的，应视同其以自己的实际行为与海员建立海员外派关系，应当履行海员外派机构的职责，有利于保护外派海员，防止海员外派机构逃避责任。

海员境外工作期间被遗弃，或遭遇其他突发事件，船舶所有人或其财务担保人、海员外派机构未承担相应责任，海员有权请求海员外派机构从海员外派备用金中先行支付紧急救助所需相关费用。海员外派机构应依照《2006年海事劳工公约》的规定，支付海员因新冠肺炎疫情滞留国外以及隔离期间的食宿费、差旅费、工资等遣返费用，但新冠肺炎疫情滞留国外以及隔离期间的精神损失不应予以支持。

本案为新冠肺炎疫情引发的海员国外滞留、疫情隔离、海员遣返问题提供了参考，明确了海员外派机构负责海员遣返及费用的义务，有利于规范海员遣返，特别是在应对全球性紧急事件中保护海员合法权益方面提供了有益参考。

【相关法条】

1.《最高人民法院关于审理涉船员纠纷案件若干问题的规定》（2020年9月29日施行）

第三条 船员服务机构仅代理船员办理相关手续，或者仅为船员提供就业信息，且不属于劳务派遣情形，船员服务机构主张其与船员仅成立居间或委托合同关系的，应予支持。

第十条 船员境外工作期间被遗弃，或遭遇其他突发事件，船舶所有人或其财务担保人、船员外派机构未承担相应责任，船员请求财务担保人、船员外派机构从财务担保费用、海员外派备用金中先行支付紧急救助所需相关费用的，应予支持。

2.《最高人民法院关于适用〈中华人民共和国民法典〉时间效力的若干规定》（2021年1月1日施行）

第一条 民法典施行后的法律事实引起的民事纠纷案件，适用民法典的规定。

民法典施行前的法律事实引起的民事纠纷案件，适用当时的法律、司法解释的规定，但是法律、司法解释另有规定的除外。

民法典施行前的法律事实持续至民法典施行后，该法律事实引起的民事纠纷案件，适用民法典的规定，但是法律、司法解释另有规定的除外。

承办人：张　波

编写人：张　波

14. 李某诉曲某刚船员劳务合同纠纷案

——渔业船员承担损害责任的比例认定

【合规提示】

本案系一起雇主诉船员渔船损失的船员劳务合同纠纷案件。双方对渔船损失是否因船员提供劳务过错造成产生争议。对于雇佣船员的雇主而言，应与每名船员签订书面雇佣合同，明确船员的职责、权限，明确船员操作不当等原因致渔船损失情况下的责任承担。同时，还应在日常加强船员的操作技能，明确渔船各项设备的安全操作规程，确保正常运转。一旦发生船员原因引发的安全事故，收集证据证明事故发生原因及损失金额。对于船员而言，应熟练掌握各项操作规程，严格履行各项职责。

【案件信息】

1. 裁判文书字号

（2015）青海法海商初字第 819 号

2. 当事人

原告：李某

被告：曲某刚

3. 关键词

民事　船员劳务合同　船员赔偿责任

【裁判要旨】

1. 曲某刚作为“鲁某渔 5××79”号渔船的大车，在雇主李某和船长的领导下，带领全体轮机人员，保障主机及辅机的正常运转，以及机械、电机设备的安全使用。李某没有提供证据证明其明确了曲某刚的权限和职责范围，更没有明确关闭海底阀门是曲某刚的责任。

2. 根据庭审查明的事实，“鲁某渔 5××79”号渔船靠港后，李某安排专人看护渔船。靠港的第三天或是第四天，“鲁某渔 5××79”号渔船因连接海底阀门与齿轮箱进水管的胶皮管破碎导致机舱进水，不能确定机舱进水遭受损失与未关闭海底阀门存在因果关系。

3. “鲁某渔 5××79 / 5××80”对船在 2013 年 11 月左右分两次分别修理主机，修理主机及电机人员相同，且修理人员未能出庭作证，“鲁某渔 5××79”号渔船因机舱进水遭受的损失数额无法确定。

【基本案情】

“鲁某渔 5××79 / 5××80”对渔船登记的船舶所有人为李某。2011 年 9 月，李某经曲某刚雇佣为“鲁某渔 5××79”船轮机长。2013 年 11 月 21 日“鲁某渔 5××79 / 5××80”对船停靠在荣成市香山前码头。同月 23 日上午，船员发现“鲁某渔 5××79”号渔船船舱进水。曲某刚与同船二车杨某勇、二船大车孙某及二车杨某基共同排水。海水快排完时，曲某刚首先进入机舱，杨某勇跟随曲某刚下机舱，排完水后，孙某也进入机舱，均发现机舱海底阀门，连接海底阀门与齿轮箱的进水管的胶皮管漏水。“鲁某渔 5××79”号渔船的主机进行了维修，修理了 6~7 天。“鲁某渔 5××79 / 5××80”对渔船出海作业不久，“鲁荣渔 5××80”号渔船主机损坏，也维修了 6~7 天。两船的主机均由韩某伟修理，电机由董某江修理。渔船靠港期间由李某安排其岳父看管渔船。

原告提出诉讼请求：判令曲某刚支付原告各项损失 186 857 元，并承担本案诉讼费用。

被告辩称：（1）船舱进水与其无关。渔船机舱海底阀门是否关闭并不能导致机舱进水，该机舱进水主要原因是皮管破裂导致的。（2）2013 年 11 月，原告船舱进水遭受损失，在长达一年半的时间内没有向被告追偿损失，其行为足以证实原告也认可并不是由被告导致其船舱进水，直到被告向其索要工资，原告以其船舱进水为由要求被告赔偿损失，实际上是想不支付拖欠的工资。（3）雇主雇佣雇员从事生产活动，雇员在活动当中处于弱势地位，其工作由雇主主导与指挥，雇员在工作中如因操作失误导致雇主财产损失，也不能归咎于雇员本身。作为雇主的原告要求作为雇员的被告承担其机舱进水的全部损失，于法无据。

【裁判说理】

争议焦点：渔船损失是否是因船员提供劳务过错造成。

青岛海事法院认为：被告作为“鲁某渔5××79”号渔船的大车，在雇主原告和船长的领导下，带领全体轮机人员，保障主机及辅机的正常运转，以及机械、电机设备的安全使用。原告没有提供证据证明其明确了被告的权限和职责范围以及轮机安全操作规程，更没有明确关闭海底阀门是被告的责任。证人杨某勇称关闭海底阀门是被告的责任没有事实和法律依据。根据庭审查明的事实，“鲁某渔5××79”号渔船靠港后，原告指派专人看护渔船。靠港的第三天或是第四天，“鲁某渔5××79”号渔船因连接海底阀门与齿轮箱进水管的胶皮管破碎机舱进水。证人孙某判断可能是人为破坏，证人杨某勇判断是自然破裂，胶皮管的破裂原因不明，不能确定机舱进水遭受损失与未关闭海底阀门存在因果关系。“鲁某渔5××79 / 5××80”对船在2013年11月左右分两次分别修理主机，修理主机及电机人员相同，且修理人员未能出庭作证，本院无法确定“鲁某渔5××79”号渔船因机舱进水遭受的损失数额。故驳回原告对被告的诉讼请求。

【法官后语】

近些年，涉及船员劳务合同纠纷案件逐年增加，雇主主张船员履行职务失当导致损失要求船员承担赔偿责任或因此扣减船员报酬的纠纷亦开始出现并呈上升趋势。涉及船员赔偿责任案件的处理难度较大。船员在提供劳务过程中致船东损失，既可以是合同行为，也可以是侵权行为，雇主可以选择依据侵权行为或合同行为来主张权利。行为性质不同，请求权的依据也不同。侵权案件主要审查侵权行为的违法性、损害后果、侵权行为与损害结果的因果关系。合同案件主要审查合同违约行为、损害后果、合同违约行为与损害结果的因果关系。

一、涉及船员履职中赔偿责任的法律规定

依据海牙维斯比规则，船长、海员因航行、船舶管理以及船舶管理的故意及过失导致货物发生毁损灭失，免责，货物管理的过失视为承运人的过失。《海商法》第51条也吸收了上述惯例，但是仅限于过失的范围，不包含故意，依据《海商法》第2条第2款的规定，上述规定不适用于我国港口之间的海上货物运输。

依据我国国内法的规定，因船员劳务合同用人单位性质的不同，可以形成雇佣关系或劳动关系。雇佣关系受《民法典》等民事法律调整。劳动关系受《劳动法》《劳动合同法》《社会保险法》《工伤保险条例》等劳动方面的法律调整。

关于雇佣关系中涉及雇员赔偿责任的具体规定。《民法典》中与雇主责任相关的主要法条有：第 1191 条规定了对外雇主责任。用人单位的工作人员因执行工作任务造成他人损害的，由用人单位承担侵权责任。用人单位承担侵权责任后，可以向有故意或者重大过失的工作人员追偿。劳务派遣期间，被派遣的工作人员因执行工作任务造成他人损害的，由接受劳务派遣的用工单位承担侵权责任；劳务派遣单位有过错的，承担相应的责任。第 1192 条规定，个人之间形成劳务关系，提供劳务一方因劳务造成他人损害的，由接受劳务一方承担侵权责任。接受劳务一方承担侵权责任后，可以向有故意或者重大过失的提供劳务一方追偿。提供劳务一方因劳务受到损害的，根据双方各自的过错承担相应的责任。提供劳务期间，因第三人的行为造成提供劳务一方损害的，提供劳务一方有权请求第三人承担侵权责任，也有权请求接受劳务一方给予补偿。接受劳务一方补偿后，可以向第三人追偿。第 1193 条规定，承揽关系下，承揽人在完成工作过程中造成第三人损害或者自己损害的，定作人不承担侵权责任。但是，定作人对定作、指示或者选任有过错的，应当承担相应的责任。第 1165 条第 1 款原则性规定，行为人因过错侵害他人民事权益造成损害的，应当承担侵权责任。

关于劳动关系涉及劳动者赔偿责任的具体规定主要有：《劳动法》第 102 条规定，劳动者违反本法规定的条件解除劳动合同或者违反劳动合同中约定的保密事项，对用人单位造成经济损失的，应当依法承担赔偿责任。《劳动合同法》第 90 条规定，劳动者违反本法规定解除劳动合同，或者违反劳动合同中约定的保密义务或者竞业限制，给用人单位造成损失的，应当承担赔偿责任。

二、船员对船东致损侵权赔偿责任归责原则的确定

现代司法制度中，侵权民事责任的三大归责原则是过错责任原则（含过错推定原则）、无过错责任原则、公平责任原则。

首先，确定归责原则应先分析船员劳务合同双方当事人关系和地位以及船员工作的特殊性。签订劳务合同时，雇主及船员的法律地位平等，船员与

雇主均具有自愿选择是否与另一方签订劳务合同的权利，不能强迫对方签订或者放弃签订劳务合同的权利。船员劳务合同生效后，船员和雇主均受劳务合同的约束，应当遵循诚信原则，恪守承诺，全面履行劳务合同。在提供劳务过程中，雇主是管理者，处于管理和支配的地位，船员是被管理者，受雇主或用人单位的管理和支配，按照雇主的具体指示履行职务，处于被管理、被支配的地位，双方的地位并不平等。

其次，船员工作的特殊性。一是船员工作的技术技能要求高，船员应当培训合格，并需要取得一定的资格证书，尤其是高级船员，必须持证上岗。二是船员工作的风险高。船员的工作场所主要是船舶，船舶在海上航行、作业时，有时风浪大，不可预知的危险以及船舶技术危险多，有时危险程度高，尤其是渔业船员工作安全保障差，风险更高。三是船员工作协同性要求高。船长负责船舶的驾驶和管理，船员之间需要相互配合、协同。船员的工作往往不是某一个船员单独完成，不易确定是某个船员的过失导致损失的发生。四是船员对损失负担能力低。船员的经济能力低，船舶价值少则几百万元，多则成千上亿。船员造成的损失往往是巨大的，对损失无力负担。

最后，分析哪种归责原则比较符合公平、正义的法律理念。过错原则是侵权责任的一般归责原则。如果船员赔偿责任的归责原则适用过错原则，船东基于自己的支配地位非常容易证明船员存在过错，反而船员证明自己的行为没有过错非常困难，证明船东存在过错更难。这种情况下，船员往往不能免责。船员在履行职务过程中就不能安心工作，严重打击船员的工作热情和积极性，不利于吸引有志之士投身这个行业并致力于船员职业。雇主在经营过程中遭受损失也是经营风险的一部分，如依据过错原则让船员承担损失，雇主或用人单位就将经营损失风险转嫁给船员，违背公平原则，船员也无力承担损失，导致无人从事船员工作，最终损害了航海事业的发展、进步。

过错推定原则是依据法律规定推定行为人有过错，行为人不能证明自己没有过错，应当承担侵权责任。现行法律没有规定，针对船员的赔偿责任适用过错推定的归责原则。

无过错责任原则（英美法称为严格责任），是指损害的发生既不是加害人的故意也不是受害人的故意和第三人的故意造成的，但法律规定由加害人承担民事责任的一种特殊归责原则，它是一种基于法定特殊侵权行为的归责原则，其目的在于保护受害人合法权益，有效弥补受害人因特殊侵权行为所造成的损失。船员在工作中导致雇主遭受损失时，适用无过错原则，能够更好地平衡船员与船东的权利和义务，维护双方关系长久和谐。

公平原则，是指行为人和受害人对损害的发生均没有过错，基于公平的价值理念，分担损失。船员相比雇主在地位、经济能力等各方面均处于弱势，让船员承担船东的经营风险不符合公平正义的价值取向。

因此，在现有法律规定的框架下，船员导致雇主损失的归责原则应当适用无过错原则，符合公平正义的法律原则，也符合劳动法的规定。

三、船员承担侵权责任的主观过错的认定

依据我国《民法典》等的相关规定，船员主观上属于故意造成雇主或用人单位损失的，应当承担赔偿责任，但是，船员主观上属于过失，是否应当承担赔偿责任？过失程度对赔偿责任是否有影响？普遍认为，船员受雇主及高级职务船员管理和控制，船员轻微过失，不应承担赔偿责任。什么情形属于轻微过失？什么情形属于严重过失？在现有法律规定下，主流意见是船员因严重过失导致损失的应当承担赔偿责任，在司法实践中，对严重过失的认定存在争议和难题。

船员在提供劳务过程中重大过失的认定比较复杂，渔业船东对船员的管理比较简单，要求比较原则，规章制度也不完善，渔业船员的过失认定更为棘手。船员在提供劳务期间，需要明确他的工作岗位、职责范围，值班制度的制定和执行，没有相关的制度安排，船员的职责范围不明确，责任主体就不明确。

安全操作规程是技术惯例和积累，雇主应当规范、明确并向船员传授、培训，船员清楚操作流程并熟练掌握，判断船员的过失时，首先查实船员是否违反安全操作规程或者高级船员的命令，否则不易判断船员的过错程度。

本文中，雇主李某与曲某刚没有书面劳务合同，也不能证明双方约定的权利与义务，因此，李某是依据侵权案件主张其权利。雇主李某不能证明机舱进水是曲某刚的行为导致的，更不能证明曲某刚对机舱进水存在故意或重大过失，这是雇主李某败诉的原因之一。

四、船员承担损失范围的界定

《民法典》第 1184 条规定，侵害他人财产的，财产损失按照损失发生时的市场价格或者其他合理方式计算。依据该条规定，船员侵害雇主的财产，应当以实际损失为准。财产的损失分为直接损失和间接损失两类。财产损失主要是指财产的直接损失。因此，船员侵害雇主的损失范围是指直接经济损失，不包括间接损失及雇主与他人的合同利益。

本案中雇主李某对其主张的经济损失负有举证的义务，李某没有提供证据证明遭受的直接经济损失，这是其败诉的第二个原因。

五、海事赔偿责任限制对损失范围的限制

海事责任限制制度是海商法中特有的赔偿制度，是民事赔偿制度的例外。共有两种责任限制制度：一是承运人责任限制制度或称单位责任限制制度，适用于海上货物运输合同和旅客运输合同中。二是海事赔偿责任限制制度，赔偿责任人针对某次事故引起的全部赔偿请求的最高赔偿限额。船员赔偿责任无论是侵权赔偿还是违约赔偿，都应当考虑海事赔偿责任限制制度对船员赔偿责任的限制。

【相关法条】

1.**《中华人民共和国民法通则》**（2021 年 1 月 1 日废止）

第五条　公民、法人的合法的民事权益受法律保护，任何组织和个人不得侵犯。

对应新法：

《中华人民共和国民法典》（2021 年 1 月 1 日施行）

第三条　民事主体的人身权利、财产权利以及其他合法权益受法律保护，任何组织或者个人不得侵犯。

2.**《中华人民共和国民事诉讼法》**（2023 年 9 月 1 日修正）

第六十七条　当事人对自己提出的主张，有责任提供证据。

当事人及其诉讼代理人因客观原因不能自行收集的证据，或者人民法院认为审理案件需要的证据，人民法院应当调查收集。

人民法院应当按照法定程序，全面地、客观地审查核实证据。

承办人：马维东

编写人：崔婷婷　马维东

15. 刘某某诉厦门海某对外劳务合作有限公司等船员劳务合同纠纷案

——劳务派遣合同中报酬支付主体的认定

【合规提示】

本案系一起船员起诉请求劳务派遣公司、船舶经营人以及船舶所有人支付其报酬的船员劳务合同纠纷案件，当事人对支付船员报酬的责任主体产生了争议。对船员而言，应选择有正规资质的劳务派遣公司及船舶，且在工作过程中，应按照约定及时索取报酬，同时，应注意保存劳务派遣合同、报酬支付等证据。对劳务派遣公司而言，一方面，应尽量通过各种手段对船舶经营人以及船舶所有人进行背景调查，选择正规且有实力的公司；另一方面，其应按照劳务派遣合同的约定，及时支付船员劳务报酬。

【案件信息】

1. 裁判文书字号

（2015）青海法海商初字第856号

2. 当事人

原告：刘某某

被告：厦门海某对外劳务合作有限公司、信某海陆运输股份有限公司、西达某公司

3. 关键词

民事　船员劳务合同　扣押　外籍　船舶优先权

【裁判要旨】

船员起诉请求劳务派遣公司、船舶经营人以及船舶所有人支付其报酬，船员与劳务派遣公司形成船员劳务服务合同关系，船员与船舶所有人、船舶

经营人因劳务派遣而形成事实上的船员劳务雇佣合同关系。劳务派遣公司、船舶经营人以及船舶所有人应根据合同约定支付船员报酬。且根据《海商法》的规定，船员工资、社保、遣返费用等具有船舶优先权。

【基本案情】

2013 年 2 月 7 日，原告与被告海某公司签订《船员劳务中介协议》，双方约定被告海某公司派遣原告到被告信某海陆运输股份有限公司（以下简称信某公司）经营的被告西达某公司所有的巴拿马籍“金某”轮任职，并约定工资分成船东发放和被告海某公司发放两部分。船东发放船领薪、直汇款、大船补贴和老手费等，被告海某公司发放履约奖、家属粮、集结费、遣返费等，船上伙食费的标准每日不低于 8.0 美元。

被告海某公司与被告信某公司分别于 2006 年 12 月 31 日、2010 年 12 月 31 日签订《协议书》和《补充协议书》，双方约定被告海某公司为被告信某公司派遣船员，对于工资支付的相关内容约定，船员劳务报酬、遣返费用、社会保险费一部分由被告信某公司直接发放，一部分由被告海某公司向被告信某公司申报收取后代为发放。

自 2013 年 3 月至 2015 年 4 月 23 日，信某公司欠付原告劳务报酬、遣返费用和社会保险费、家汇款和船领薪、船员伙食费 27 350.88 美元，折合人民币 169 301.95 元。被告西达某公司为“金某”轮的船舶所有人，被告信某公司是“金某”轮船舶经营管理公司，该轮船籍国为巴拿马。

原告于 2014 年 12 月 10 日向厦门海事法院提出诉前海事请求保全申请，要求扣押“金某”轮。厦门海事法院于 2014 年 12 月 10 日作出（2014）厦海法保字第 46 号民事裁定书和扣押船舶命令，依法对“金某”轮予以扣押。

原告提出诉讼请求：2013 年 3 月 2 日，原告受海某公司派遣，到信某公司经营的“金某”轮任职木匠、水手长。根据海某公司与信某公司协议，船员劳务报酬、遣返费用、社会保险费一部分由信某公司直接发放，一部分由海某公司向信某公司申报、收取、发放。自 2013 年 12 月起，信某公司开始拖欠应付劳务报酬、遣返费用和社会保险费等，包括通过海某公司结算的家汇款和船上直接发放的船领薪、船员伙食费累计已达 27 350.88 美元。根据《海商法》第 21 条、第 22 条规定，原告相关债权对“金某”轮具有优先权。请求判令：（1）三被告立即支付原告劳务报酬折合人民币 169 301.95 元及利息；（2）确认原告的上述债权对被告西达某公司所有的“金某”轮的船舶拍卖款项具有船舶优先权，并准许以船舶拍卖价款优先受偿。

被告海某公司辩称：海某公司不是原告船员欠薪的责任主体。海某公司是一家劳务中介机构，与船员为服务合同关系，地位相当于中介，故不承担支付薪酬、社会保险和遣返费用的责任。海某公司确认信某公司拖欠船员薪资的事实。信某公司与西达某公司应承担支付船员薪酬、社会保险和遣返费用等责任。信某公司在与海某公司的协议中明确约定，信某公司委托海某公司招募船员，并由信某公司支付船员薪酬、社会保险和遣返费用等。信某公司与实际船东西达某公司应推认为委托管理关系，船员在船上工作，构成事实上的劳动关系，船东西达某公司应为用人单位，应承担支付船员薪酬、社保和遣返费等相关费用。又因西达某公司与信某公司委托授权不明，故信某公司与西达某公司应承担连带责任。原告船员所主张的薪酬、社会保险和遣返费应享有船舶优先权。

被告信某公司和西达某公司未到庭参加诉讼。

【裁判说理】

争议焦点：（1）三被告是否应向原告支付报酬；（2）原告的债权请求是否对涉案所扣押的外轮具有船舶优先权。

青岛海事法院认为：本案属于船员劳务合同纠纷。本案涉及的“金某”轮已被法院依法扣押并拍卖，故对于该轮涉及的船员劳务合同纠纷案件，青岛海事法院具有管辖权。依照最密切联系的原则，本案的涉案船员住所地、外派劳务合同的签订地均在中华人民共和国境内，故本案应适用中华人民共和国法律作为准据法。

根据《海商法》第21条、第22条之规定，以及原告与被告海某公司签订的船员协议书，被告海某公司按照约定向原告提供船员劳务服务和劳务派遣工作，双方形成船员劳务服务合同关系。被告海某公司作为船员用人单位和外派劳务的服务机构，为实际用工单位的船舶经营人和船舶所有人进行船员劳务派遣，应当按照双方约定对其所派遣船员的工资和劳务报酬承担法律责任。被告海某公司与被告信某公司、被告西达某公司通过派遣船员劳务形成委托代理的合同关系。被告信某公司与被告西达某公司之间形成船舶经营管理合同关系。原告与被告信某公司、被告西达某公司通过被告海某公司派遣至“金某”轮工作，其与船舶经营人和船舶所有人形成事实上的船员劳务雇佣合同关系。原告作为“金某”轮的船员，为其提供了船员劳务工作，被告信某公司作为船舶经营人、被告西达某公司作为船舶登记所有人亦应向原告支付所欠付的劳务工资和报酬。本案中，被告信某公司和被告西达某公司未向法院提交证据证明其已按照约定的数额和期限向原告支付船员劳务工资及其他报酬款项。且从充分保障外派船员的权益的角度，上述法律责任范围不应当仅限于约定的发放工资，包括履约奖、家属粮、上下船费用等，还应当包含船东发放的船领薪、直汇款、劳保、福利、津贴、伙食费、大船补贴和老手费等费用。故原告对被告海某公司、信某公司和西达某公司主张船员劳务工资报酬、遣返费和社保费的诉讼请求应当予以支持。

本案原告的债权享有对“金某”轮的船舶优先权。原告于2014年12月10日向法院提出对“金某”轮予以扣押的海事请求保全申请，其扣押船舶的主张是对该轮行使船舶优先权。原告实际下船结束工作的时间为2015年4月23日。原告在法定期间内通过申请扣押船舶行使船舶优先权，故其对“金某”轮享有船舶优先权。原告诉讼请求中的劳务报酬、遣返费用和社会保险费在“金某”轮的船舶拍卖成交价款中优先受偿。

青岛海事法院于2015年9月30日作出（2015）青海法海商初字第856号民事判决，判决三被告支付原告劳务报酬、遣返费用和社会保险费合计人民币169 301.95元及利息。原告的上述债权属船舶优先权，应当从“金某”轮拍卖成交价款中按顺序和债权分配可得的份额优先受偿。

【法官后语】

目前，越来越多的船员通过中介服务机构、派遣机构就业，且海运实际中，船舶经营人与船舶所有人通常分离。如何在错综复杂的法律关系中保护外派船员的合法权益尤为重要。本案就是一起船员劳务合同纠纷，涉及的主体有船员、劳务派遣公司、船舶经营人以及船舶所有人，审理该类案件的关键是厘清各主体之间的法律关系。船员起诉请求劳务派遣公司、船舶经营人以及船舶所有人支付其报酬，船员与劳务派遣公司之间形成船员劳务服务合同关系，船员与船舶所有人、船舶经营人之间因劳务派遣而形成事实上的船员劳务雇佣合同关系。而本案原告与被告海某公司签订的《船员劳务中介协议》约定，工资分成船东发放和被告海某公司发放两部分，被告海某公司与被告信某公司签订的《协议书》约定船员的报酬由其二者发放，而船舶经营人又是船舶所有人的代理人，所以原告的报酬应该由三被告支付。

船舶优先权，是指特定海事债权人依法享有的、当债务人不履行或不能履行债务时，以船舶为标的对担保物优先受偿的权利，是海商法赋予海事债权人的一项特权。根据《海商法》第 22 条第 1 款的规定，船长、船员和在船上工作的其他在编人员根据劳动法律、行政法规或者劳动合同所产生的工资、其他劳动报酬、船员遣返费用和社会保险费用的给付请求具有船舶优先权，该权利随船而行。且船舶优先权应当通过扣押产生优先权的船舶行使。

【相关法条】

《中华人民共和国海商法》（1993 年 7 月 1 日施行）

第二十一条 船舶优先权，是指海事请求人依照本法第二十二条的规定，向船舶所有人、光船承租人、船舶经营人提出海事请求，对产生该海事请求的船舶具有优先受偿的权利。

第二十二条 下列各项海事请求具有船舶优先权：

（一）船长、船员和在船上工作的其他在编人员根据劳动法律、行政法规或者劳动合同所产生的工资、其他劳动报酬、船员遣返费用和社会保险费用的给付请求；

（二）在船舶营运中发生的人身伤亡的赔偿请求；

（三）船舶吨税、引航费、港务费和其他港口规费的缴付请求；

（四）海难救助的救助款项的给付请求；

（五）船舶在营运中因侵权行为产生的财产赔偿请求。

载运 2000 吨以上的散装货油的船舶，持有有效的证书，证明已经进行油污损害民事责任保险或者具有相应的财务保证的，对其造成的油污损害的赔偿请求，不属于前款第（五）项规定的范围。

承办人：李　翊

编写人：庄雪莉　王睿琦

16. 周某诉尹某、崔某铭、崔某双、鞠某船员劳务合同纠纷案

——受雇船员为船舶出海从事准备工作期间产生的工资给付请求是否具有船舶优先权的司法认定

【合规提示】

本案系一起船员劳务合同纠纷，双方当事人就受雇船员为船舶出海从事准备工作期间产生的工资给付请求是否具有船舶优先权存在争议，原告为受雇船员，其在与被告之一签订船员雇佣合同后就一直等待出海，期间从事了相关出海准备工作。此类案件是海事法院审理过程中的常见案件。根据此案二审法院和最高人民法院的裁判思路，船舶在船员劳务合同签订后虽没有实际出海，但船员已为船舶出海做准备工作并上船提供劳务的情况下，船员对雇佣者支付劳动报酬的请求属于《海商法》第22条规定的可以具有船舶优先权的海事请求事项。因此，雇佣船员的自然人或者组织，要遵守双方之间的合同约定，及时支付劳动报酬，否则会招致不利的法律后果；受雇方亦需根据合同约定完成工作，履行自己的工作职责。

【案件信息】

1. 裁判文书字号

（2015）青海法海商初字第1376号、（2016）鲁民终2478号、（2017）最高法民申2524号

2. 当事人

原告：周某

被告：尹某、崔某铭、崔某双、鞠某

3. 关键词

民事　船员劳务合同　船员工资请求权　船舶优先权

【裁判要旨】

船舶在船员劳务合同签订后没有实际出海，但船员已为船舶出海做准备工作并上船提供劳务，属于《海商法》第22条第1款第1项规定的“在船上工作”，故船员为船舶出海从事准备工作期间产生的工资给付请求具有船舶优先权。

【基本案情】

2015年3月1日，原告周某与被告鞠某签订船员雇佣合同一份。原告称受雇后被鞠某安排在“鲁某渔6××96”号渔船工作，签订合同时，船舶在坞道上，原告为船舶从事修理机器、清除铁锈、盘网等出海准备工作。3月初，渔船准备出海时，因为纠纷渔船被人强行制止出海，鞠某与崔某华告诉原告正在协调纠纷，尽快出海，原告一直等待出海通知，直到2015年6月14日，被告鞠某告知其可以离开不用等待出海作业。

原告等13位申请人基于同一案由于2015年7月31日向青岛海事法院申请扣押了被申请人崔某华所属的“鲁某渔6××96”号渔船。“鲁某渔6××95/6××96”对船登记所有人为崔某华，于2015年9月7日死亡。

原告周某主张被告鞠某与崔某华合伙经营该船。请求判令：（1）解除原被告签订的船员雇佣合同；（2）判令被告崔某华、鞠某连带支付原告工资40 000元及担保费；（3）确认原告工资40 000元对“鲁某渔6××96”号船享有船舶优先权。后原告以被告崔某华在审理过程中死亡为由变更崔某华的第一顺序继承人尹某、崔某铭、崔某双作为本案共同被告参加诉讼。

被告尹某、崔某铭、崔某双辩称：崔某华并非船员雇佣合同当事人，不是本案适格被告，崔某华与鞠某不存在合伙关系，崔某华家属无义务支付原告工资，请求法院驳回对崔某华家属的诉讼请求，原告支付劳务报酬的请求不具有船舶优先权。崔某铭、崔某双已放弃继承，不存在在继承崔某华遗产范围内承担责任，原告主张担保费没有法律依据。即使崔某华存在责任，也应由尹某承担。

被告鞠某辩称：对原告周某等25人起诉的事实都认可，但起诉数额偏高。2014年5月，鞠某和崔某华签订合伙协议，双方是合伙关系，共同经营“鲁某渔6××95/6××96”。2015年4月，鞠某和崔某华重新签订合伙协议。拖欠的船员工资应该支付，具体数额应与被告尹某、崔某铭、崔某双协商后确定。

【裁判说理】

争议焦点：（1）原告的工作时间如何确定；（2）原告的工资债权对“鲁某渔6××96”号船是否具有船舶优先权。

青岛海事法院认为：原告周某受雇于被告鞠某从事船员工作，双方成立合法有效的船员劳务合同关系。原告为被告鞠某提供劳务后，被告鞠某应及时向原告支付劳务报酬。

一、原告的工作时间如何确定

原告主张自签订合同之日起工作至2015年6月14日，被告尹某、崔某铭、崔某双表示对原告的工作情况不清楚，被告鞠某认可原告等部分船员至2015年6月14~15日离开，故本院认定原告的工作时间自2015年3月1日至2015年6月14日共106天。依合同约定计算日工资标准为233.24元，工资总额为24 723.44元。原告主张诉讼请求计算的工作时间标准为自签订合同之日起至起诉之日，该主张无法律依据，不予支持。

二、原告的工资债权对“鲁某渔6××96”号船是否具有船舶优先权

根据《海商法》第22条第1款的规定，船长、船员和在船上工作的其他在编人员根据劳动法律、行政法规或者劳动合同所产生的工资、其他劳动报酬、船员遣返费用和社会保险费用的给付请求具有船舶优先权。本院认为，船长、船员的劳动报酬是指船长、船员等船上工作人员根据劳务合同应取得的款项，包括船长、船员等在船舶工作期间的工资、奖金，应要求船长、船员在船上实际履行职责。因原告及涉案船舶“鲁某渔6××96”号船未实际出海作业，原告主张为船舶从事修理机器、清除铁锈、盘网等出海准备工作但未提交证据证明，亦未提交证据证明在船上工作，被告鞠某认可，但被告尹某、崔某铭、崔某双不予承认，故无法认定原告在船上工作，亦无法认定原告的工资债权对“鲁某渔6××96”号船具有船舶优先权，故对该项诉讼请求予以驳回。

2016年6月13日，青岛海事法院作出（2015）青海法海商初字第1376号民事判决书，判决：一、被告鞠某于本判决生效之日起十日内向原告周某支付工资24 723.44元；二、驳回原告周某对被告鞠某的其他诉讼请求；三、驳回原告周某对被告尹某、崔某铭、崔某双的诉讼请求。

周某与鞠某不服一审判决，向山东省高级人民法院提起上诉。经审理，山东省高级人民法院于2016年12月19日作出（2016）鲁民终2478号民事判决书，改判周某的工资请求对“鲁某渔6××96”号船具有船舶优先权，对其他部分予以维持。改判理由：根据《海商法》第22条第1款第1项的规定，“船长、船员和在船上工作的其他在编人员根据劳动法律、行政法规或者劳动合同所产生的工资、其他劳动报酬、船员遣返费用和社会保险费用的给付请求”具有船舶优先权。船员雇佣合同约定，周某作为“鲁某渔6××96”号渔船船员提供劳务。周某在本案中主张船舶优先权符合法律规定的主体资格。船员雇佣合同签订后，至2015年6月14日期间，船舶因崔某华个人原因未能出海，周某一直等待出海履行船员职责。鞠某基于周某等待出海、为出海作准备的事实，认可并同意支付周某的工资报酬，该工资报酬是船员雇佣合同约定工资内容的一部分，属于法律规定的可以享有船舶优先权的权利范围。周某主张的工资报酬系基于船员雇佣合同约定的履行船员职责产生的，因此，享有船舶优先权。

尹某不服二审判决书，向最高人民法院申请再审。最高人民法院于2017年8月28日作出（2017）最高法民申2524号民事裁定，驳回再审申请。

【法官后语】

本案是关于船员劳务合同纠纷中如何认定船员工资请求是否具有船舶优先权的典型案件。关于船员受雇后等待出海期间的工资请求是否具有船舶优先权的问题，本案的一审、二审法院存在不同认识。一审法院认为应要求船长、船员在船上实际履行职责。二审法院认为船员基于船员劳务合同约定等待出海、为出海作准备期间产生的工资报酬，属于法律规定的可以享有船舶优先权的权利范围。

《海商法》第31条规定：船员，是指包括船长在内的船上一切任职人员。根据《海商法》的相关规定，按通常理解，船员应当是在船上工作的人员。船长、船员的工资、劳动报酬是指船长、船员等船上工作人员根据劳务合同应取得的款项，应该要求船员在船上实际履行职责。这一理解也与《1993年船舶优先权和抵押权国际公约》的规定相一致，该公约第4条规定，对船舶所有人、光船承租人、船舶管理人或经营人的下述各项索赔可通过对船舶的优先权得到担保：（a）就船长、高级船员和其他船上在编人员由于在船上任职而应得到工资和其他款项的索赔，包括遣返费用和应为他们支付的社会保险费……第 9 条规定，第 4 条所列船舶优先权一年后即行消灭，除非在这一期限终止前，船舶已被扣留或扣押，而这种扣留和扣押导致该船舶的强制出售。第 1 款所述一年期限：（a）对于第 4 条第 1 款（a）项所列船舶优先权，自索赔人从船上离职之时起算……根据该公约的上述规定，能够得出这样的结论：即具有船舶优先权的工资给付请求应自索赔人上船履职时起算。

现实中，商船船员上下船工作有着严格的登记管理，但渔船船员上下船工作没有严格的登记管理，随意性、流动性很大，并且渔船多是对船作业，分头船和二船，渔船船员经常被雇主安排调换工作船舶，在审理过程中有时难以精确认定渔船船员在船上的具体工作情况。渔船船员受雇后，通常并不能立即随船出海作业，而是有一段时间的等待期。在船舶经营人不是船舶所有人的情况下，只要船舶经营人与雇员签订了船员劳务合同，雇员在等待出海期间产生的工资请求即具有船舶优先权，是否存在轻易损害船舶所有人合法权益的隐患。

《海商法》及《海事诉讼特别程序法》的相关规定更多的是针对商船和商船船员，其实难以涵盖渔船及渔船船员。船员工资请求享有优先权的条件，我国相关法律未作明确规定。对这一问题似有必要进一步探讨研究，通过立法或其他方式予以明确，在保护船员利益与保护船舶所有人利益之间寻求到平衡点，从而更好地指导审判实践。

【相关法条】

《中华人民共和国海商法》（1993 年 7 月 1 日施行）

第二十一条 船舶优先权，是指海事请求人依照本法第二十二条的规定，向船舶所有人、光船承租人、船舶经营人提出海事请求，对产生该海事请求的船舶具有优先受偿的权利。

第二十二条 下列各项海事请求具有船舶优先权：

（一）船长、船员和在船上工作的其他在编人员根据劳动法律、行政法规或者劳动合同所产生的工资、其他劳动报酬、船员遣返费用和社会保险费用的给付请求；

（二）在船舶营运中发生的人身伤亡的赔偿请求；

（三）船舶吨税、引航费、港务费和其他港口规费的缴付请求；

（四）海难救助的救助款项的给付请求；

（五）船舶在营运中因侵权行为产生的财产赔偿请求。

载运 2000 吨以上的散装货油的船舶，持有有效的证书，证明已经进行油污损害民事责任保险或者具有相应的财务保证的，对其造成的油污损害的赔偿请求，不属于前款第（五）项规定的范围。

第三十一条 船员，是指包括船长在内的船上一切任职人员。

承办人：曲燕军

编写人：曲燕军 刘 昭

17. 王某某诉青岛某城远洋渔业有限公司船员劳务合同纠纷案

——船员劳务合同中格式条款的理解

【合规提示】

本案系一起船员诉渔业公司的船员劳务合同案件，双方对船员工资分配方式及保底工资产生了争议，其本质是对船员劳务合同中格式条款理解的争议。船员劳务合同一般是由船东提供的格式合同，根据《民法典》第 498 条的规定，对格式条款有两种以上解释的，应当作出不利于提供格式条款一方的解释。因此，对于船东而言，其提供的格式船员劳务合同的条款应做到没有歧义，且在订立船员劳务合同的过程中，应注意遵循合法、公平、平等自愿、协商一致、诚信的原则，按照《劳动法》等相关法律规定保护船员的合法权益。

【案件信息】

1. 裁判文书字号

（2015）青海法海商初字第 1604 号

2. 当事人

原告：王某某

被告：青岛某城远洋渔业有限公司

3. 关键词

民事　船员劳务合同　船员工资分配方式　保底工资

【裁判要旨】

在当事人双方对于格式条款有不同理解的情况下，应当作出不利于格式条款提供方的解释。

【基本案情】

“鲁胶某某渔 177”号、“鲁胶某某渔 178”号渔船系专业远洋渔船，船舶所有权人系被告。被告经营范围包括舷提网—秋刀鱼（西北太平洋公海）、鱿鱼钓—鱿鱼（公海）。

原告向法院提供国营龙某船务公司发布于大连信息的招聘广告，载明：远洋船员年薪 15 万 ~30 万元（奖金 + 提成），近海船员月薪 5500~20 000 元 + 年终奖 + 分红。并称其通过该公司的中介受雇于被告。

2013 年 10 月 25 日，原告与被告签订由被告提供的《劳动合同书》，格式条款载明：（1）被告安排原告赴国外从事远洋鱿鱼钓渔船生产作业，原告任船员职务，合同期限自 2013 年 10 月 26 日至 2015 年 10 月；（2）自签订劳动合同离境之日起，双方自觉履行合同的情况和乙方劳动的数量、质量、业务技能、贡献大小、被告的经济效益状况及工作当中的表现，每年鱿钓生产结束后，召开全体会议进行工作评定，结合船长提供的真实情况数据由被告评定船员的工作情况，船长有权上下浮动工资为 5000 元，合理支付原告的劳动报酬；（3）在合同期内，被告按季度分 4 次预支付给原告工资，即从出境日起至满 3 个月时，每季度支付工资 1 万元，每年共计 4 万元，工资余额待回国后一个月内结清；（4）秘鲁、智利渔场普通船员手钓费 600 元 / 吨，职务船员手钓费参与正常分配，全船手钓产量 1000 吨以上每吨提 10 元；（5）阿根廷渔场作业，按实际天数计算工资，全船机钓产量 1500 吨以内每吨提 15 元，1500 吨以上每吨提成未填写；（6）如遇不可抗力（包括但不限于自然原因、国家原因、行政原因等），致使渔船不能正常生产作业，停泊期间过长，被告可根据实际情况给付原告保底工资6万元；（7）如有单方违约给另一方造成经济损失的，应按损失总金额30%给予赔偿，并同时赔偿违约金5000元。

原告于2013年10月25日自大连港登上“鲁胶某某渔178”号渔船后，该船与“鲁胶某某渔177”号渔船于2013年10月26日离港，2013年12月10日到达阿根廷外海预定海区，2013年12月21日至2014年7月15日实施机钓作业。2014年7月15日，两船驶往秘鲁外海进行手钓作业，2014年10月23日回到阿根廷外海，并于2014年12月24日开始进行机钓作业，直到2015年6月25日停止作业后返航回国。2015年8月20日，“鲁胶某某渔178”号渔船在石岛港卸货，原告离船。被告已向原告支付了工资119 446元，其中包括秘鲁手钓费17 295元和转载费5641元。

被告对于原告主张的“鲁胶某某渔178”号渔船的本航次阿根廷机钓产量5434吨并无异议。

原告诉称：其工资分配方式为保底工资加提成，包括保底工资、阿根廷机钓提成、秘鲁手钓提成、转载费，其对被告计算的秘鲁手钓提成和转载费的金额并无异议，但对保底工资和阿根廷机钓提成的计算持有异议，保底工资应按每月5000元计算22个月为11万元，阿根廷机钓提成应按产量5434吨和每吨15元计算为81 510元。据此，原告的工资应为213 386元，扣除被告已支付的部分保底工资和提成119 446元后，被告尚欠原告93 940元至今未付。原告要求被告支付工资93 940元及利息，并要求被告支付违约金5000元。

被告辩称：按照原被告签订的劳动合同的约定，被告在船舶停止作业以后已经将应当支付原告的工资给付了原告，被告并不拖欠原告工资。原告的诉讼请求没有合同方面的依据，合同中没有约定工资是保底加提成，而应当包括阿根廷工资、阿根廷机钓提成、秘鲁手钓提成、转载费，阿根廷工资应按在阿根廷的实际工作时间12个月、以每月5000元计算为6万元，阿根廷机钓提成应按合同约定的1500吨以下每吨15元计算。因此，请求法庭驳回原告的诉请。

【裁判说理】

争议焦点：（1）原告的工资分配方式；（2）保底工资的金额；（3）阿根

廷机钓提成的金额；（4）违约金的承担。

青岛海事法院认为：本案系船员劳务合同纠纷。原告与被告签订的《劳动合同书》合法有效，双方之间的船员劳务合同关系依法成立。原告已全面履行了在“鲁胶某某渔178”号渔船工作的合同义务，其主张被告未依约支付保底工资及阿根廷提成。

一、原告的工资分配方式

原告主张其工资分配方式为保底工资加提成；而被告认为根据合同约定，原告仅在阿根廷工作期间有基本工资和提成，其他工作期间仅有提成。法院认为：（1）根据招聘广告，远洋渔船船员的年薪在15万元至30万元之间，但被告自行计算并实际向原告发放的工资金额远远不能达到以上标准；（2）《劳动合同书》载明被告每季度向原告支付工资1万元，原告在船期间共应支付7万余元，若依据被告主张的工资分配方式进行计算，原告的工资数额有可能低于7万元，不符合常理；（3）《劳动合同书》载明在阿根廷工作期间计算基本工资，其他工作期间仅计算提成，若据此计算，原告在近4个月的船舶航行过程中不能获取工资，且在3个月的秘鲁工作期间仅能获得少许提成，势必损害原告的合法权利；（4）《劳动合同书》载明被告在不可抗力的情况下支付原告保底工资6万元，而原告在完成工作、帮助被告实现高额产量的情况下，实际所得工资按年度计算仅在6万元左右，不符合常理。综上，被告的主张不符合常理，且损害原告的合法权益。根据《合同法》第41条的规定，在原告、被告对于格式条款有不同理解的情况下，法院支持原告的主张，确认原告的工资分配方式为保底工资加提成。

二、保底工资的金额

原告主张其保底工资应按每月5000元计算22个月为11万元。法院认为，被告在合同条款没有记载的情况下，自行确定原告的阿根廷基本工资按照每年6万元计算，结合《劳动合同书》载明的被告在不可抗力的情况下支付原告保底工资6万元的条款，足以认定原告的保底工资为每年6万元。据此计算，原告在船22个月，保底工资共为11万元。

三、阿根廷机钓提成的金额

原告主张阿根廷机钓提成应按产量5434吨和每吨15元计算为81 510元，而被告认为应按合同约定的1500吨以下每吨15元计算。提成系多劳多得的激励机制，用以提高生产积极性，进而增加产量，而《劳动合同书》仅记载全船机钓产量1500吨以内每吨提15元，与激励机制的原意不符，因此原告的主张更为合理，阿根廷机钓提成应按产量5434吨和每吨15元计算为81 510元。

综上，被告应向原告支付保底工资11万元、阿根廷机钓提成81 510元、秘鲁手钓费17 295元和转载费5641元，共计214 446元，扣除被告已实际支付的119 446元，被告仍应向原告支付工资95 000元。因原告仅向被告主张工资93 940元，系其对自己民事权利的处分，法院予以确认。因此，被告应向原告支付工资93 940元及利息。根据双方在合同中关于"工资余额待回国后一个月内结清"的约定，因原告于2015年8月20日离船，故利息应自2015年9月21日起算。

四、违约金的承担

原告要求被告支付违约金5000元。根据《劳动合同书》关于"如有单方违约给另一方造成经济损失的，应按损失总金额30%给予赔偿，并同时赔偿违约金5000元"的条款，因被告未能依约向原告支付工资，其应当向原告支付违约金5000元。

青岛海事法院于2016年4月18日作出（2015）青海法海商初字第1604号民事判决：一、被告偿付原告工资93 940元及利息；二、被告支付原告违约金5000元。

【法官后语】

近年来，随着我国远洋渔业的不断发展，少数船东通过虚假宣传、以优势地位签订劳务合同等方式侵害远洋渔民的合法权益，致使相关远洋渔民劳务合同纠纷呈现上升势头，本案即为其中一例。本案系一起船员诉渔业公司的船员劳务合同案件，双方对船员工资分配方式及保底工资产生了争议，其本质是对船员劳务合同中格式条款理解的争议。

在经济社会高度发展的今天，格式合同的使用已经十分普遍。格式合同的使用，有利有弊。一方面，可以简化缔约手续，减少缔约时间，从而降低交易成本，提高生产经营效率。另一方面，格式合同的普遍使用，也易产生弊端。格式合同的利用，充分实现了提供格式合同一方的合同自由，而对方当事人的合同自由极为有限。由于格式合同的提供者处于优势地位，而对方处于弱势境地，因而格式合同提供者一方可能把不公平条款强加于对方当事人，如不合理地扩大自己的免责范围，规定对方必须放弃某些权利等。因此，《民法典》等法律从公平的原则出发，作出了不利于格式合同提供方的相关规定。

船员劳务合同一般是由船东提供的格式合同，船员在订立合同的过程中处于弱势地位。因此，根据《民法典》第 498 条的规定，对格式条款有两种以上解释的，应当作出不利于提供格式条款一方的解释，即不利于船东的解释。本案法官通过将船员劳务合同中规定的工资数额与招聘广告中宣传的数额相比较，充分论证了劳务合同中的矛盾点及不符合常理的地方，最终认定船方格式合同条款的不合理性，确认了保底工资加提成的工资分配方式，依法维护了远洋渔民的合法权益。本判决思路清晰、说理充分，可以为此类新型案件的审判提供很好的借鉴。

【相关法条】

《中华人民共和国合同法》（2021 年 1 月 1 日废止）

第四十一条 对格式条款的理解发生争议的，应当按照通常理解予以解释。对格式条款有两种以上解释的，应当作出不利于提供格式条款一方的解释。格式条款和非格式条款不一致的，应当采用非格式条款。

对应新法：

《中华人民共和国民法典》（2021 年 1 月 1 日施行）

第四百九十八条 对格式条款的理解发生争议的，应当按照通常理解予以解释。对格式条款有两种以上解释的，应当作出不利于提供格式条款一方的解释。格式条款和非格式条款不一致的，应当采用非格式条款。

承办人：李华

编写人：庄雪莉 梁晓晓

18. 于某敏诉青岛中某国际船舶管理有限公司船员劳务合同纠纷案

——船员服务合同中当事人是否构成欺诈的认定

【合规提示】

本案是海员派遣领域产生的纠纷，船员与船舶管理公司签订了《赴韩海员培训派遣合同书》。根据合同约定，船员参加管理公司组织的培训，并获得了相关部门颁发的《海船船员专业培训合格证书》《船员服务簿》《海员证》《海船船员适任证书》，但是管理公司并未将船员派往韩国上船工作。双方对被告是否存在欺诈行为产生争议。对于海员外派公司而言，从事外派海员类对外劳务合作经营业务，须向商务部申请取得外派海员经营权，方可经营。外派公司若不具有外派船员的经营资质，就构成了欺诈，合同可以被撤销。对于船员而言，在签订此类外派合同时，应当审查一下管理公司是否具备外派海员的经营资质，不具备资质时可以提起诉讼，请求撤销合同，返还相应费用。

【案件信息】

1. 裁判文书字号

（2008）青海法海商初字第100号、（2009）鲁民四终字第12号

2. 当事人

原告：于某敏

被告：青岛中某国际船舶管理有限公司

3. 关键词

民事　船员劳务合同　海员外派培训　欺诈

【裁判要旨】

从事外派海员类对外劳务合作经营业务，须向商务部申请取得外派海员

经营权，方可经营。外派公司不具有外派船员的经营资质，构成了欺诈。

【基本案情】

2006 年 7 月 26 日，于某敏（乙方）与青岛中某国际船舶管理有限公司（以下简称中某公司）（甲方）双方签订了《赴韩海员培训派遣合同书》。合同约定甲方按照国家交通部新海员培训章程的规定及其要求，将乙方送至有资质的国家交通部定点海事专业学校进行培训；乙方取得证书后，派出乙方赴韩国上船工作；乙方在校培训期间要遵守学校纪律，努力学习，并通过海事局考试，成绩合格，可签发《专业培训合格证书》《值班水手 / 机工适任考试合格证明》，再由甲方在海事局为其申办《海员证》及《海员服务簿》；在乙方证件齐全后，由甲方派出进行 4~6 个月的船上实习，并于实习期结束后，由甲方为其申请换发正本乙类适任证书（无限航区）；甲方安排乙方执行特殊条件下的（海上工作）不定时工作制，原告取得《海员证》后，由甲方统一安排上船工作，并与船东签订合法有效的工作劳动合同，工作中必需的劳保护具由船东提供；乙方应当遵守甲方制定的各种规章制度，服从甲方调遣，按照甲方要求外派；甲方应及时向乙方解释外派合同并负责监督乙方在外派期间的行为，维护乙方派出期间的正当权益，就乙方在工作和生活中遇到的实际困难与船东联系解决；为顺利履行外派合同，根据外派合同规定，乙方在船期间，甲方可采取相关的保证制度，以维护外派纪律。在甲方的权利与义务部分约定：乙方有如下情形之一，甲方有权解除合同，甲方所收取费用不予退还……本合同期内，乙方未经甲方同意而向船东提出辞职，或无正当理由不服从甲方工作安排的；如因甲方原因无法派遣乙方上船工作的，甲方应退还乙方交纳给甲方的所有款项；乙方在执行外派合同期间，应无条件遵守外派合同条款和船公司的管理规定。

2006 年 7 月 26 日，中某公司向于某敏收取了学费、实习费、派遣费等人民币 31 000 元。之后于某敏被派到广州金桥管理干部学院学习。学习结束获得了相关部门颁发的《海船船员专业培训合格证书》《船员服务簿》《海员证》《海船船员适任证书》。

于某敏取得上述证书后，中某公司安排于某敏上船实习了一个月，于某敏主张因中某公司不能让其继续上船，未再实习。中某公司认可于某敏未实习完毕，并称如其实习完毕完全可以实现合同目的。于某敏主张中某公司未能按照约定将其派往韩国上船工作，存在欺诈行为，请求依法撤销双方之间签订的外派合同，返还于某敏出国培训费 31 000 元，并赔偿其损失 37 508.33 元。中某公司认为其拥有山东港航局颁发的相应的资质证书，可以进行像本案合同所约定的船员配备业务，故认为该合同是合法有效的。其已经依约为于某敏办理了相关的海员证件，之所以于某敏没有上船工作是因为其没有按规定完成上船实习的要求。

2006 年 6 月 9 日，山东省交通厅港航局鲁交港航港（2006）113 号《关于登记许可青岛中某国际船舶管理有限公司国际船舶业务经营资格的通知》中载明，根据《国际海运条例》及其实施细则，中某公司均符合国际船舶管理公司登记许可条件，可以接受船舶所有人或者船舶承租人、船舶经营人的委托，经营下列业务：船舶买卖、租赁以及其他船舶资产管理；机务、海务和安排维修；船员招聘、训练和配备；保证船舶技术状况和正常航运的其他服务等国际船舶管理业务。中某公司于 2007 年 1 月 1 日领取了由山东省交通厅港航局签发的《国际海运辅助业经营资格登记证书》。

【裁判说理】

争议焦点：于某敏与中某公司签订的赴韩海员派遣培训合同书是否存在欺诈行为及涉案合同是否应当被撤销。

青岛海事法院认为：认定中某公司是否存在欺诈行为的关键看其是否具有履行该合同的资质，即是否超出经营范围经营或违反法律规定经营。中某公司为经许可并依法成立的企业法人，其经营业务包括船员招聘、训练和配备；保证船舶技术状况和正常航行的其他服务等国际船舶管理业务。双方在《赴韩海员培训派遣合同书》中约定，在于某敏取得《海员证》后，由中某公司统一安排上船工作，并与船东签订合法有效的工作劳动合同。该约定说明中某公司只是为于某敏与船东订立劳动合同提供机会，起介绍作用，不具有劳务派遣的属性，因此中某公司并不存在违反法律规定进行经营的情况，也并不存在欺诈的行为。原被告双方签订的《赴韩海员培训派遣合同书》系双方真实的意思表示，被告并不存在以欺诈的手段使原告在违背真实意思的情况下订立合同的行为，该合同依法成立并有效，对双方应具有约束力。被告依约履行了相关义务，并不存在《合同法》第 54 条规定的可以撤销的情形，原告以欺诈为由申请法院撤销该合同，缺乏事实和法律依据。因此原告的诉讼请求证据不足，理由不充分，不应予以支持。

于某敏持原审起诉意见提起上诉，山东省高级人民法院认为：从山东省交通厅港航局文件及其颁发的国际海运辅助业经营资格登记证可以看出，中某公司可以从事船员招聘、训练和配备等国际船舶管理业务。该两份文件不能说明中某公司具有外派船员的经营资质。双方签订的赴韩海员派遣培训合同书的目的是由中某公司外派于某敏至韩国上船工作，合同约定的培训及实习均是为该合同目的服务。中某公司明知其不具有外派船员的经营资质而与于某敏签订外派船员合同，中某公司在合同签订时存在欺诈行为，于某敏主张撤销该合同应予支持。将于某敏外派至韩国上船工作是涉案合同书的根本目的，由于中某公司不具有外派船员的资质，该合同目的不能实现，其过错在中某公司，于某敏与中某公司签订的该合同应予撤销，中某公司所收取的费用 31 000 元应予退还。于某敏通过培训取得的相关证件应予退还。于某敏所主张的经济损失没有提供证据予以支持，况且其虽然为从事外派海员工作，尚可通过其他途径获取收入，故对其主张经济损失的诉讼请求不予支持。依照《民事诉讼法》第 153 条第 1 款第 3 项，《合同法》第 54 条第 2 款、第 58 条，《最高人民法院关于民事诉讼证据的若干规定》第 2 条第 2 款之规定，作出如下判决：一、撤销（2007）青海法海商初字第 100 号民事判决；二、中某公司于本判决生效后十日内返还于某敏 31 000 元；三、于某敏于本判决生效后十日内将《海船船员专业培训合格证书》《船员服务簿》《海员证》《海船船员适任证书》返还中某公司；四、驳回于某敏的其他诉讼请求。

【法官后语】

本案审理的重点在于对可撤销合同的理解。我国《合同法》第 54 条第 2 款规定："一方以欺诈、胁迫的手段或者乘人之危，使对方在违背真实意思的情况下订立的合同，受损害方有权请求人民法院或者仲裁机构变更或者撤销。"

具体到本案中就是被告是否构成了欺诈。一审、二审法院审理思路出现分歧，其主要原因是对涉案船员服务合同的性质理解不同。一审法院认为涉案合同的性质为中介合同、船员培训合同，不包含船员外派的属性，按照《国际海运条例》的规定，中某公司具备履行合同的资质，不存在欺诈行为。二审法院认为外派船员是船员培训的根本目的，因此涉案合同属于船员外派合同。对于外派海员的经营资质，仅符合 2001 年 12 月 5 日国务院通过的《国际海运条例》的规定，取得《国际海运辅助业经营资格登记证书》是不够的。2004 年 7 月 26 日，商务部和国家工商总局公布《对外劳务合同经营资格管理办法》之后，从事对外劳务合作经营的企业，须经商务部许可，取得对外劳务合作经营资格，并在领取《中华人民共和国对外劳务合作经营资格证书》后，方可开展对外劳务合作经营活动。而到 2005 年 11 月 23 日，商务部经交通部会签并发布《外派海员类对外劳务合作经营资格管理规定》之后，已取得对外劳务合作经营资格的企业，从事外派海员类对外劳务合作经营业务，须向商务部申请取得外派海员经营权，方可经营。根据上述管理办法和管理规定，中某公司不具有外派船员的经营资质，构成了欺诈。

值得注意的是，自 2010 年 5 月 5 日起，对外派海员类劳务人员的管理，包括外派企业经营资格管理、证件管理、人员培训等由交通运输部负责，而不再由商务部负责。这种分工考虑到海员行业的专业性和特殊性，有利于发挥交通海事的行业管理和服务优势。

【相关法条】

1.《中华人民共和国民事诉讼法》（2007 年 10 月 28 日修正）

第一百五十三条　第二审人民法院对上诉案件，经过审理，按照下列情形，分别处理：

（一）原判决认定事实清楚，适用法律正确的，判决驳回上诉，维持原判决；

（二）原判决适用法律错误的，依法改判；

（三）原判决认定事实错误，或者原判决认定事实不清，证据不足，裁定撤销原判决，发回原审人民法院重审，或者查清事实后改判；

（四）原判决违反法定程序，可能影响案件正确判决的，裁定撤销原判决，发回原审人民法院重审。

当事人对重审案件的判决、裁定，可以上诉。

对应新法：

《中华人民共和国民事诉讼法》（2023 年 9 月 1 日修正）

第一百七十七条　第二审人民法院对上诉案件，经过审理，按照下列情形，分别处理：

（一）原判决、裁定认定事实清楚，适用法律正确的，以判决、裁定方式驳回上诉，维持原判决、裁定；

（二）原判决、裁定认定事实错误或者适用法律错误的，以判决、裁定方式依法改判、撤销或者变更；

（三）原判决认定基本事实不清的，裁定撤销原判决，发回原审人民法院重审，或者查清事实后改判；

（四）原判决遗漏当事人或者违法缺席判决等严重违反法定程序的，裁定撤销原判决，发回原审人民法院重审。

原审人民法院对发回重审的案件作出判决后，当事人提起上诉的，第二审人民法院不得再次发回重审。

2.《中华人民共和国合同法》（2021 年 1 月 1 日废止）

第五十四条第二款 一方以欺诈、胁迫的手段或者乘人之危，使对方在违背真实意思的情况下订立的合同，受损害方有权请求人民法院或者仲裁机构变更或者撤销。

第五十八条 合同无效或者被撤销后，因该合同取得的财产，应当予以返还；不能返还或者没有必要返还的，应当折价补偿。有过错的一方应当赔偿对方因此所受到的损失，双方都有过错的，应当各自承担相应的责任。

对应新法：

《中华人民共和国民法典》（2021 年 1 月 1 日施行）

第一百四十七条 基于重大误解实施的民事法律行为，行为人有权请求人民法院或者仲裁机构予以撤销。

第一百四十八条 一方以欺诈手段，使对方在违背真实意思的情况下实施的民事法律行为，受欺诈方有权请求人民法院或者仲裁机构予以撤销。

第一百四十九条 第三人实施欺诈行为，使一方在违背真实意思的情况下实施的民事法律行为，对方知道或者应当知道该欺诈行为的，受欺诈方有权请求人民法院或者仲裁机构予以撤销。

第一百五十条 一方或者第三人以胁迫手段，使对方在违背真实意思的情况下实施的民事法律行为，受胁迫方有权请求人民法院或者仲裁机构予以撤销。

第一百五十七条 民事法律行为无效、被撤销或者确定不发生效力后，行为人因该行为取得的财产，应当予以返还；不能返还或者没有必要返还的，应当折价补偿。有过错的一方应当赔偿对方由此所受到的损失；各方都有过错的，应当各自承担相应的责任。法律另有规定的，依照其规定。

3.《最高人民法院关于民事诉讼证据的若干规定》（2002年4月1日施行，该解释2019年修正时删除了第二条）

第二条第二款 没有证据或者证据不足以证明当事人的事实主张的，由负有举证责任的当事人承担不利后果。

承办人：王爱玲

编写人：王爱玲

19. 韩国海员李某某诉韩国某商船株式会社海事债权确权纠纷案

——船舶优先权认定的法律适用及离职金债权性质的确认

【合规提示】

本案系一起外国船员诉外国船东离职金支付的海事债权确权案件，双方就离职金是否属于船舶优先权、能否在船舶拍卖价款中优先受偿的问题产生争议。本案确认船东应当依照该国法律向其雇佣的该相同国籍船员支付离职金。因离职金的性质为劳动者在一单位连续工作一定年限后用人单位支付的后付工资，并非与船员上船、在船、离船工作相关，不具有船舶优先权性质，不应在船舶拍卖价款中优先受偿。对于船员而言，应当及时采取其他保全措施维护自身合法权益。对于船东而言，虽然离职金不具有船舶优先权性质，但该款项仍然为船员的合法债权，船东应当及时支付。相关船舶代理公司、船员服务公司应当了解相关国家就离职金制度的有关规定，以便更准确提供服务。

【案件信息】

1. 裁判文书字号

（2002）青海法威海商初字第50号

2. 当事人

原告：李某某

被告：韩国某商船株式会社

3. 关键词

民事　船员劳务合同　涉外　确权诉讼　离职金性质确认

【裁判要旨】

1. 本案原、被告双方均系韩国当事人，根据《民法通则》涉外编第145条规定，涉及原告、被告双方债权债务关系的认定应适用韩国法律。但《海商法》第272条规定："船舶优先权，适用受理案件的法院所在地法律。"因此，原告主张对被告的离职金给付请求享有船舶优先权是否成立这一诉讼主张，应根据中华人民共和国法律认定。

2. 离职金虽然具有后付工资的性质，但它是劳动者在用人单位连续工作一段时间后退职时一次性支付给该劳动者的金额，不应被视为其在船工作期间所产生的工资或其劳动报酬，因此不具有船舶优先权。

【基本案情】

被告于1988年3月28日雇佣原告作为其所有的船舶的第一工程师，至原告因被告破产于2001年10月11日被解雇为止。被告已支付了原告全部在船工资，并于2001年12月12日与2002年2月7日分两次向原告支付了离职金，尚拖欠原告离职金12 704.75美元。2001年8月28日，因港务费纠纷青岛海事法院作出民事裁定，将本案被告韩国某商船株式会社所属的"某珠"轮予以扣押；2001年10月18日作出民事裁定书裁定于2001年12月12日强制拍卖"某珠"轮；2001年10月25日发出公告，要求与该轮有关的债权人在公告之日（2001年10月25日）起60日内申请债权登记。公告后，原告委托代理人在规定时间内向青岛海事法院申请债权登记。2001年12月12日，该轮被拍卖，得价款271万美元。

李某某以被告尚拖欠其工资、离职金、退休金共28 035美元为由于2002年1月16日向青岛海事法院提起请求船员离职金诉讼。并诉称，根据《海商法》第22条的规定，原告的工资、离职退休金是与“某珠”轮有关的债权，并依法享有优先权，即优先于一般债权受偿。原告请求法院依法判令被告偿还工资、离职退休金28 035美元，并自“某珠”轮拍卖价款中优先受偿。

青岛海事法院于2001年12月25日向原告发出了接受债权登记通知书。根据《海商法》第22条的规定，原告的工资、离职退休金是与“某珠”轮有关的债权，并依法享有船舶优先权，即优先于一般债权受偿。原告请求法院依法判令被告偿还工资、离职退休金28 035美元，并自“某珠”轮拍卖价款中优先受偿。在庭审中，原告变更了部分诉讼请求，将“要求被告优先偿还原告工资、离职退休金共28 035美元”变更为“要求被告优先偿还原告离职金12 704.75美元”。

被告某商船株式会社已根据2001年9月11日韩国汉城地方法院第一破产部的破产宣告决定破产，并任命S×作为破产清算人负责清算被告的债权、债务。基于上述理由，清算人代表被告提出了答辩意见。该清算人对原告主张的雇佣期间、职位及未支付离职金的事实予以确认，但提出被告的破产清算人已于2001年12月12日与2001年2月7日分两次向原告支付了部分离职金，现被告尚欠原告离职金15 245 700韩元，折合12 704.75美元。

关于离职金（也翻译为“退职金”）的性质，原告提供了韩国律师所CHOI&KIM律师金某俊的法律意见，该意见引述了韩国相关法律规定、韩国最高法院判例及韩国学者的学术观点。《韩国劳动法》第34条第1款规定，用人单位应建立退职金制度，在该制度下，当劳动者退职时，连续工作年数每满一年，计算并支付30日以上的平均工资作为退职金。但连续工作年数不满一年时，不适用该制度。韩国最高法院1975年7月22日在74Da1840判决中认为：退职金本质上具有后付工资的性质，其来源是对劳动者的劳动尚未支付的工资累计，一般在劳动者死亡或退职时支付。韩国法学学者金享培在其著作《劳动法》中也主张：劳动者在用人单位连续工作一段时间后退职时一次性支付给该劳动者的金额为退职金。对于退职金的性质，韩国的学术及法院判例基本上采取工资后付说即在劳动者退职时支付给该劳动者的尚未支付的工资。

【裁判说理】

争议焦点：（1）本案的法律适用问题；（2）原告的请求是否系与被拍卖船舶有关的债权及能否成立船舶优先权。

青岛海事法院认为，本案原告、被告双方均系韩国当事人，原告系依照我国《海事诉讼特别程序法》的规定在涉案韩国籍船舶被拍卖后提起的关于船员离职金债权的确权诉讼，本案涉及原告、被告双方的海员聘用合同法律关系，根据我国《民法通则》关于涉外关系的法律适用第145条“涉外合同的当事人可以选择处理合同争议所适用的法律，法律另有规定的除外。涉外合同的当事人没有选择的，适用与合同有最密切联系的国家的法律”的规定，本案涉及原告、被告双方债权债务关系的认定应适用韩国法律。但本案的焦点在于原告的请求是否系与被拍卖船舶有关的债权及能否成立船舶优先权，因而首先确定债权的性质成为本案的关键。

我国《海商法》第272条规定：“船舶优先权，适用受理案件的法院所在地法律。”因此，原告主张对被告的离职金给付请求享有船舶优先权是否成立应根据中华人民共和国法律认定。《海商法》第22条第1款第1项规定，船长、船员和在船上工作的其他在编人员根据劳动法律、行政法规或者劳动合同所产生的工资、其他劳动报酬、船员遣返费用和社会保险费用的给付请求具有船舶优先权。本案被告已向原告支付了全部在船工资及其他劳动报酬，而离职金虽然具有后付工资的性质，但它是劳动者在用人单位连续工作一段时间后退职时一次性支付给该劳动者的金额，是基于原告、被告之间的雇佣合同关系发生的，而并非直接产生于原告为“某珠”轮提供的在船工作；且原告提供的海员聘用合同只能证实原告自2001年6月18日至2001年10月11日期间服务于“某珠”轮而并非一直在该轮工作，原告在其他工作期间形成的离职金给付请求与“某珠”轮并无联系，因此其在被告公司连续工作而有权取得的离职金不应被视为其在“某珠”轮工作期间所产生的工资或其劳动报酬而具有船舶优先权。

原告在“某珠”轮拍卖公告期间内以其曾在该轮工作并欠付其工资、离职金为由申请债权登记并提起确权诉讼，本院依其提交的相关表面证据审查初步认为系与该轮有关的债权，故依照《海事诉讼特别程序法》第111条的规定决定接受债权登记并受理确权诉讼。但实体审理中原告变更诉讼请求，并确认船员工资已全部获得支付，仅就未得偿付的部分离职金请求确认并优先受偿。前已述及，该项债权请求并非基于“某珠”轮而产生，不是与该轮有关的债权，不具有《海商法》规定的船舶优先权性质，应当根据韩国法律确定的原告、被告双方之间的债权债务关系已不是本案所审理解决的争议。

【法官后语】

扣押和拍卖船舶是海事法院专门适用的一种特别程序。其中的债权登记以及债权确认等具体程序也具有很大特点。本案就是一件在船舶拍卖程序中对所登记债权进行确认的典型的确权案件，案件事实清楚，主要涉及两个问题：一是离职金是否应当作为债权进行登记，也就是此确权诉讼程序的启动是否正确的问题，其中还涉及债权登记时法院审查义务之性质的认定；二是确权诉讼程序的启动及本案中离职金是否为相关债权的认定。

一、关于离职金是否应当作为债权进行登记

在确权诉讼启动之初，对离职金是否应当作为债权进行登记产生了意见分歧。要解决这一问题，首先要研究债权登记时法院的审查义务之性质。《海事诉讼特别程序法》第111条首先规定了债权人申请登记的债权范围，即“与被拍卖船舶有关的债权”，第114条规定：“海事法院应当对债权人的申请进行审查，对提供债权证据的，裁定予以登记；对不提供债权证据的，裁定驳回申请。”从条文的表述中可以看出，海事法院负有对债权人的申请进行审查的义务，然而这一审查义务是实质性审查还是形式性审查？应当审查到何种程度？在前一个问题上，一般认为应当是形式审查；而在后一问题上却产生了意见分歧。一种观点认为，海事法院的审查应当紧紧抓住申请登记的债权范围，即“与被拍卖船舶有关的债权”这一标准，有证据的，且确实与该船有关的债权，才予以登记；若表面证据难以确定是否与该船有关，就要进行进一步审查，直到确定为止。在这种观点下，这一审查近乎实质审查，对法院的审查义务也要求极为苛刻，这样就有可能造成诉讼成本的增加和诉讼时间的延长。另一种观点也认为应当抓住“与被拍卖船舶有关的债权”的标准，但主张只限于对表面证据的初步审查，若依表面证据可以初步确定系与被拍卖船舶有关的债权，可以先予登记。后续审查工作即实质审查则在之后提起的确权诉讼中进行。这种观点使债权登记工作可以流畅地进行下去，其他工作也可顺利展开。依据《海事诉讼特别程序法》的条文设置，债权登记程序与债权确认程序的相继规定，以及从法院审判工作的实际出发，第二种观点更符合立法本意，也更切合审判实际。

本案中即采用了第二种观点。普遍观点认为离职金具有后付工资性质，而船员工资是典型的“与被拍卖船舶有关的债权”。那么离职金究竟是否属于“与被拍卖船舶有关的债权”呢？据一般理论，离职金是劳动者在用人单位连续工作一段时间后退职时一次性支付给该劳动者的金额。这里就出现一个问题，若该公司（本案中为韩国某商船株式会社）拥有多条船舶，而债权人不仅在被拍卖船舶上工作，则离职金就不是与该被拍卖船舶有关的债权；但若该公司为单船公司，而债权人也只在被拍卖船舶上工作，则离职金就可能被认定为与该拍卖船舶有关的债权。在具体情况不确定的情况下，债权人又将离职金与船员工资一并申请登记，法院从离职金的后付工资性质出发，以其与船员工资相关联的表面证据将其先予登记，从而完成了债权登记程序中的审查义务，并无不妥。

二、关于确权诉讼程序的启动及本案中离职金债权的不予确认

《海事诉讼特别程序法》第116条规定：“债权人提供其他海事请求证据的，应当在办理债权登记以后，在受理债权登记的海事法院提起确权诉讼……”确权诉讼是在债权登记之后的非必经程序，即只有在没有具有法律效力的文书对债权予以证明的情况下，经债权人在法定期限内按法定程序提起，确权诉讼程序才启动。在确权诉讼中，应当查明债权的数额、债权的性质、是否确实与被拍卖船舶实质有关以及能否参与价款分配等问题。当案件查明所登记债权与表面证据相反，与被拍卖船舶没有实质关联的，则应当确认其不是“与被拍卖船舶有关的债权”，且判决其不能参与价款分配。

在本案中，离职金表面与船员工资相关联。但经庭审查明，债权人并非一直在该轮工作，其在其他工作期间形成的离职金给付请求与本案被拍卖船舶并无联系，因此其在被告公司连续工作而有权取得的离职金不应被视为与该轮有关的债权，所以也不应当参与该轮拍卖价款的分配。案件中原告提出的作为优先权优先分配的请求就当然难以得到法院支持。

【相关法条】

1.**《中华人民共和国海商法》**（1993年7月1日施行）

第二百七十二条 船舶优先权，适用受理案件的法院所在地法律。

2.**《中华人民共和国民事诉讼法》**（1991年4月9日施行）

第一百三十条 被告经传票传唤，无正当理由拒不到庭的，或者未经法庭许可中途退庭的，可以缺席判决。

对应新法：

《中华人民共和国民事诉讼法》（2023年9月1日修正）

第一百四十七条 被告经传票传唤，无正当理由拒不到庭的，或者未经法庭许可中途退庭的，可以缺席判决。

3.**《中华人民共和国海事诉讼特别程序法》**（2000年7月1日施行）

第一百一十六条 债权人提供其他海事请求证据的，应当在办理债权登记以后，在受理债权登记的海事法院提起确权诉讼。当事人之间有仲裁协议的，应当及时申请仲裁。

海事法院对确权诉讼作出的判决、裁定具有法律效力，当事人不得提起上诉。

承办人：宋俊文

编写人：宋俊文　郭俊莉

20. “佩某”轮全体船员诉佩某兹海运贸易工业有限公司船员劳务合同纠纷案

——因在船船员工资之债扣押拍卖光船租赁船舶

【合规提示】

航运惯例及我国海商法均规定，船长、船员和在船上工作的其他在编人员根据劳动法律、行政法规或者劳动合同所产生的工资、其他劳动报酬、船员遣返费用和社会保险费用的给付请求具有船舶优先权；船舶优先权的行使要以扣押当事船舶为前提。本案系19名外籍在船船员基于船员工资之债，在诉前共同申请扣押土耳其籍的当事船舶后，又分别对光船承租人兼船舶经营人提起诉讼并主张船舶优先权的诉讼。本案给船员、光船承租人、船东以下合规提示：（1）船员应及时、准确运用法律武器维护船员工资、劳务费、人身伤害等具有优先权益的海事债权。（2）光船承租人无论是否为船员劳务合同的相对人，均可能会因船员对享有船员工资等船舶优先权之债对光船租赁的当事船舶申请扣押与拍卖，经营中应加强管理，尽量避免不必要的营运受损。（3）船东可能会因光船承租人所附带的船舶优先权之债引发所出租的船舶被扣押拍卖，因此在光租期间，船东仍要高度关注船舶的营运状态，避免权益受损。

【案件信息】

1. 裁判文书字号

（2002）青海法海商初字第192-210号

2. 当事人

（2002）青海法海商初字第192号原告：圣克·斯门，土耳其籍，机工长

（2002）青海法海商初字第193号原告：巴拉加耶夫·塞蒂亚，阿塞拜疆籍，二管轮

（2002）青海法海商初字第194号原告：达夫塔·巴拉姆，土耳其籍，服务生

（2002）青海法海商初字第195号原告：亚茹根·哈斯银，土耳其籍，加油工

（2002）青海法海商初字第196号原告：阿蒂米耶·巴黑姆，土耳其籍，水手

（2002）青海法海商初字第197号原告：任纳芙·塞利夫，阿塞拜疆籍，二副

（2002）青海法海商初字第198号原告：刚杜克·伯塞特，土耳其籍，三管轮

（2002）青海法海商初字第199号原告：塞纳瑞·特凡，土耳其籍，机工长

（2002）青海法海商初字第200号原告：巴拉拉诺夫·加蒂夫，阿塞拜疆籍，大副

（2002）青海法海商初字第201号原告：库鲁克·哈斯银，土耳其籍，服务生

（2002）青海法海商初字第202号原告：塞利克·艾利，土耳其籍，加油工

（2002）青海法海商初字第203号原告：卡拉克·素里门，土耳其籍，厨师

（2002）青海法海商初字第204号原告：维·特卡特，土耳其籍，水手

（2002）青海法海商初字第205号原告：克拉克·米哈梅特，土耳其籍，加油工

（2002）青海法海商初字第206号原告：达达耶夫·纳蒂尔，阿塞拜疆籍，船长

（2002）青海法海商初字第207号原告：怒瑞耶·瓦利，阿塞拜疆籍，轮机长

（2002）青海法海商初字第208号原告：意德兹·巴黑姆，土耳其籍，装配工

（2002）青海法海商初字第209号原告：基根耶·雅库，乌克兰籍，电报员

（2002）青海法海商初字第210号原告：巴拉怒克·瓦塞利，乌克兰籍，大管轮

19个案件的被告：佩某兹海运贸易工业有限公司

3. 关键词

民事　船员劳务合同　工资　船舶优先权　船舶扣押与拍卖　光船租赁　债权分配

【裁判要旨】

本案被告作为登记的船舶经营人及光船承租人，因经营原因导致拖欠19名在船船员的工资及劳务费用等，导致船员申请扣押当事船舶并主张船舶优先权，且诉讼期间在扣船期届满后申请强制拍卖当事船舶。（1）我国《海事诉讼特别程序法》第23条中对可以扣押的光船租赁当事船舶规定的情形为

“船舶的光船承租人对海事请求负有责任，并且在实施扣押时是该船的光船承租人或者所有人”和“具有船舶优先权的海事请求”。第29条规定：“船舶扣押期间届满，被请求人不提供担保，而且船舶不宜继续扣押的，海事请求人可以在提起诉讼或者申请仲裁后，向扣押船舶的海事法院申请拍卖船舶。”因此，19名船员的扣船、卖船申请于法有据，应予支持。（2）关于19名船员的债权，在审理过程中，法院应尽到谨慎审查的义务，逐项确定相关海事债权的具体数额以及其中享有船舶优先权性质的债权额度。

【基本案情】

土耳其籍“佩某”轮，登记船东为哈某克金融租赁有限公司，由被告佩某兹海运贸易工业有限公司依《融资租赁合同》租赁了船东所有的“佩某”轮，并登记为该轮的船舶经营人及光船租赁人。《融资租赁合同》约定：“针对第三方、由船舶管理所产生的所有法律、财务和刑事责任，均由经营该船舶的佩某兹海运贸易工业有限公司承担。”

圣克·斯门等19名“佩某”轮船员自2001年至2002年起受雇于被告，并分别于土耳其EREGLI港、印度尼西亚SORONG港、中国张家港等港口登“佩某”轮，分别任船长、大副、二副、轮机长、机工长、加油工、三管轮、二管轮、大管轮、服务生、水手、厨师等职，月工资为350美元至2500美元不等。因经营原因，被告长期拖欠该轮船员工资。

2002年8月27日，应19名在船船员的申请，青岛海事法院依法作出（2002）青海法保字第45号诉前扣押船舶的民事裁定及扣押船舶命令，并在青岛港锚地扣押了“佩某”轮。

9月3日，19名在船船员分别对被告提起诉讼，并请求判令被告支付船员工资、劳务费等相关费用。

答辩期内，被告提出管辖权异议，青岛海事法院依法裁定驳回其管辖权异议申请。被告上诉，被山东省高级人民法院依法裁定驳回。

9月29日，应19名原告的申请，法院依法裁定拍卖“佩某”轮。被告对卖船裁定申请复议，经审查，法院依法下达驳回复议决定书。

11月29日，在法院主持下，“佩某”轮被依法公开拍卖。公告的债权登记期间内，先后有3个土耳其、3个阿塞拜疆、2个英国、1个意大利计9家外国债权人、3个中国债权人在青岛海事法院进行了债权登记。

法院依法对全部登记债权进行了审理，逐一确认了债权数额及其性质。2004年12月31日，“佩某”轮的全部确权诉讼审理完毕。

2005年1月19日，31家债权人在法院主持下达成债权分配协议，“佩某”轮拍卖所得价款93.40万美元及利息按协议分配完毕。

【裁判说理】

争议焦点：(1)原告、被告之间是否存在船员服务合同关系，以及原告是否在“佩某”轮上工作；(2)是否有部分原告的升职及其工资标准相应提升的事实；(3)部分原告的加班事实是否存在，以及是否应当向原告支付加班工资；(4)被告是否已向原告支付了船员工资、相应的加班工资；(5)律师费的收取是否合理，以及翻译和公证费用如何分担。

青岛海事法院认为：

1.关于诸船员与被告之间的法律关系。19名原告分别接受被告的雇佣并被派遣到“佩某”轮上工作。截至提起诉讼时，其中有8名船员仍持有与被告签署的《船员服务合同》，11名船员未持有原被告签署的《船员服务合同》。对于8名有《船员服务合同》的船员而言，原告、被告之间存在服务合同关系是毋庸置疑的；对于11名无原告、被告双方签字的《船员服务合同》的实际在船工作的船员而言，原告、被告之间存在事实上的船员服务合同关系。

2.关于对其中部分船员的职务晋升的认定。据原告的海员证、“佩某”轮船员名单、月工资标准清单、拖欠工资明细表、船员派遣单、“佩某”轮航海日志、轮机长、船长签署的报告，以及原告的当庭陈述，均表明部分船员的职务存在升职，月工资也相应地增加。

3.关于对相关加班费用的认定。综合船长、轮机长签署的原告的加班记录，拖欠工资明细表等证据材料，均证明部分船员除完成自己本职工作外，额外承担了其他工作，且法院对逐项加班事项予以了综合审查与认定。

4.关于对被告是否已向原告支付了船员工资、相应的加班工资的认定。经开庭质证，法院综合分析原、被告提交的证据材料，显示：被告并未足额向原告支付船员工资、相应的加班工资，故对拖欠诸船员加班工资的具体情况进行了逐一认定。

5.关于律师费的收取是否合理，以及翻译和公证费用的分担。(1)圣克·斯门等19名船员推举两名诉讼代表人与山东海师律师事务所签订了《委托代理合同》，该合同第4条约定“律师代理费用的收取：经双方协商，乙方（山东海师律师事务所）的律师代理费用按照甲方（原告）最终可分配的工资数额的百分之十五计算”。前述约定并未超过山东省物价局、山东省司法厅2001年12月29日颁发的《山东省律师服务收费临时标准（试行）》“涉及财产关系的，按照涉及财产关系的标的额，按不高于下列比例分段计算收取费用：争议标的在10 000元以下的，收费标准为1000元；争议标的自10 001元至100 000元以下部分，收费标准为4%。律师事务所接受涉外案件当事人委托的，由律师事务所与当事人协商收费，但最高不得超过上述规定的5倍”之规定。翻译费和公证费由各原告分担。（2）法院在遣返19名船员的过程中，实际支出各种遣返费用人民币50余万元，诸原告的遣返费用具体为1万余元至3万余元不等。（3）因诉讼需要，青岛海事法院聘请了土耳其语的翻译人员参加法庭审理和船舶交接等工作，支付翻译人员的翻译和差旅费用及其他差旅费用由各原告分担。

【法官后语】

1. 本案通过法官耐心细致的释法说理，船东也主动选择在中国诉讼，6个国家32名当事人均主动选择适用中国法律，展示了中国海事司法的公信力。

2. 本案是我国海事司法首个“光租船舶能扣能卖也能分”的成功案例，彰显了中国海事司法维护国际海事权益的公平正义。

【法律条文】

1.《中华人民共和国海商法》（1993年7月1日施行）

第二十一条 船舶优先权，是指海事请求人依照本法第二十二条的规定，向船舶所有人、光船承租人、船舶经营人提出海事请求，对产生该海事请求的船舶具有优先受偿的权利。

第二十二条 下列各项海事请求具有船舶优先权：

（一）船长、船员和在船上工作的其他在编人员根据劳动法律、行政法规或者劳动合同所产生的工资、其他劳动报酬、船员遣返费用和社会保险费用的给付请求；

（二）在船舶营运中发生的人身伤亡的赔偿请求；

（三）船舶吨税、引航费、港务费和其他港口规费的缴付请求；

（四）海难救助的救助款项的给付请求；

（五）船舶在营运中因侵权行为产生的财产赔偿请求。

载运2000吨以上的散装货油的船舶，持有有效的证书，证明已经进行油污损害民事责任保险或者具有相应的财务保证的，对其造成的油污损害的赔偿请求，不属于前款第（五）项规定的范围。

第二十四条 因行使船舶优先权产生的诉讼费用，保存、拍卖船舶和分配船舶价款产生的费用，以及为海事请求人的共同利益而支付的其他费用，应当从船舶拍卖所得价款中先行拨付。

第二十八条 船舶优先权应当通过法院扣押产生优先权的船舶行使。

2.**《中华人民共和国海事诉讼特别程序法》**（2000年7月1日施行）

第十二条 海事请求保全是指海事法院根据海事请求人的申请，为保障其海事请求的实现，对被请求人的财产所采取的强制措施。

第十三条 当事人在起诉前申请海事请求保全，应当向被保全的财产所在地海事法院提出。

第十四条 海事请求保全不受当事人之间关于该海事请求的诉讼管辖协议或者仲裁协议的约束。

第十七条 海事法院接受申请后，应当在四十八小时内作出裁定。裁定采取海事请求保全措施的，应当立即执行；对不符合海事请求保全条件的，裁定驳回其申请。

当事人对裁定不服的，可以在收到裁定书之日起五日内申请复议一次。海事法院应当在收到复议申请之日起五日内作出复议决定。复议期间不停止裁定的执行。

利害关系人对海事请求保全提出异议，海事法院经审查，认为理由成立的，应当解除对其财产的保全。

第二十一条 下列海事请求，可以申请扣押船舶：

（一）船舶营运造成的财产灭失或者损坏；

（二）与船舶营运直接有关的人身伤亡；

（三）海难救助；

（四）船舶对环境、海岸或者有关利益方造成的损害或者损害威胁；为预防、减少或者消除此种损害而采取的措施；为此种损害而支付的赔偿；为恢复环境而实际采取或者准备采取的合理措施的费用；第三方因此种损害而蒙受或者可能蒙受的损失；以及与本项所指的性质类似的损害、费用或者损失；

（五）与起浮、清除、回收或者摧毁沉船、残骸、搁浅船、被弃船或者使其无害有关的费用，包括与起浮、清除、回收或者摧毁仍在或者曾在该船上的物件或者使其无害的费用，以及与维护放弃的船舶和维持其船员有关的费用；

（六）船舶的使用或者租用的协议；

（七）货物运输或者旅客运输的协议；

（八）船载货物（包括行李）或者与其有关的灭失或者损坏；

（九）共同海损；

（十）拖航；

（十一）引航；

（十二）为船舶营运、管理、维护、维修提供物资或者服务；

（十三）船舶的建造、改建、修理、改装或者装备；

（十四）港口、运河、码头、港湾以及其他水道规费和费用；

（十五）船员的工资和其他款项，包括应当为船员支付的遣返费和社会保险费；

（十六）为船舶或者船舶所有人支付的费用；

（十七）船舶所有人或者光船承租人应当支付或者他人为其支付的船舶保险费（包括互保会费）；

（十八）船舶所有人或者光船承租人应当支付的或者他人为其支付的与船舶有关的佣金、经纪费或者代理费；

（十九）有关船舶所有权或者占有的纠纷；

（二十）船舶共有人之间有关船舶的使用或者收益的纠纷；

（二十一）船舶抵押权或者同样性质的权利；

（二十二）因船舶买卖合同产生的纠纷。

第二十三条 有下列情形之一的，海事法院可以扣押当事船舶：

（一）船舶所有人对海事请求负有责任，并且在实施扣押时是该船的所有人；

（二）船舶的光船承租人对海事请求负有责任，并且在实施扣押时是该船的光船承租人或者所有人；

（三）具有船舶抵押权或者同样性质的权利的海事请求；

（四）有关船舶所有权或者占有的海事请求；

（五）具有船舶优先权的海事请求。

海事法院可以扣押对海事请求负有责任的船舶所有人、光船承租人、定期租船人或者航次租船人在实施扣押时所有的其他船舶，但与船舶所有权或者占有有关的请求除外。

从事军事、政府公务的船舶不得被扣押。

第二十八条 海事请求保全扣押船舶的期限为三十日。

海事请求人在三十日内提起诉讼或者申请仲裁以及在诉讼或者仲裁过程中申请扣押船舶的，扣押船舶不受前款规定期限的限制。

第二十九条 船舶扣押期间届满，被请求人不提供担保，而且船舶不宜继续扣押的，海事请求人可以在提起诉讼或者申请仲裁后，向扣押船舶的海事法院申请拍卖船舶。

第三十条 海事法院收到拍卖船舶的申请后，应当进行审查，作出准予或者不准予拍卖船舶的裁定。

当事人对裁定不服的，可以在收到裁定书之日起五日内申请复议一次。海事法院应当在收到复议申请之日起五日内作出复议决定。复议期间停止裁定的执行。

3.《最高人民法院关于扣押与拍卖船舶适用法律若干问题的规定》（2015年3月1日施行）

第三条 船舶因光船承租人对海事请求负有责任而被扣押的，海事请求人依据海事诉讼特别程序法第二十九条的规定，申请拍卖船舶用于清偿光船承租人经营该船舶产生的相关债务的，海事法院应予准许。

承办人：郭彦滨

编写人：郭彦滨　吕晨昊

21. 金某满等 22 名在船船员诉船东船员劳务合同纠纷案

——外国船东弃船后海事债权及船舶安全管理的司法救济

【合规提示】

本案系因船东拖欠船员工资等劳动报酬引发的 22 名船员共同申请诉前扣船后，又提起诉讼并向船东主张享有船舶优先权的集体诉讼。自 2001 年 5 月 26 日诸船员申请诉前扣船开始，至 2003 年 1 月 29 日船舶价款的债权分配完毕，历时 25 个月。历经了海事法院在船东实际弃船后的国际人道主义司法救援、保障看船期间最低安全配额船员情况下的部分船员遣返、船舶因台风走锚发生船舶碰撞事故引发的海难抢险与救助、船舶的司法拍卖、债权登记与确权诉讼、船舶价款的债权分配等事项。给各方合规提示：(1) 船舶优先权系一年之内发生的、属于《海商法》法律规定范畴内的、与本船相关的海事债权。船舶优先权以扣押船舶为前提。因此，应及时、准确主张权利。(2) 保障船员、船舶、航行安全是船东的法定义务，应当履行其责任。(3) 船东应及时按约支付船员工资及劳动报酬。

【案件信息】

1. 裁判文书字号

(2001) 青海法海商初字第 163 号

2. 当事人

原告: 金某满、金某宇、李某日、张某哲、朴某哲、崔某红、李某铁、郑某哲、金某国、安某男、朴某林、韩某植、赵某荣、赵某男、朴某培、金某益、辛某义、张某满、金某坤、崔某光、S×、D×，共 22 名“亚某藏”轮在船船员

被告：C×

3. 关键词

民事　船员劳务合同　工资　扣押与拍卖船舶　司法救援　船舶监管　台风走锚　船舶碰撞　抢险救助

【裁判要旨】

1. 被告没有到庭应诉时，法院应对证明船员劳务合同成立的依据、船员工资及劳动报酬一系列证据的真实性、关联性、有效性进行严格审查。

2. 应依法审查认定优先权之债、非优先权的普通海事债权和普通债权，法院需逐人、逐项审查并判定。

【基本案情】

“亚某藏”轮由被告所有经营。因被告经营原因，导致长期拖欠在船船员的工资等费用，且伙食、油物料供应严重不足，船员基本生活的保障严重短缺，甚至发生船舶在青岛港锚泊期间，夜间在船人员脚趾被船中老鼠啃食的情况，船东处于实际弃船状态。

22 名原告系 15 名中国籍、5 名韩国籍、2 名印度尼西亚籍船员，据分别与被告签订的劳动合同，先后登“亚某藏”轮工作。被告应按约定标准及具体加班情况按时支付诸原告船员工资及劳动报酬，但至 2001 年 5 月 31 日，被告欠诸原告工资的总额已达 85 061.00 美元，且每天增加 479.97 美元。

2001 年 5 月 26 日，应诸原告诉前海事保全申请，青岛海事法院下达（2001）青海法保字第 17–1 号民事裁定，并在青岛港扣押了多哥籍“亚某藏”轮。

6 月 22 日，诸原告诉至法院，请求依法判令：（1）被告支付拖欠的工资、补偿金及遣返费 107 086.01 美元，从 6 月 1 日起每增加一天增加 479.97 美元，并承担扣船费、诉讼费用和律师费约计 15 000 美元。（2）就上述船员工资之债主张船舶优先权。

扣船期间，因船舶给养严重不足，青岛海事法院多方联系船东无果。为保障船员的生命健康权、维持船舶和港口的安全，法院主动承担起保障船员伙食、船舶油物料供应的国际人道主义司法救援。

7 月 6 日，应诸原告的申请，法院依法下达（2001）青海法海商初字第 163–1 号拍卖该轮的民事裁定。

7月19日，应原告的申请，法院遣返了李某日、韩某植、赵某男、朴某培、张某满、崔某光、李某铁、郑某哲、金某坤9名船员。

8月1日，因受“桃芝”台风的影响，原告金某满、赵某荣、金某宇、张某哲、朴某哲、崔某红、安某男、朴某林、金某益、辛某义、S×、D×、金某国（因伤住院未在船上工作）值班管理的“亚某藏”轮与“津某”轮发生碰撞事故。法院聘请的青岛双诚船舶技术咨询有限公司进行海事检验，该碰撞事故导致：“亚某藏”轮尾楼右舷边板严重变形，其上有1800mm×600mm、1200mm×500mm的两个破洞，右舷救生筏丢失等38处受损；对上述损坏的永久性修理费用估价为45万元人民币。“津某”轮有8处受损；对上述损坏的永久性修理费用估价为13.5万元人民币。该事故发生时，青岛港务局轮驳公司组织拖轮进行了救助。

8月22日，该轮被依法公开拍卖。

在公示的债权登记期间内，郑某连、王某宪、黄某植、张某吉、李某镐5名韩国籍船员、青岛港务局轮驳公司分别在债权登记后，提出确权诉讼。

被告未递交书面答辩状。

【裁判说理】

争议焦点：（1）诸原告与被告之间的法律关系；（2）被告拖欠诸原告船员工资、职务补贴、加班费等具体费用；（3）解雇补偿金主张是否合理；（4）对其他债务的审查。

青岛海事法院认为：

1. 诸原告与被告之间的船员劳务合同关系成立，被告应向诸原告支付船员工资、职务补贴、加班费。

2. 因被告与部分原告在雇佣合同中约定了承担解雇补偿金的条件，拍卖船舶系合同中约定的条件之一，被告应对因拍卖船舶而解雇的行为，承担其在雇佣合同中约定的解雇补偿金。

3. 原告与船员李某浩之间的借款关系，与本案是不同的法律关系，本案不予审理，原告可另行向借款人主张权利。

4. 船舶扣押期间，因恶劣气候和船员的航海过失，“亚某藏”轮发生碰撞事故，“亚某藏”轮船体受损、产生了救助费用；这给船东及诸债权人造成损失。该损失将基于权利人向责任人的主张或在债权分配时另行处理。

依照《民法通则》第106条第1款和第111条、第134条的规定，判令：一、被告C× 在本判决生效之日起十日内分别向22名原告支付船员工资、职务补贴、工龄补贴、加班费、解雇补偿金共计141 385.29美元。二、驳回原告张某哲提出的向被告C× 主张李某浩借款300美元的诉讼请求。三、驳回原告金某益提出的向被告C× 主张李某浩借款200美元的诉讼请求。四、驳回原告辛某义提出的向被告C× 主张李某浩借款1600美元的诉讼请求。案件受理费15 890元、扣船费用20 000元，由被告C× 负担。

青岛海事法院以判决结案。

【法官后语】

本案系因船东拖欠船员工资等劳动报酬引发的22名船员共同申请诉前扣船后，又提起诉讼并向船东主张享有船舶优先权的集体诉讼。本案历经了一次救援、一次救助，分别是扣船期间的海事法院在船东弃船后的国际人道主义司法救援、海难事故发生后的抢险救助。其中，海事司法救助是青岛海事法院恒久坚持的生命至上的人文之举；海难救助是我国港方一直追求的安全第一的护航底线。该案带来了良好的社会效果，提升了我国海事司法和优质港口的国际声誉。

【相关法条】

《中华人民共和国海商法》（1993年7月1日施行）

第二十一条　船舶优先权，是指海事请求人依照本法第二十二条的规定，向船舶所有人、光船承租人、船舶经营人提出海事请求，对产生该海事请求的船舶具有优先受偿的权利。

第二十二条　下列各项海事请求具有船舶优先权：

（一）船长、船员和在船上工作的其他在编人员根据劳动法律、行政法规或者劳动合同所产生的工资、其他劳动报酬、船员遣返费用和社会保险费用的给付请求；

（二）在船舶营运中发生的人身伤亡的赔偿请求；

（三）船舶吨税、引航费、港务费和其他港口规费的缴付请求；

（四）海难救助的救助款项的给付请求；

（五）船舶在营运中因侵权行为产生的财产赔偿请求。

载运2000吨以上的散装货油的船舶，持有有效的证书，证明已经进行油污损害民事责任保险或者具有相应的财务保证的，对其造成的油污损害的赔偿请求，不属于前款第（五）项规定的范围。

第二十四条 因行使船舶优先权产生的诉讼费用，保存、拍卖船舶和分配船舶价款产生的费用，以及为海事请求人的共同利益而支付的其他费用，应当从船舶拍卖所得价款中先行拨付。

第二十八条 船舶优先权应当通过法院扣押产生优先权的船舶行使。

第二十九条 船舶优先权，除本法第二十六条规定的外，因下列原因之一而消灭：

（一）具有船舶优先权的海事请求，自优先权产生之日起满一年不行使；

（二）船舶经法院强制出售；

（三）船舶灭失。

前款第（一）项的一年期限，不得中止或者中断。

承办人：郭彦滨

编写人：郭彦滨　杨紫琼

22. 中国海洋工程服务某某公司诉某某交通物资公司船员劳务合同纠纷案

——船员派遣劳务关系及“拒载”行为的认定

【合规提示】

本案系一起海员劳务派遣公司诉船舶所有人支付聘用海员费，而船舶所有人又反诉要求劳务派遣公司赔偿“拒载”损失的聘用海员合同纠纷案件。双方对“聘用海员协议”是否有效、尚欠付的海员费用的数额以及船长的行为是否属于“拒载”产生了争议。对于海员劳务派遣公司而言，其应按照法律的规定取得相应营业资格，且应及时索取海员劳务外派合同所约定的海员报酬，并保留相关合同履行的证据。对于船舶所有人而言，一方面，其应按照海员劳务外派合同的约定及时支付海员费用，另一方面，在船舶经营的过程中，应在保证船舶安全的前提下装载货物。

【案件信息】

1. 裁判文书字号

（1997）青海法海商初字第 203 号、（1998）鲁经终字第 143 号

2. 当事人

原告（反诉被告）：中国海洋工程服务某某公司

被告（反诉原告）：某某交通物资公司

3. 关键词

民事　船员劳务合同　海员费　船长“拒载”

【裁判要旨】

1. 经营外派（派船员到外国船上工作）海员业务应取得有关部门颁发的海员外派机构资质证书，但将海员派到国内企业经营的船舶上则无须取得该资质证书。

2. “拒载”是指无正当理由而拒绝装载货物的行为，但若船长出于船舶安全等的考虑拒绝装载货物，则应视为一种正当的履行职责行为。

【基本案情】

原告授权其下属的海员对外技术服务公司的周某某经理代理其对外签订有关海员劳务外派方面的合同。周某某代理原告与被告签订了《聘用海员协议书》。该协议书约定，被告全年向原告支付船员工资、津贴、管理费等共计 131 868.00 美元。被告在（海员）外派期间负责海员的管理教育工作，海员必须遵守被告方的管理规章制度，严格遵守协议，如违纪而造成经济损失，被告有权按照合同规定扣除海员本人外汇或原告劳务费收入作为抵偿。

合同签订后，原告即依约从 1995 年 6 月 18 日开始通过自己下属的海员技术对外服务公司派出船员在“文某山”轮工作至 1996 年 6 月 18 日。被告也依约向上述船员发放海员工资等报酬。但从 1996 年 6 月 18 日合同期满直

至双方争诉到法院，被告向原告方支付的海员工资、管理费等款项与双方的合同约定的其应向原告方支付的费用额尚差 15 574.66 美元。

基于上述原告、被告之间的《聘用海员协议书》的履行，自 1995 年 8 月 20 日至 1995 年 11 月 20 日，被告将“文某山”轮期租给（韩国）青某商船株式会社（以下简称青某公司）使用。1995 年 9 月 8 日 16 时，“文某山”轮按青某公司的指示抵日本君津港装废钢。时任该船船长的刘某某（以下简称船长）与大副一起到货场查看货物情况时发现，拟装的货物并非青某公司所称的每件 3 吨的废钢，而是可利用的下脚钢料。船长考虑到用该种方式装该等货物，势必造成：（1）卸货港卸货困难甚至无法卸货；（2）货物不能装到舱内边缘，空隙太多，船在海上航行可能会产生移货，威胁船舶安全；（3）部分方钢、圆钢的端面、斜截面可能造成船壳和双层底穿孔，遂要求港方像装杂货那样整齐堆放，并进行必要的绑扎。而港方不能按照这一要求装货，装货遂未进行。9 月 9 日 9 时 30 分，船长将上述不宜装货的原因分别传真通知了青某公司与被告，等候指示。15 时，港方上船要求船方在取消装货报告上签字。船长在该报告上加了不宜装货的原因的批注后签了字。18 时，青某公司代理上船，船长电话与青某公司联系装货事宜，青某公司指示：货物一定要装，能装多少装多少。船长同意，等待青某公司代理安排装货，并要求青某公司用传真或电报证实上述指示。同日，被告亦传真船长：“此票货物请按要求装船，至于在作业过程中遇到什么问题再商谈解决；当然，安全第一，这是必要的，不过有些问题在作业过程中是可以处理的。”船长发给青某公司传真，要求青某公司尽快用电传、电报确认装货。出于商业上的考虑，9 月 11 日，青某公司经与被告协商后，取消了“文某山”轮在君津港的装货计划，而于当日 14 时 31 分通过其在日本的代理电传通知“文某山”轮船长：“请全速前往（韩国）釜山加油，下一航次已经确定如下：装港韩国群山，卸港中国厦门。”

以上述事由等为由，青某公司从其应向被告支付的租金中扣除了相关款项 19 300.46 美元。

1996 年 3 月 6 日，“文某山”轮在（朝鲜）南浦港装货，租船人代理安排全体船员分两批参观金日成纪念碑，随后安排其用餐，支付餐费 780.00 美元。

原告提起诉讼称：我司与被告签订了《聘用船员协议书》，约定由被告聘用我司船员作为其经营的“文某山”轮的船员一年，聘用费共计 131 868.00 美元；我司依约派出了全部船员，但被告只支付了 99 730.26 美元的聘用费，故请求被告支付拖欠的聘用海员费 32 137.74 美元。

被告辩称：原告并非本案的直接当事人，从聘用海员协议的内容到整个履行过程来看，都是由交通部某某救捞局海员对外服务公司与被告直接“对面”的；被告与交通部某某海难救助打捞局海员对外服务公司的聘用海员协议履行完毕后，尚欠的费用是 15 200.76 美元，而非原告主张的数额。

被告又反诉称：根据我司与原告（反诉被告）签订的《聘用海员协议书》，原告为被告（反诉原告）经营的“文某山”轮提供整船船员一年。1995 年 9 月 8 日 16 时，“文某山”轮遵照租船人指示抵日本国君津港装载废钢，时任该轮船长的刘某某上岸与装卸公司交涉装载事宜，因港方不能平舱，刘某某即要求港方暂缓装货。租船人和被告获悉该情况后，多次用传真、电话命令装货，刘某某阳奉阴违，一再拒绝租船人和被告的指令，直到 9 月 11 日上午仍拒绝装货。由于船长拒载，租船人从应付被告的租金中扣除 19 300.46 美元，作为损失补偿。此次拒载完全是由于船长刘某某工作严重失职造成的，根据双方间的《聘用海员协议书》及我国有关法律规定，原告对此应承担赔偿责任。原告所派船员在朝鲜南浦港违章聚餐花费 780.00 美元，亦应由原告承担责任。故请求判令原告赔偿因船员拒载而给其造成的损失 19 300.46 美元、因违章聚餐而给其造成的经济损失 780.00 美元。

原告（反诉被告）辩称：我受聘船长并未拒载；我受聘船员在（朝鲜）南浦港用餐系租船人代理安排的，而非违章聚餐。

【裁判说理】

争议焦点：（1）当事人双方签订的《聘用海员协议书》是否有效；（2）“文某山”轮受聘船长在日本君津港的行为是否为一种“拒载”行为。

青岛海事法院认为：原告、被告之间签订的上述《聘用海员协议书》适法有效；原告依约向被告派出船员服务期满后，被告即应向原告支付合同约定的款项，故被告应将其尚欠原告的合同项下的款项（15 574.66 美元）如数支付原告。

在船舶期租经营的情况下，身为船东雇员的船长所担负的职责是双重的：

既要在船舶的经营活动方面听从租船人的指令，又要对船舶自身的安全及航行安全负责（对船东负责）。而由上述事实可以确知，当“文某山”轮船长发现拟装的货物如按港方的装载方案装载，既要影响租船人的经营活动（积载不满，卸货困难甚至无法卸货），又可能危及船舶自身的安全及航行安全时，则当即将上述情况报告租船人及船东（被告），等待其指示；当租船人电话指示船长装货，能装多少装多少时，为慎重起见，船长又请求租船人用电报或传真明确该指示，而当租船人根据各方面的现实情况，出于商业上的考虑，取消其原定的货载计划，而令“文某山”轮执行下一个航次时，“文某山”根据租船人这一新的指令执行了下一个航次。由此可以确认，“文某山”轮船长在君津港的该等行为，系一种正当的履行职务的行为，而非“拒载”行为。另外，被告反诉原告船员违章聚餐也缺乏根据。

青岛海事法院于1997年11月5日作出（1997）青海法海商初字第203号民事判决，判决被告偿付原告聘用海员款15 574.66美元及利息。被告不服一审判决，提出上诉。山东省高级人民法院二审驳回上诉，维持原判。

【法官后语】

本案是一起聘用海员合同纠纷，双方的争议焦点主要有以下两个：

1. 关于《聘用海员协议书》是否有效的问题。被告主张协议无效的主要理由是，原告没有有关部门颁发的海员外派机构资质证书，即不具有外派海员的资格。而这关键是看当事双方签订的《聘用海员协议书》系一般的劳务出租合同，还是外派（派船员到外国船上工作）海员协议。因原告、被告双方均为国内企业法人，双方的协议系一个国内企业向另一个国内企业出租劳务，故该《聘用海员协议书》实为一般的劳务出租合同，而非外派海员协议，也就没有必要要求原告方具有外派海员的资格。进而言之，被告方从原告处招租船员后，又将其派到圣文森特籍的“文某山”轮工作，则对于被告来说，其确属一种“外派海员”的行为，故应由被告依照相关规定与外方签订外派海员协议，但这已不属原告、被告双方的协议范围了。据此，被告关于其与原告的《聘用海员协议书》应属无效的主张未得到法院的支持。

2. 关于“文某山”轮受聘船长在日本君津港的行为是否为一种“拒载”行为的问题。通俗地讲，所谓“拒载”应指无正当理由而拒绝装载货物的行为。而根据已查明的事实可以确认，“文某山”轮虽在日本君津港确没有装载货物，但其有正当理由——为了船舶及其航行安全。其既考虑了船东的利益，又顾及了租船人的利益，故其为一种正当的履行职责行为，而非拒载行为。

【相关法条】

《中华人民共和国民法通则》（2021年1月1日废止）

第八十五条 合同是当事人之间设立、变更、终止民事关系的协议。依法成立的合同，受法律保护。

第一百零六条 公民、法人违反合同或者不履行其他义务的，应当承担民事责任。

公民、法人由于过错侵害国家的、集体的财产，侵害他人财产、人身的，应当承担民事责任。

没有过错，但法律规定应当承担民事责任的，应当承担民事责任。

第一百一十一条 当事人一方不履行合同义务或者履行合同义务不符合约定条件的，另一方有权要求履行或者采取补救措施，并有权要求赔偿损失。

第一百一十二条 当事人一方违反合同的赔偿责任，应当相当于另一方因此所受到的损失。

当事人可以在合同中约定，一方违反合同时，向另一方支付一定数额的违约金；也可以在合同中约定对于违反合同而产生的损失赔偿额的计算方法。

对应新法：

《中华人民共和国民法典》（2021年1月1日施行）

第一百七十六条 民事主体依照法律规定或者按照当事人约定，履行民事义务，承担民事责任。

第四百六十四条 合同是民事主体之间设立、变更、终止民事法律关系的协议。

婚姻、收养、监护等有关身份关系的协议，适用有关该身份关系的法律规定；没有规定的，可以根据其性质参照适用本编规定。

第五百七十七条 当事人一方不履行合同义务或者履行合同义务不符合约定的，应当承担继续履行、采取补救措施或者赔偿损失等违约责任。

第五百八十四条 当事人一方不履行合同义务或者履行合同义务不符合约定，造成对方损失的，损失赔偿额应当相当于因违约所造成的损失，包括合同履行后可以获得的利益；但是，不得超过违约一方订立合同时预见到或者应当预见到的因违约可能造成的损失。

第五百八十五条 当事人可以约定一方违约时应当根据违约情况向对方支付一定数额的违约金，也可以约定因违约产生的损失赔偿额的计算方法。

约定的违约金低于造成的损失的，人民法院或者仲裁机构可以根据当事人的请求予以增加；约定的违约金过分高于造成的损失的，人民法院或者仲裁机构可以根据当事人的请求予以适当减少。

当事人就迟延履行约定违约金的，违约方支付违约金后，还应当履行债务。

承办人：李守芹

编写人：孙恬静　庄雪莉

23. 于某、管某诉荣成市宁某渔业公司船员劳务合同纠纷案

——碰撞船舶雇主对船员承担侵权损害赔偿责任的认定

【合规提示】

本案系一起船员家属诉船舶雇主，要求其承担船员因船舶碰撞而死亡的侵权损害赔偿责任。因船舶碰撞案件尚在政府部门的调查之中，双方对于本案是否应延期或中止审理产生了争议。根据《海商法》第169条第3款的规定，“互有过失的船舶，对造成的第三人的人身伤亡，负连带赔偿责任”，死亡船员的家属有权请求碰撞船舶雇主承担侵权损害赔偿责任。因此，对于船舶雇主而言，在船舶碰撞案件中，其应按照法律规定及时赔付船员伤亡损失。待船舶碰撞事故调查结束之后，其可以按照事故责任比例向船舶碰撞的另一

方索赔多支付的赔偿金。

【案件信息】

1. 裁判文书字号

（1997）青海法海商初字第 257 号、（1998）鲁经终字第 449 号

2. 当事人

原告：于某、管某

被告：荣成市宁某渔业公司

3. 关键词

民事　船员劳务合同　船舶碰撞　侵权　连带责任　工资　死亡赔偿金

【裁判要旨】

在船舶碰撞导致船员伤亡的案件中，根据《海商法》第 169 条第 3 款的规定，“互有过失的船舶，对造成的第三人的人身伤亡，负连带赔偿责任”，因此，死亡船员的家属有权请求碰撞船舶雇主承担侵权损害赔偿责任。

【基本案情】

原告于某、管某之子于某某于 1996 年 3 月起在被告所属的鲁某渔 1××9 号渔船上任船员，双方未签订劳务合同。1997 年 3 月 16 日，于某某与被告签订合同制工人招聘合同，双方签字盖章。合同约定合同期自 1997 年 1 月 1 日起至 1998 年 2 月 5 日止，月薪为 800 元至 1000 元，工资年底一次性付清，同时约定若于某某“因公身亡，一次性发给供养亲属抚恤金 8000 元……”于某某自 1996 年 3 月起在鲁某渔 1××9 号渔船上任船员的一年多时间中，被告只于 1996 年年底一次性支付于某某 1996 年度工资 10 000 元，1997 年的工资一直未支付。1997 年 4 月 6 日，鲁某渔 1××9 号渔船出海作业时，与一浙江籍货轮“浙某 7×9”轮发生碰撞，包括原告之子于某某在内的 14 名船员随船沉没。事故发生后，被告通知原告，但未采取任何解救措施，也未向原告支付任何费用。后经原告申请，文登市人民法院在《人民法院报》上刊登寻找于某某的公告，公告期满后，于某某仍下落不明，因此文登市人民法院于 1998 年 3 月 15 日作出宣告于某某死亡的判决。

原告于某，1942 年 7 月出生；原告管某，1946 年 3 月出生。两人均体弱

多病。于某某系原告的长子，生前是二原告的实际抚养人。原告另有一子于某甲，1974 年 4 月出生，现在家务农。

原告于某、管某提起诉讼称：要求法院依法判令被告赔偿原告损失 10 万元。

被告辩称：原告之子于某某是在 1996 年 4 月 6 日发生的船舶碰撞的海事中下落不明的。该次海事的有关情况，目前烟台港务监督正在调查之中，而且于某某现在还处于下落不明的状况，尚不具备宣告死亡的条件。因此，请求将本案延期或中止审理，待上述原因消除后再恢复诉讼。

【裁判说理】

争议焦点：被告是否应向原告承担侵权责任及赔偿数额的认定。

青岛海事法院认为：原告之子于某某与被告签订的劳动合同，由双方签字盖章，该合同有效，对双方均有约束力。被告应按合同的约定支付给原告于某某 1997 年 1 月至 3 月的工资 2700 元，并承担其利息损失。于某某的死亡系其所在鲁某渔 1××9 号渔船与浙江“浙某 7×9”轮的碰撞造成的，按照我国《海商法》的规定，两相碰船舶应对碰撞造成的人身伤亡承担连带责任。因此，原告有权向被告提出索赔；原告的诉讼请求，理由正当，予以支持。双方签订的劳动合同中有关死亡抚恤金的约定有悖于我国法律公平合理的原则和有关法律的规定，故不能依此赔偿。依照山东省高级人民法院 1996 年 1 月 25 日颁布的《山东省高级人民法院关于审理人身损害赔偿案件若干问题的意见（试行）》（现已失效）的有关规定，被告应支付给原告丧葬费 400 元；死亡补偿费，按山东省 1996 年度职工平均工资 5809 元补偿 12 年，应为 69 708 元，死者生前扶养人的必要生活费，按当地居民生活困难补助标准每年 700 元计算，应支付原告于某 20 年、管某 24 年，但由于原告另有一子于某甲承担抚养义务，故应付一半，为 15 400 元。以上三项合计为 85 508 元。

青岛海事法院于 1998 年 5 月 29 日作出（1997）青海法海商初字第 257 号民事判决，判决被告支付原告工资 2700 元及利息、丧葬费等共计 85 508 元。

山东省高级人民法院二审维持原审判决第一、二项，并加判被告支付于某某宣告死亡判决前的工资 10 170 元。

【法官后语】

本案是一起因船舶碰撞造成船员伤亡而引发的纠纷，既涉及合同，又涉及侵权相关问题。原告起诉请求被告支付的款项，既包括基于劳务合同而产生的工资，也包括因侵权而产生的死亡赔偿金、丧葬费等款项。

本案原告之子在被告所属渔船上任船员，双方签有合法有效的劳动合同。在合同有效期内，由于该船与他船相撞，造成在船上工作的于某某死亡。因此，在本案所涉及的法律事实中存在两个法律关系：一是于某某与被告之间的劳动合同关系；二是基于两船相撞造成于某某死亡的侵权事实而在三者间产生的侵权损害赔偿关系。于某某作为被告的受雇人能否要求被告承担损害赔偿责任是解决本案争议的关键。

对于船舶碰撞造成人身伤亡的法律责任的承担，我国《海商法》第 169 条第 1 款明确规定在碰撞船舶按过失程度的比例承担责任的基础上，又在第 3 款特别规定："互有过失的船舶，对造成的第三人的人身伤亡，负连带赔偿责任。一船连带支付的赔偿超过本条第一款规定的比例的，有权向其他有过失的船舶追偿。"该法之所以对人身伤亡损害赔偿责任承担的规定较之货物损害赔偿责任的承担更严格，主要是为了保护受害人及其家属的合法权益。因为人身伤亡毕竟不同于一般的财产损失，侵犯的是他人的生命健康权，给受害人及其家属造成的伤害不仅是物质上的，而且是精神上的，不是简单地通过金钱给付就可以弥补的，因此责任人必须承担更为严格的责任。这与世界各国的立法是一致的。

我国《海商法》第 169 条所规定的"造成第三人的人身伤亡"中的"第三人"是相对于被人格化的相碰船舶而言的。其不仅包括发生碰撞时不在任意相碰船舶上的人员，还包括押运货物的人员、旅客等。因此，对碰撞的发生有过失的船舶，对因碰撞造成的任何人的人身伤亡均应承担连带责任，受害人或其家属可以向互有过失的任何一船索赔全部损失。本案原告之子的死亡是由于其所在的被告所有的渔船与他船相撞造成的，虽然在原告起诉之时，碰撞双方的过失程度比例没有明确，但原告仍可向被告主张权利，被告作为加害人之一也应对其承担赔偿责任。在被告承担责任后，可向相对方追索。

尽管在受害人与被告之间存在劳动合同关系，但受害人的上述诉讼权利并不受到任何影响。劳动合同关系是约定一方当事人向另一方当事人提供劳务，另一方当事人支付报酬，并提供相应的保障的合同关系，主要涉及经济内容。当一方当事人违反合同约定，另一方当事人可以追究其违约责任。但在本案中，受害人的死亡是由于两船相撞的侵权行为造成的，而非被告作为劳动合同一方当事人违反合同约定的行为造成的。即便被告在提供劳动保护等方面存在违反劳动合同的行为，而间接导致受害人死亡，侵犯了受害人的人身权益，受害人仍可以基于侵权事实要求被告承担赔偿责任。因为在这种违约责任与侵权责任竞合时，依照我国法律的规定，受害人可以在依据合同追究另一方当事人的违约责任和依据侵权事实追究加害人的侵权责任两者之间选择其一行使权利，保护自己的合法权益。因此，本案原告完全有权利向被告提起诉讼，要求被告因其参与的共同侵权行为而承担受害人死亡的损害赔偿责任。

本案中于某某与被告的劳动合同中关于人身伤亡补偿条款的赔偿数额的约定，是违反我国《劳动法》的有关规定的，该条款不具有法律效力，本案中未予采用。因为本案对于受害人赔偿的依据是基于被告的侵权行为，而不是违约行为。

【相关法条】

1.《中华人民共和国民法通则》（2021 年 1 月 1 日废止）

第一百零六条 公民、法人违反合同或者不履行其他义务的，应当承担民事责任。

公民、法人由于过错侵害国家的、集体的财产，侵害他人财产、人身的，应当承担民事责任。没有过错，但法律规定应当承担民事责任的，应当承担民事责任。

第一百一十一条 当事人一方不履行合同义务或者履行合同义务不符合约定条件的，另一方有权要求履行或者采取补救措施，并有权要求赔偿损失。

第一百一十九条 侵害公民身体造成伤害的，应当赔偿医疗费、因误工减少的收入、残废者生活补助费等费用；造成死亡的，并应当支付丧葬费、死者生前扶养的人必要的生活费等费用。

对应新法：

《中华人民共和国民法典》（2021 年 1 月 1 日施行）

第一百七十六条 民事主体依照法律规定或者按照当事人约定，履行民事义务，承担民事责任。

第五百七十七条 当事人一方不履行合同义务或者履行合同义务不符合约定的，应当承担继续履行、采取补救措施或者赔偿损失等违约责任。

第一千一百七十九条 侵害他人造成人身损害的，应当赔偿医疗费、护理费、交通费、营养费、住院伙食补助费等为治疗和康复支出的合理费用，以及因误工减少的收入。造成残疾的，还应当赔偿辅助器具费和残疾赔偿金；造成死亡的，还应当赔偿丧葬费和死亡赔偿金。

2.**《中华人民共和国海商法》**（1993 年 7 月 1 日施行）

第一百六十九条 船舶发生碰撞，碰撞的船舶互有过失的，各船按照过失程度的比例负赔偿责任；过失程度相当或者过失程度的比例无法判定的，平均负赔偿责任。

互有过失的船舶，对碰撞造成的船舶以及船上货物和其他财产的损失，依照前款规定的比例负赔偿责任。碰撞造成第三人财产损失的，各船的赔偿责任均不超过其应当承担的比例。

互有过失的船舶，对造成的第三人的人身伤亡，负连带赔偿责任。一船连带支付的赔偿超过本条第一款规定的比例的，有权向其他有过失的船舶追偿。

承办人：薛九江

编写人：孙恬静　庄雪莉

海上人身安全

24. 章某某诉王某某海上人身损害责任纠纷案

——个人劳务法律关系中过错责任比例的公平划分

【合规提示】

本案系一起海上人身损害责任纠纷案件，双方对船东和船员的过错责任比例存在争议。在现实生活中，劳务关系是非常普遍的一种合同关系，建立劳务关系时，劳务人员和用工一方可以签订劳务合同，来对双方的权利和义务进行约定。劳务关系有时会与劳动关系产生混淆，但是两者有很大的不同，劳动关系中用人单位和劳动者符合法律、法规规定的主体资格，劳动者受用人单位的劳动管理，从事用人单位安排的有报酬的劳动，劳动者提供的劳动是用人单位业务的组成部分；劳务关系中，劳动者向用工者提供一次性的或特定的劳动服务，用工者依约向劳动者支付劳务报酬。基于劳务关系的以上特点，个人劳务关系很多都没有签订书面的合同，在进入司法流程后往往会在认定上存在难度，对于合同双方都不利，因此对于签订劳务合同时，应尽量采用书面合同的形式，将基本的约定事项表述明确，以避免后期出现纠纷。另外，按照我国《民法典》的相关规定，个人之间形成劳务关系，提供劳务一方因劳务受到损害的，根据双方各自的过错承担相应的责任，所以一旦出现个人劳务损害，双方一定要做好证据收集与固定，最大程度保护自身合法权益。

【案件信息】

1. 裁判文书字号

（2023）鲁72民初681号

2. 当事人

原告：章某某

被告：王某某

3. 关键词

民事　海上人身损害　个人劳务　过错责任比例　视听资料

【裁判要旨】

渔船上发生海上人身损害责任纠纷属于个人劳务损害责任，按照我国《民法典》的相关规定，个人之间形成劳务关系，提供劳务一方因劳务受到损害的，根据双方各自的过错承担相应的责任。

【基本案情】

2023年9月5日早晨，章某某在船头拽动缆绳为王某某的渔船靠岸系泊，从船头跳到岸边导致右跟骨骨折，经鉴定构成十级伤残。

章某某诉称：章某某受王某某雇佣，从事雇佣活动受伤，依法应得到王某某的全额赔偿。

王某某辩称：章某某受伤时，双方已经解除了劳务法律关系；章某某属于凌晨私自上船且并非为王某某提供劳务受伤，章某某受伤完全系因自身过错导致，与王某某不存在任何关联性，王某某不应承担赔偿责任。

【裁判说理】

争议焦点：船东和船员的过错责任比例。

青岛海事法院认为，公安机关的视频监控记录客观完整地记录了章某某的受伤经过，章某某是为王某某实现移船靠岸的目的，在当时的现场环境下，凭借现有的条件和一己之力，基于自己的认识和判断，作出跳船的行为，如果不是发生右跟骨骨折的严重后果，很难说章某某的这种跳船行为就是错的。但如果章某某不性急，等路人经过时帮忙系缆桩或者借助船上的缆绳下船或者借助谢某的帮忙下船或者先悬空再背面跳下甚至会游泳可以通过水路上岸或者等王某某到场时再移船等，似乎都可以避免受伤结果的发生。章某某独自为王某某移船，是一种正常履职的工作表现，但是各种渔船管理规范都不会允许甚至禁止跳船的行为。王某某当时不在船上，也没有要求章某某凌晨就上船、移船、跳船，章某某为王某某提供劳务的过程中，自己决策跳船导致自身伤情的发生，且事发时张某某没有合法上渔船工作证件，还违反了山东省人大常委会颁布的《山东省渔业港口和渔业船舶管理条例》以及《渔业船员管理办法》必须持证上岗的规定，最终确定章某某对本次伤情应承担主要责任，以自负 60% 责任为宜。

青岛海事法院以判决方式结案，判决被告王某某依法向原告章某某承担 40% 的赔偿责任。

【法官后语】

海上人身损害责任纠纷案件中，船员受伤通常发生在海上，受海上客观条件的限制，船员的受伤经过通常不能以视频监控的形式记录下来，一般靠当事人的自述或者证人证言确定责任比例，但是此类案件一般会出现当事双方各执一词的情况，这种情况下，还原案件事实不仅需要客观证据的支撑，其实更需要法官对于案件所有证据的综合分析把控，不仅要做到“去伪存真”，对于一些所谓理所当然的证据，也一定不要放弃深层次的推敲，筛选案件信息中的“不变量”，用生活常识和法律知识推导“变量”，争取最大程度还原真相。比如在本案的办理过程中，面对当事双方对监控内容作出的不同解读，法官要在进行事件还原时，最大程度避免使原被告任何一方感受到偏向性，在此基础上，进行释法说明，公正划分了原被告双方的责任比例，双方一审均服判息诉，起到了良好的法律效果和社会效果，属于人民法院审理民事案件必须以事实为依据，以法律为准绳的典型案件。

【相关法条】

《中华人民共和国民法典》（2021 年 1 月 1 日施行）

第一千一百六十五条　行为人因过错侵害他人民事权益造成损害的，应当承担侵权责任。

依照法律规定推定行为人有过错，其不能证明自己没有过错的，应当承担侵权责任。

第一千一百七十三条　被侵权人对同一损害的发生或者扩大有过错的，可以减轻侵权人的责任。

第一千一百九十二条第一款　个人之间形成劳务关系，提供劳务一方因劳务造成他人损害的，由接受劳务一方承担侵权责任。接受劳务一方承担侵权责任后，可以向故意或者重大过失的提供劳务一方追偿。提供劳务一方因劳务受到损害的，根据双方各自的过错承担相应的责任。

承办人：李俊锋

编写人：李俊锋　褚　茜

25. 尼某尔申请宣告缅甸籍船员死亡案

——我国法院对宣告外籍船员死亡具有管辖权

【合规提示】

外国船员遭遇海上事故下落不明的，可以向中国法院申请宣告死亡。

【案件信息】

1. 裁判文书字号

（2023）鲁 72 民特 12 号

2. 当事人

申请人：尼某尔

3. 关键词

民事　特别程序　宣告死亡　涉外　管辖

【裁判要旨】

外国人因海上事故申请宣告死亡的，向处理海事事故主管机关所在地或者受理相关海事案件的海事法院提出。

【基本案情】

申请人尼某尔称：图某屯系“埃某”轮船员。2022年4月9日图某屯在“埃某”轮驶离日照港石臼港区南作业区15号泊位时落水失踪，至今下落不明。2023年1月10日申请人尼某尔向本院申请宣告图某屯死亡。

经查，下落不明人图某屯，男，缅甸联邦共和国国籍，1995年8月18日出生，住缅甸联邦共和国仰光市，系尼某尔之子。2022年4月9日，“埃某”轮由日照港石臼港区南作业区15号泊位离泊过程中，图某屯坠入海中。虽经多方努力搜寻无果。日照市海上搜救中心办公室出具书面证明称图某屯已无生还可能。申请人尼某尔申请宣告图某屯死亡后，本院发出寻找图某屯的公告，法定公告期间为3个月，现已届满，图某屯仍下落不明。

【裁判说理】

争议焦点：中国法院能否受理宣告外国人死亡案件。

青岛海事法院认为：图某屯自失踪至今没有音讯，经寻找及本院公告寻找，仍下落不明，应依法宣告其死亡。申请人尼某尔作为图某屯的母亲，系本案利害关系人，其申请宣告图某屯死亡，符合法律规定宣告死亡的条件，应予准许。依照我国《民事诉讼法》第192条的规定，判决：宣告图某屯死亡。

【法官后语】

对船员权益的保障，不仅包括对在岗船员劳动报酬的保护，还包括对遇难船员的抚恤关怀。本案缅甸籍船员遭遇海上事故下落不明，因在中国保险公司保险理赔需要，其母亲向中国法院申请宣告其死亡。经初步检索，案件审理时尚未发现我国法院宣告外国人死亡的判决。因此，中国法院能否宣告外国公民死亡是本案首先需要解决的问题。《海事诉讼特别程序法》第9条规定，申请因海上事故宣告死亡的，向处理海事事故主管机关所在地或者受理相关海事案件的海事法院提出。根据该规定，因案涉事故处理机关为日照海事局，故本院对该案具有管辖权。同时，《涉外民事关系法律适用法》第13条规定，宣告死亡，适用自然人经常居所地法律，本条虽然是对宣告死亡所应适用准据法的规定，但中国法院可以受理宣告外国人死亡案件无疑是该条文的应有之义。

宣告死亡制度旨在结束下落不明自然人与他人之间的人身关系、财产关系的不稳定状况，对稳定社会经济生活有重大意义。就本案而言，外籍船员因海上事故下落不明，已无生还可能，只有对其判决宣告死亡才能进行保险理赔。本案的判决明确了中国法院对于宣告外籍船员死亡具有管辖权，切实解决了失踪船员的善后难题，彰显了中国海事司法担当，具有典型意义。

【相关法条】

《中华人民共和国民事诉讼法》（2023 年 9 月 1 日修正）

第一百九十二条 人民法院受理宣告失踪、宣告死亡案件后，应当发出寻找下落不明人的公告。宣告失踪的公告期间为三个月，宣告死亡的公告期间为一年。因意外事件下落不明，经有关机关证明该公民不可能生存的，宣告死亡的公告期间为三个月。

公告期间届满，人民法院应当根据被宣告失踪、宣告死亡的事实是否得到确认，作出宣告失踪、宣告死亡的判决或者驳回申请的判决。

承办人：张 勇

编写人：张 勇

26. 王某亮诉万某、程某开、纪某海上人身损害责任纠纷案

——发生海上人身损害时，雇主和船员的责任分担

【合规提示】

本案系一起海上人身损害赔偿责任纠纷，原告在接受被告雇佣期间，形成了事实上的劳务合同关系。个人之间形成劳务关系，提供劳务一方受到损害的，根据双方各自过错承担相应责任。原告受伤事发区域并非可随意出入

的一般工作场所，对于被告而言，应提供相应配套管理予以保障实施，强化进出人员管理。原告作为具有完全行为能力的自然人，在船工作一段时间，应当对工作地点及内容的危险性有详细认识与预防能力，在该地点进行任何活动都应当尽谨慎义务。

【案件信息】

1. 裁判文书字号

（2022）鲁 72 民初 762 号

2. 当事人

原告：王某亮

被告：万某、程某开、纪某

3. 关键词

民事　海上人身损害　船员劳务　责任认定

【裁判要旨】

船员劳务关系中，船员因提供劳务造成自身损害，雇主应承担赔偿责任。船员自身存在过错的，由其与接受劳务的一方各自根据过错程度承担相应的责任。

【基本案情】

2021 年 8 月，船员王某亮在接受万某、程某开雇佣期间被发现摔落在“中某 27”号浮吊船上吊机底座地面（空心圆形桶状建筑内的底部），被告纪某等人发现后使用气焊将建筑从外部打开将王某亮救出并将其送往无棣县人民医院急诊。原告诉至法院要求被告承担其医药费及住宿交通等费用。

原告王某亮主张，其是在工作过程中即“打黄油”期间受伤，王某亮除一份与他人的视频对话外，无其他证据证明该主张。

被告抗辩原告并非在履职期间受伤时，“打黄油”工作专门由专门吊机工进行，王某亮并非吊机工；被告已尽到安全防护义务，浮吊现场强调安全作业，佩戴安全装备包括安全帽、工人服、工作鞋等，浮吊值班室也张贴有安全操作规范，底筒位置除吊机工其他人禁止进入。

【裁判说理】

争议焦点：（1）各被告是否应当对王某亮的受伤承担责任；（2）王某亮受伤意外的责任分担。

青岛海事法院认为：

一、各被告是否应当对王某亮的受伤承担责任

虽万某和程某开未提交双方书面合伙协议，但双方明确确认彼此系合伙关系且对王某亮接受其雇佣以及王某亮在接受其雇佣期间在“中某27”号浮吊上受伤的事实均未提出异议，本院认定王某亮与万某、程某开形成事实上的劳务合同关系。《民法典》第1192条第1款规定：“个人之间形成劳务关系……提供劳务一方因劳务受到损害的，根据双方各自的过错承担相应的责任。”王某亮在接受雇佣期间摔落在其提供劳务的“中某27”号浮吊船上，万某和程某开作为王某亮雇主，应当对王某亮的受伤承担相应责任。

根据庭审查明，纪某只是万某和程某开雇佣的现场管理人员，纪某并无对王某亮受伤承担责任的事实情节，故王某亮对纪某的诉讼请求本院不予支持。

二、王某亮受伤意外的责任分担

万某与程某开虽否认王某亮系在“中某27”号浮吊船上从事“打黄油”工作过程中受伤，但王某亮受伤事发区域并非甲板等可随意可出入的一般工作场所，需专门前往才能到达。王某亮主张其在“打黄油”的过程中受伤的视频证据本质上仍属于证人证言，王某亮不能证明视频中人员身份且该人未出庭作证，证人王某尚出庭证言的效力要大于王某亮提供的视频证据，即王某亮主张其在“打黄油”过程中受伤的证据不足。王某亮虽不能有效证明其受伤是“打黄油”导致，但其意外发生地点明显具有相当危险性，照片证据所显示吊机底座入口位置的“闲杂人员不得入内”标识喷涂时间不明，万某、程某开不能证明喷涂时间早于王某亮的出事时间；万某、程某开既主张出事地点只有“吊机工”才可出入，则应有相应配套管理予以保障实施。现场显示，甲板楼梯口至吊机底座的内部出入口处无任何阻拦措施，处于人员可自由出入状态，其管理过失明显。本院认定万某、程某开应对王某亮的受伤承担主要责任。

王某亮作为具有完全行为能力的自然人，在船已经工作一段时间，对受

伤地点的危险性并不陌生，无论是从事正常的“打黄油”工作还是其他，在该地点进行任何活动都应当尽谨慎义务，王某亮应对自己的受伤承担次要责任。

综上，本院认定由王某亮对自身损害承担 30% 的责任，由万某、程某开承担 70% 的责任。判决被告万某、被告程某开向原告王某亮支付医疗费、住院伙食补助费、住宿费、交通费等共计 222 434.47 元。

【法官后语】

依法维护船员合法权益，对保障海上交通安全、维护航运业健康稳定发展、促进我国国民经济发展具有重要意义。在船员人身损害责任纠纷案件中，船员作为雇佣关系中的弱势一方，往往存在举证难等困境，鉴于本案的特殊情况在认定本案责任承担主体及承担比例的过程中，办案人员在认真审查证据后，通过视频连线，仔细勘察三百多公里外的涉案船舶，了解船舶具体结构，经与照片比对发现王某亮受伤事发区域并非甲板等可随意可出入的一般工作场所、需专门前往才能到达、具有相当的危险性、事发地点的出入口没有任何阻拦措施等这些问题，最终认定被告在管理船舶的过程中存在一定过失，未尽到安全保障义务。

本案中，只有查清王某亮受伤的原因才能认定并分配责任，对案涉船舶的船体构造情况等细节的了解对认定案件事实具有至关重要的作用，当时由于受新冠疫情影响，无法到涉案船舶上进行实地调查，承办人通过网络视频对船舶整体结构构造进行勘验，最终依法判定当事人的责任比例。

本案审理过程中并未简单机械适用法律，而是秉持“以人民为中心”的理念，展现厚生境界、厚植为民情怀，在办案过程中认真贯彻发展思想的具体表现，对船员人身损害责任纠纷案件中船员本人举证责任的适当放宽，真正做到了设身处地为弱势群体着想，尽心竭力为弱势群体排忧解难，也让当事人切实感受到了海事司法的关怀和温度。

【相关法条】

《中华人民共和国民法典》（2021 年 1 月 1 日施行）

第一千一百六十五条　行为人因过错侵害他人民事权益造成损害的，应当承担侵权责任。

依照法律规定推定行为人有过错，其不能证明自己没有过错的，应当承担侵权责任。

第一千一百七十九条 侵害他人造成人身损害的，应当赔偿医疗费、护理费、交通费、营养费、住院伙食补助费等为治疗和康复支出的合理费用，以及因误工减少的收入。造成残疾的，还应当赔偿辅助器具费和残疾赔偿金；造成死亡的，还应当赔偿丧葬费和死亡赔偿金。

第一千一百九十二条第一款 个人之间形成劳务关系，提供劳务一方因劳务造成他人损害的，由接受劳务一方承担侵权责任。接受劳务一方承担侵权责任后，可以向有故意或者重大过失的提供劳务一方追偿。提供劳务一方因劳务受到损害的，根据双方各自的过错承担相应的责任。

承办人：吕延铭

编写人：吕延铭　肖秀雯　毕德强

27. 冯某元诉孙某娟、张某明海上人身损害责任纠纷案

——海上人身损害案件中赔偿协议显失公平的认定

【合规提示】

本案是一起被侵权人诉侵权人人身损害责任案件，双方对是否应撤销已签订的《赔偿协议》产生了争议。本案虽然发生于自然人之间，但是对企业合规依然具有重要提示意义。在类似案件中，企业通常处于侵权人的地位，与被侵权人签订赔偿协议时，一方面应遵循公平公正、平等自愿的原则，不能故意利用被侵权人的弱势地位，不能存在欺诈、胁迫或者乘人之危情形，不能违反法律、行政法规等强制性规定；另一方面所签订的赔偿协议内容必须真实明确，避免出现歧义、语义模糊的情形，特别是针对一方放弃部分权利的约定应当真实清楚，避免存有重大误解或者显失公平。

【案件信息】

1. 裁判文书字号

（2022）鲁 72 民初 860 号、（2022）鲁民终 2383 号

2. 当事人

原告：冯某元

被告：孙某娟、张某明

3. 关键词

民事　海上人身损害　撤销赔偿协议　真实意思表示　显失公平

【裁判要旨】

在海上人身损害案件中，受害方与责任方达成的赔偿协议须不违反法律、行政法规等强制性规定，不存在欺诈、胁迫或者乘人之危情形，且协议内容必须真实明确，特别是针对一方放弃部分权利的约定应当真实清楚，避免存有重大误解或者显失公平。在现实生活中，对于受害方与责任方签订的存在欺诈或者显失公平的协议，应允许受害方在一定期间内行使撤销权，以维护其合法权益。

【基本案情】

2020 年 5 月，原告冯某元受雇于被告张某明在登记在被告孙某娟名下的渔船从事船员工作，二被告系夫妻。后原告因工受伤，二被告联系鉴定机构依据《人身保险伤残评定标准》规定认定原告符合八级伤残。

2021 年 5 月 21 日，二被告的船代理孙某代表二被告与原告签订赔偿协议书，约定："孙某已为冯某元支付了医疗费等费用，冯某元受伤前的工资款已全部结清。孙某除承担上述款项后，同意再一次性赔偿各项损失共计 10 万元整。"后孙某支付 6 万元。原告第二次住院治疗。孙某代表二被告交纳了 2000 元住院押金。原告委托鉴定机构依据《人体损伤致残程度分级》标准认定原告符合八级伤残。

2022 年 2 月 10 日，原告因伤起诉，后撤诉。3 月 6 日，孙某支付 4 万元。4 月 22 日，原告提起本案诉讼，请求判令被告赔偿原告各项损失共 303 242 元，并增加撤销赔偿协议的诉讼请求。

被告孙某娟、张某明共同辩称：二被告对张某明雇佣原告从事船员工作及原告受伤的事实没有争议，认可共同承担赔偿责任，但双方经协商已经就原告案涉受伤赔偿事宜达成赔偿协议，并履行完毕。民事赔偿协议具有民事合同的性质，双方之间已由原来的侵权之债转化为合同之债，原告在没有通过诉讼请求撤销该协议或者该协议被确认无效的情况下，原告基于同一事实向法院主张侵权赔偿缺乏事实及法律依据。原告申请撤销协议的理由是显失公平，说明原告在签订协议时知晓构成八级伤残事实。协议明确约定双方对于10万元的赔偿项目及不足赔偿部分原告予以放弃，且原告未提交证明显失公平的证据，该协议真实有效，请求法院依法予以维持。因此，请求依法驳回原告的诉讼请求。

【裁判说理】

争议焦点：（1）原告2021年5月21日与代表二被告的孙某签订的赔偿协议是否有效；（2）原告主张的赔偿请求是否应予支持。

青岛海事法院认为：原告要求撤销协议，认为二被告利用原告无任何经验和法律常识，故意欺瞒伤残等级及应赔偿数额，赔偿10万元不是原告的真实意思表示，协议显失公平。首先，应认定协议约定的赔偿内容客观上是否达到显失公平的程度。根据原告的主张依法计算，原告因伤产生的各项人身损害赔偿费用共计314 197元。协议约定赔偿总额10万元，两者差距过大，协议约定的双方当事人权利义务明显失衡、显著不相称，客观上已达到显失公平的程度。其次，应认定协议约定的赔偿内容是否是原告的真实意思表示。原告主张孙某告知其是为办理保险理赔签订协议。二被告否认，但对其联系的鉴定机构为何依据《人身保险伤残评定标准》对原告进行评残未作出解释。

原告第一次出院后联系孙某索赔，此时年逾60多岁，双脚受伤尚未完全治疗终结，需要获得赔偿以弥补经济损失及继续治疗。在二被告的安排联系下，原告进行了第一次伤残鉴定，二被告首先获悉了鉴定结果，但未将鉴定书交付原告。协议仅载明原告受伤构成伤残，未明确伤残等级，二被告未能证明原告知晓构成八级伤残，且此时的八级伤残系依据《人身保险伤残评定标准》作出，该标准并不适用人身损害赔偿责任纠纷，据此作出的伤残等级也不应成为案涉赔偿依据。

二被告主张协议系一次性终结赔偿协议，协议约定的10万元赔偿款包括后续治疗费，不同意支付原告二次住院费用。但事实上，二被告支付了原告二次住院押金2000元，明显与其上述主张自相矛盾。据此，协议的形式内容与二被告的实际履行情况并不一致，且孙某称在协议外另有赔付约定，故该协议实质上并非一次性终结赔偿协议。结合庭审查明事实及本案现有证据，法院认为，该协议系原告在未知晓构成八级伤残的情况下签订的，被告方利用原告无经验及出于对其提供鉴定信息的依赖，导致原告不知道真实伤残鉴定情况，从而对应获得的赔偿缺乏判断能力。且此时二被告安排鉴定机构依据《人身保险伤残评定标准》对原告进行的伤残等级鉴定并不适用案涉纠纷，协议依据的原告伤残情况，因存在事实及法律基础错误，不应适用。原告在签订赔偿协议时因为被告方原因作出了非理性的意思表示，且协议约定的赔偿内容客观上达到了显失公平的程度，故原告申请撤销赔偿协议，具有事实及法律依据。

青岛海事法院以判决方式结案。

山东省高级人民法院二审以调解的方式对一审判决予以确认。

【法官后语】

海上人身损害案件发生后，负赔偿责任一方有时会和受害方签订赔偿协议。这类协议涉及的赔偿金额，往往与受害者的实际损失存在差距，受伤一方能否向法院申请撤销，并按实际损失要求对方赔付？

根据《民法典》第151条的规定："一方利用对方处于危困状态、缺乏判断能力等情形，致使民事法律行为成立时显失公平的，受损害方有权请求人民法院或者仲裁机构予以撤销。"本条是对撤销显失公平的民事法律行为的规定，所规定的显失公平的情形包括：（1）主观上，民事法律行为的一方当事人利用了对方处于危困状态、缺乏判断能力等情形。即一方当事人主观上意识到对方处于不利情境，且有利用这一不利情境之故意。（2）客观上，民事行为成立时显失公平。此处的显失公平是指双方当事人在民事法律行为中的权利义务明显失衡、显著不相称。至于"失衡""不相称"的具体标准，则需要结合民事法律行为的具体情形，如交易行情、法定标准、通常做法等加以判断。

本案受害方文化素质及法律意识比较薄弱，第一次出院后联系索赔，此时原告年逾60多岁，双脚受伤尚未完全治疗终结，急需获得二被告赔偿以弥补经济损失及继续治疗。在此种情况下，被告方利用原告无经验及出于对其提供鉴定信息的依赖，未如实告诉伤残鉴定情况签订了赔偿协议，且协议约定的赔偿数额与法定赔偿数额差距极大。如果以此协议作为确定当事人权利义务的依据，对受害人极不公平。合理地转移和分散损失，给予受害人公平、合理和充分的救济，是社会主义法治的价值取向，故原告、被告签订的赔偿协议显失公平。据此，一审法院依法作出前述判决，二审法院以调解的方式对一审判决予以确认。该案的审理结果对审判实践中处理类似案件具有重要参考意义。

【相关法条】

《中华人民共和国民法典》（2021年1月1日施行）

第一百四十三条 具备下列条件的民事法律行为有效：

（一）行为人具有相应的民事行为能力；

（二）意思表示真实；

（三）不违反法律、行政法规的强制性规定，不违背公序良俗。

第一百五十一条 一方利用对方处于危困状态、缺乏判断能力等情形，致使民事法律行为成立时显失公平的，受损害方有权请求人民法院或者仲裁机构予以撤销。

第一百七十六条 民事主体依照法律规定或者按照当事人约定，履行民事义务，承担民事责任。

第一千一百九十二条 个人之间形成劳务关系，提供劳务一方因劳务造成他人损害的，由接受劳务一方承担侵权责任。接受劳务一方承担侵权责任后，可以向有故意或者重大过失的提供劳务一方追偿。提供劳务一方因劳务受到损害的，根据双方各自的过错承担相应的责任。

提供劳务期间，因第三人的行为造成提供劳务一方损害的，提供劳务一方有权请求第三人承担侵权责任，也有权请求接受劳务一方给予补偿。接受劳务一方补偿后，可以向第三人追偿。

承办人：曲燕军

编写人：曲燕军　庄雪莉

28. 朱某姣诉刘某某、王某凤海上人身损害责任纠纷案

——城乡赔偿标准统一及雇主责任的认定

【合规提示】

本案系一起船员（劳动者）诉雇主海上人身损害责任纠纷案件，双方对事故原因及赔偿数额产生争议。对于雇主而言，要注意雇主应当做好船员（劳动者）的安全管理和防护工作，事故发生于船上作业期间，雇主责任成立，法院将根据双方过错程度，确认雇主赔偿责任。对于船员（劳动者）而言，要注意人身损害赔偿标准已经统一，农村居民有权按照城镇居民赔偿标准计算相关项目赔偿数额。

【案件信息】

1. 裁判文书字号

（2022）鲁72民初944号、（2023）鲁民终259号

2. 当事人

原告：朱某姣

被告：刘某某、王某凤

3. 关键词

民事　海上人身损害　城乡赔偿标准统一　雇主责任

【裁判要旨】

1. 本案原告为农村居民，但判决按照城镇居民赔偿标准计算相关项目赔偿数额，系对山东省人身损害赔偿标准城乡统一试点工作的落实。本案在海事审判领域探索人身损害赔偿城乡标准统一，体现同命同价、以人为本的裁判理念。

2. 法院对案件事实从概然性的角度予以认定，原告落水事故发生于船上作业期间，被告应当做好船员的安全管理和防护工作，被告的雇主责任成立。原告作为完全民事行为能力人，对于自己的劳动能力及安全风险防范也应有基本的认知。结合双方过错程度，法院确认被告应对原告的合理损失承担80% 的赔偿责任。

【基本案情】

2019 年 9 月，刘某某雇佣朱某姣在其运营管理渔船上工作，从事割袋分苗工作。9 月 17 日，田某某、王某、娄某、朱某姣、张某某一起出海作业，到养殖区去割袋分苗。船到作业海域后，即停止行驶。在干活期间，朱某姣落水。随后，刘某某拨打“120”将朱某姣送往烟台市经济技术开发区大季家医院治疗，在该院产生治疗费 351.08 元。后，朱某姣又分别于烟台业达医院、烟台市心理康复医院治疗。

根据烟台业达医院的入院记录：主诉：溺水后胸闷、憋气半小时余。现病史：患者于今日（2019 年 9 月 17 日）上午 10 时许在渔船工作时不慎跌入海中，立即被同伴救起，救起时患者意识丧失，予以心肺复苏苏醒后患者感胸闷、憋气，前胸疼痛，无咳嗽、咳痰及咳血，立即送入医院。出院诊断：主要诊断：溺水；其他诊断：吸入性肺炎、肋骨骨折、窦性心动过缓、抑郁发作（重度）。根据烟台业达医院的住院病案显示，朱某姣于 2019 年 9 月 17 日入院，于 2019 年 12 月 8 日出院，实际住院 82 天。朱某姣于烟台市业达医院住院实际支付医疗费 32 789.84 元。

2019 年 12 月 9 日，朱某姣在烟台市心理康复医院进行治疗，主诉：少眠、烦躁、心情低落、阵发性乱语 2 月余。现病史：患者于 2 月余前工作时溺水后出现少眠、烦躁，有时想发脾气但尚能控制，紧张害怕，眼前时常会出现恐怖画面，有时会回想溺水时情景。夜间入眠后出现乱语、约持续 10 分钟，患者不能回忆。病后在业达医院住院期间给予来士普 10mg/ 天，劳拉西泮 0.5mg/ 晚，喹硫平 0.1g 早晚服，病情较前好转，仍未达好时状态，今日来诊。门诊主诊断：创伤性应激障碍。根据烟台市心理康复医院的住院病案显示，朱某姣于 2019 年 12 月 9 日入院，于 2020 年 1 月 10 日出院，实际住院 32 天；又根据烟台市心理康复医院的收费票据显示，朱某姣于 2021 年 11 月 21 日入院，于 2021 年 12 月 2 日出院，实际住院 11 天。朱某姣于烟台市心理康复医院两次住院实际支付医疗费 17 209.3 元。

2021 年 3 月 1 日，朱某姣通过本院委托青岛正源司法鉴定所对其肢体伤残等级、误工时间、护理时间及护理人数、营养期限等项目进行鉴定，并出具鉴定意见。鉴定意见载明：（1）被鉴定人朱某姣多发肋骨骨折目前致残程度为十级；（2）被鉴定人朱某姣多发损伤，其误工期限自受伤之日起为 60~120 日，其营养期限自受伤之日起为 30~60 日。结合被鉴定人损伤及治疗情况，建议住院期间给予护理。其护理人数以 1 人为宜。为此，朱某姣支付鉴定费 2860 元。

2022 年 1 月 5 日，莱阳市河洛镇苇夼村民委员会出具证明，王某英系朱某姣母亲，1934 年 4 月 20 日出生。王某英、朱某军（已去世）二夫妇共生育一子三女：长子朱某臣、长女朱某云、二女朱某姣、三女朱某娥。

根据朱某姣家庭常住人口登记卡的记载，徐某某系朱某姣儿子。2022 年 8 月 11 日，烟台鸿某建筑安装有限公司出具一份工资证明，证明徐某某自 2019 年 7 月入职该单位，从事技术负责工作，固定月工资为 5000 元，工资发放方式是现金。同时出具一份停发工资证明，证明员工徐某某，月收入 5000 元，因该员工母亲朱某姣于 2019 年 9 月 17 日发生事故受伤入院治疗。从 2019 年 9 月 17 日到 2019 年 12 月 8 日、2019 年 12 月 9 日到 2020 年 1 月 10 日、2021 年 11 月 21 日到 2021 年 12 月 1 日，合计 125 天在医院护理其母亲，未来上班，期间停发工资。

关于朱某姣在船工作的受伤过程，刘某某主张由于朱某姣未穿救生衣导致，刘某某不存在过错，不应当承担赔偿责任。为证明其主张的成立，申请证人田某某、娄某出庭作证并接受法庭质询。

关于朱某姣受伤过程，田某某陈述："在 2019 年 9 月 17 日，我跟其他工人（王某、娄某，朱某姣、张某某）一起出海作业，到养殖区去割袋分苗。我们是早上约 5 点半开始出海，6 点半左右到海区开始作业，5 点半走的时候渔政说要穿救生衣，大家上船后，都穿上了救生衣。因为渔政有要求，渔船在海上作业规定必须穿救生衣，到了船上以后朱某姣觉得热就脱了，叫她穿也不穿，不知道累了还是怎么的她就站起来了，船一晃她就掉下船去了，她站起来站不稳就掉下水里，我船也控制不住，把娄某和王某也晃到海里了。然后张某某看见朱某姣掉下海里，他就跳下去救了，因为娄某和王某穿着救生衣所以他俩自己爬上来了，因为朱某姣没有穿救生衣所以不好救，张某某捞了好几下才捞到她，捞起来我们就把她往船上拖，就一直叫她，叫她醒醒，之后就把她送往医院救治了。”田某某确认当事人刘某某也在船上，但在船上躺着没看见。关于当天天气情况有没有风，田某某回答：“天气挺好，没有风。”

关于朱某姣受伤过程，娄某陈述：“八月初五左右，早上我们一起出海分苗，穿着救生衣上船干活，我们6个人到达目的地之后就干活，我负责扒货，完了他们就开始倒，倒完了之后不知道怎么回事儿，一下我们好几个人都进水了，因为我穿救生衣就上船了，但是还有一个大姐没有上来，之后小张下去救她。”关于朱某姣是否穿救生衣，娄某回答：“我没有注意，因为我掉下去我都蒙了，所以我没有注意她有没有穿救生衣，但是我一直穿着。”关于你们一上船都穿着救生衣吗？娄某回答：“不穿不行，我们都养成习惯穿救生衣了，因为不穿救生衣会罚款，所以不敢不穿，因为我打零工习惯穿救生衣了。”关于跟朱某姣一起上船多少次，是否认识朱某姣，娄某回答：“我知道有个大姨姓朱，不知道叫什么。基本上见过三五次面，上船前我们都穿着。落水的时候我不知道她有没有穿，他们落水的时候我也落水了，掉下去我都蒙了，掉下去我就爬，然后爬上船了。朱某姣是沉下水了，但是救上来的时候没有救生衣。沉之前有没有穿救生衣，我也没有注意。”关于当时的天气怎么样，娄某回答：“天气可以，正常出海之前我们都看天气预报，天气不好也不可能出海。”

关于朱某姣落水前是否穿救生衣，朱某姣委托诉讼代理人回答因为朱某姣现在精神不好，无法落实当时朱某姣是否穿了救生衣。按常理船长及老板两人都在船上，发现朱某姣未穿救生衣，老板及船长应该及时告知及制止。

经查，2021年山东省城镇居民人均可支配收入47 066元；2021年山东省城镇居民人均消费性支出29 314元/年。

另查明，朱某姣系刘某某所雇佣，王某凤与刘某某系夫妻关系。

原告朱某姣主张的赔偿项目及费用明细如下：（1）烟台开发区大季家医院：351.08元。（2）烟台市业达医院：住院82天，费用为32 789.84元。（3）烟台康复医院：住院32天，费用为14 775.87元。（4）烟台康复医院：住院11天，费用为2433.43元。以上医药费合计：50 350.22元。（5）鉴定费：2860元（肢体）。（6）伤残补助金：47 066元/年 ×20年 ×10%=94 132元。（7）住院伙食补助：100元/天 ×（82+32+11）=100×125天=12 500元。（8）营养费：100元/天 ×60天=6000元。（9）误工费：47 066元/年 ÷12个月 ÷30天=130.74元 ×120天=15 688.8元。（10）交通费：2000元。（11）护理费：徐某某（5000+5000+5000）÷3=5000÷30=166.67元 ×125天=20 833.75元。（12）被扶养人：王某英29 314元/年 ×5年=146 570×10%=14 657元 ÷4=3664.25元。（13）精神抚慰金：3000元。（14）支付令：132元。以上费用共计：211 161.02元。

【裁判说理】

争议焦点：（1）朱某姣与刘某某之间的法律关系；（2）赔偿责任的认定；（3）赔偿标准及赔偿金额的认定；（4）王某凤是否承担连带偿还责任。

青岛海事法院认为：

一、朱某姣与刘某某之间的法律关系

朱某姣与刘某某双方均确认，朱某姣受雇于刘某某，刘某某向其支付报酬。提供劳务者按照约定已向用工者提供劳务活动，用工者已接受劳务活动的，并且支付报酬，双方形成事实上的劳务关系。因此，原告朱某姣与被告刘某某虽未签订书面劳务合同，但形成了事实上的船员劳务合同关系。

二、赔偿责任的认定

本案中，刘某某已经自认朱某姣在其渔船作业期间发生事故受伤，焦点在于朱某姣受伤的原因是否系自己过错导致。朱某姣主张，在被告渔船上作业时，因刘某某的工人操作不当使渔船侧翻，致其落水受伤；刘某某主张，朱某姣落水是因为其自己在劳务过程中不遵守安全作业要求，在事发当天，朱某姣在作业中间私自脱下救生衣，且不接受他人提醒，导致其落水后因无救生衣沉入水下而产生海水对其肺部影响，其本人应对其个人过错自行承担全部责任。

对此，本院认为，《侵权责任法》第35条规定，个人之间形成劳务关系，提供劳务一方因劳务自己受到损害的，根据双方各自的过错承担相应的责任。第26条规定，被侵权人对损害的发生也有过错的，可以减轻侵权人的责任。《民事诉讼法》第67条第1款规定："当事人对自己提出的主张，有责任提供证据。"根据上述法律规定，双方均负有举证责任。刘某某提供了田某某与娄某的两份证人证言，田某某陈述朱某姣开始穿了救生衣，后来脱了。因船控制不稳，包括朱某姣在内的好几个人落水。娄某说自己突然落水了，没有注意朱某姣是否穿救生衣，但落水后救上来时未穿救生衣。关于朱某姣是否存在脱了救生衣的事实，经法庭询问，朱某姣委托诉讼代理人陈述无法落实当时是否穿了救生衣。但主张按常理船长及老板两人都在船上，发现朱某姣脱下救生衣，应当及时制止。对此，船长田某某证明其已及时制止，但朱某姣不听，刘某某躺在船上没有看见。结合原告的陈述和两位证人的证言，本院认为，朱某姣系在刘某某运营管理的渔船工作期间落水受伤，刘某某作为雇主，应当为员工提供安全的工作装备与工作环境。因为雇佣的船长对船舶操控不稳导致朱某姣落水，应承担主要责任。对于朱某姣而言，未服从船舶的安全管理规范，存在过错，应承担次要责任。结合双方的过错程度，本院酌定刘某某应当对朱某姣在船工作期间的受伤承担80%的赔偿责任。

三、赔偿标准及赔偿金额的认定

《侵权责任法》第16条规定，侵害他人造成人身损害的，应当赔偿医疗费、护理费、交通费等为治疗和康复支出的合理费用，以及因误工减少的收入。造成残疾的，还应当赔偿残疾生活辅助具费和残疾赔偿金。造成死亡的，还应当赔偿丧葬费和死亡赔偿金。

《最高人民法院关于审理人身损害赔偿案件适用法律若干问题的解释》（2020年修正，以下简称《解释》）第22条规定："本解释所称'城镇居民人均可支配收入''农村居民人均纯收入''城镇居民人均消费性支出''农村居民人均年生活消费支出''职工平均工资'，按照政府统计部门公布的各省、自治区、直辖市以及经济特区和计划单列市上一年度相关统计数据确定。'上一年度'，是指一审法庭辩论终结时的上一统计年度。"因此本案中的相关统计数据应按法院所在地青岛市（计划单列市）2021统计年度的相关数据计算。但朱某姣住所地、事故发生地均不位于青岛市，因此在山东省高级人民法院对特定赔偿项目有特别规定的情况下，不再适用青岛市统计数据。朱某姣主张按照2021年山东省城镇居民标准计算相关费用，符合法律规定，本院予以支持。

2020年3月12日印发的鲁高法〔2020〕18号《山东省高级人民法院关于开展人身损害赔偿标准城乡统一试点工作的意见》第1条规定："在民事诉讼中，对各类人身损害赔偿纠纷案件（含海事案件），不再区分城镇居民和农村居民，统一按照城镇居民赔偿标准计算相关项目赔偿数额。"第4条规定："本意见自发布之日起施行，本意见施行后未审结的一审、二审案件，适用本意见；本意见施行前已经终审的案件，以及适用审判监督程序的再审案件，不适用本意见。”根据上述意见，城镇居民和农村居民，统一按照城镇居民赔偿标准计算相关项目赔偿数额。被告关于朱某姣系农村居民，不能按照城镇居民可支配收入标准、城镇居民人均消费支出标准计算相关费用的主张没有事实和法律依据，本院不予支持。

本院依法委托青岛正源司法鉴定所作出青正司鉴（2021）法临鉴字第458号《司法鉴定意见书》，该鉴定机构及其鉴定人员具备相应的鉴定资格，鉴定事项属于鉴定机构的鉴定业务范围，鉴定意见客观、合理、于法有据，无证据表明鉴定程序违法或鉴定意见依据不足，两被告虽持有异议但并未提供足以反驳的相反证据或理由，因此本院确认其证据效力。

本案中，根据双方提交的证据并结合《解释》的规定，本院认定朱某姣因受伤产生的合理项目及金额如下：

关于医疗费，《解释》第6条规定，医疗费根据医疗机构出具的医药费、住院费等收款凭证，结合病历和诊断证明等相关证据确定。赔偿义务人对治疗的必要性和合理性有异议的，应当承担相应的举证责任。医疗费的赔偿数额，按照一审法庭辩论终结前实际发生的数额确定。朱某姣实际支付三个医院医疗费50 350.22元，且提供了病历及相应的收费票据证明，两被告对此存在异议，但并未提供证据予以证明，本院对医疗费50 350.22元 ×80%=40 280.176元予以支持。

关于残疾赔偿金，《解释》第12条规定，残疾赔偿金根据受害人丧失劳动能力程度或者伤残等级，按照受诉法院所在地上一年度城镇居民人均可支配收入或者农村居民人均纯收入标准，自定残之日起按20年计算。但60周岁以上的，年龄每增加1岁减少1年；75周岁以上的，按5年计算。本案中，根据《司法鉴定意见书》的鉴定意见，朱某姣伤情构成十级伤残。残疾赔偿金按2021年山东省城镇居民人均可支配收入47 066元计算20年：（47 066×20×10%）×80%=75 305.60元。

关于被扶养人生活费，《解释》第17条规定，被扶养人生活费根据扶养人丧失劳动能力程度，按照受诉法院所在地上一年度城镇居民人均消费性支出和农村居民人均年生活消费支出标准计算。被扶养人为未成年人的，计算至18周岁；被扶养人无劳动能力又无其他生活来源的，计算20年。但60周岁以上的，年龄每增加1岁减少1年；75周岁以上的，按5年计算。朱某姣之母王某英年满75周岁，被扶养人的生活费按照2021年山东省城镇居民人均消费性支出 29 314 元计算 5 年，并扣除王某英其他三子女应承担的部分为：29 314 元 / 年 ×5 年 ×10% ÷ 4 × 80%=2931.40 元。

关于误工费，《解释》第 7 条规定，误工费根据受害人的误工时间和收入状况确定。误工时间根据受害人接受治疗的医疗机构出具的证明确定。受害人因伤致残持续误工的，误工时间可以计算至定残日前一天。受害人有固定收入的，误工费按照实际减少的收入计算。受害人无固定收入的，按照其最近三年的平均收入计算；受害人不能举证证明其最近三年的平均收入状况的，可以参照受诉法院所在地相同或者相近行业上一年度职工的平均工资计算。本院认为，朱某姣未能提交有效证据证明其具有固定稳定收入，属于无固定收入人群。误工期限，经鉴定为受伤之日起为 60~120 日，朱某姣实际住院天数为 125 天，以 120 天计算也较为合理。朱某姣自愿按照山东省 2021 年度城镇居民人均可支配收入 47 066 元计算误工费，并不违反法律规定，本院予以支持。其误工费计算为：47 066 元 / 年 ÷ 12 个月 ÷ 30 天 =130.74 元 ×120 天 ×80%=12 551.04 元。

关于护理费，《解释》第 8 条规定，护理费根据护理人员的收入状况和护理人数、护理期限确定。护理人员有收入的，参照误工费的规定计算；护理人员原则上为一人，但医疗机构或者鉴定机构有明确意见的，可以参照确定护理人员人数。根据《司法鉴定意见书》的意见，结合被鉴定人损伤及治疗情况，建议住院期间给予护理。其护理人数以一人为宜。朱某姣提供的烟台鸿某建筑安装有限公司营业执照复印件、工资证明原件、停发工资证明原件等证据证明因朱某姣事故导致其子朱某校的护理费的产生。两被告抗辩护理费用的证据系恶意串通合谋伪造，但未能提供但并未提供证据予以证明，故对该部分费用本院予以支持。护理费计算为：（5000+5000+5000）元 ÷3 个月 = 5000 元 ÷ 30 天 =166.67 元 ×125 天 ×80%=16 667 元。

关于伙食补助费，《解释》第 10 条规定，住院伙食补助费可以参照当地国家机关一般工作人员的出差伙食补助标准予以确定。朱某姣主张的住院伙食补助费为 100 元 / 天 ×（82+32+11）=100 × 125 天 =12 500 元。100 元 / 天的标准较为合理，本院对 12 500 元 ×80%=10 000 元的伙食补助费用予以支持。

关于营养费，《解释》第 11 条规定，营养费根据受害人伤残情况参照医疗机构的意见确定。朱某姣主张营养费为 100 元 / 天 ×60 天 =6000 元。根据《司法鉴定意见书》第5条第2项鉴定意见，其营养期限自受伤之日起为30~60日。100元/天的标准较为合理，本院对6000元×80%=4800元的营养费予以支持。

关于交通费，《解释》第9条规定，交通费根据受害人及其必要的陪护人员因就医或者转院治疗实际发生的费用计算。交通费应当以正式票据为凭；有关凭据应当与就医地点、时间、人数、次数相符合。朱某姣主张的2000元交通费，并无相关票据证明，本院不予支持。

关于鉴定费用，本案中对相关事项的鉴定是确定朱某姣损失的必要方法，朱某姣主张的鉴定费2860元应认定为受伤导致的损失，为本案诉讼所产生的费用，本院予以认定。

关于支付令费用，132元的支付令费用系朱某姣因自己的过错所产生的费用，本院不予支持。

关于精神抚慰金，朱某姣主张3000元，本案中，朱某姣在船工作中受伤，无证据证明刘某某对事故的发生存在主观过错或实施了加害行为，对其提出的精神损害赔偿的主张，本院不予支持。

两被告主张，其在救治过程中向朱某姣支付了2000元，由朱某姣儿子徐某某收取，应从救治费用中扣除，但没有提供证据予以证明。《民事诉讼法》第67条第1款规定："当事人对自己提出的主张，有责任提供证据。"两被告应当提交证据予以证明，否则应承担举证不能的法律后果。本院对该扣除请求不予支持。

四、王某凤是否承担连带偿还责任

关于朱某姣诉请被告王某凤就上述赔偿款项承担连带责任的主张，王某凤抗辩，刘某某、王某凤虽为夫妻，但朱某姣系刘某某所雇佣，非王某凤所雇佣，所工作船只也非王某凤或家庭所有，原告朱某姣要求王某凤承担连带赔偿责任也无事实及法律依据。

对此，本院认为，朱某姣与刘某某之间存在船员劳务合同关系，刘某某系雇主，王某凤与朱某姣之间并无雇佣关系。《最高人民法院关于审理涉及夫妻债务纠纷案件适用法律有关问题的解释》第3条规定："夫妻一方在婚姻关系存续期间以个人名义超出家庭日常生活需要所负的债务，债权人以属于夫妻共同债务为由主张权利的，人民法院不予支持，但债权人能够证明该债务用于夫妻共同生活、共同生产经营或者基于夫妻双方共同意思表示的除外。"

刘某某在与王某凤婚姻关系存续期间因经营船舶产生的债务，显然超过家庭日常生活所需，除非债权人朱某姣能够证明该债务用于夫妻共同生活、共同生产经营或者基于夫妻共同意思表示，否则不能主张王某凤承担共同偿还责任。结合庭审，朱某姣未能提供证据予以证明，故对其该主张本院不予支持。

该案经山东省高级人民法院二审审理，维持一审判决。

【法官后语】

一、海事审判领域探索人身损害赔偿标准的统一

根据 2020 年《山东省高级人民法院关于开展人身损害赔偿标准城乡统一试点工作的意见》第 1 条的规定，不再区分城镇居民和农村居民，统一按照城镇居民赔偿标准计算相关项目赔偿数额。原告虽为农村居民，本院最终判决支持原告关于按照城镇标准计算赔偿金的主张。本案是在海事审判领域探索人身损害赔偿标准的统一，体现了对船员这一群体利益的保护，有利于进一步推进以人为本的裁判理念，体现了诚实守信的社会主义核心价值观。《解释》在 2022 年修正时也体现了人身损害赔偿城乡标准统一的观点，为类似问题的处理提供了更充分的法律依据。

二、谨慎认定雇主责任，合理确定责任比例

本案基本事实方面，被告已经自认原告在其渔船作业期间发生事故受伤，焦点在于原告受伤的原因是否系自己过错导致。原告主张，在被告渔船上作业时，因被告的工人操作不当使渔船侧翻，致其落水受伤；被告主张，原告落水是因为其自己在劳务过程中不遵守安全作业要求，私自脱下救生衣，导致其落水后因无救生衣沉入水下，其本人应对其个人过错自行承担全部责任。

本案落水事故发生在 2019 年，原告受伤后精神出现问题，当时在船工作的证人证言对事故发生的原因表述不清，案件事实无法回溯。在无其他相反证据前提下，法院从概然性的角度认定原告落水事故发生于船上作业期间，因为雇佣的船长对船舶操控不稳导致原告落水，被告雇主责任成立，被告作为雇主，应当做好船员的安全管理和防护工作，原告作为完全民事行为能力人，对于自己的劳动能力及安全风险防范也应有基本的认知。结合双方过错程度，法院确认被告应对原告的合理损失承担 80% 的赔偿责任，但是考虑到原告在作业过程中也未尽到谨慎注意义务，由其自行承担 20% 的责任，为相关类案提供了裁判指引。

船员人身损害赔偿涉及船员基本生存、身心健康和人格尊严，依据相关国际公约和我国海商法的规定，应予以优先保护，本案法院确认被告应对原告的合理损失承担80%的赔偿责任，支持了原告主张的医疗费、残疾赔偿金等费用，彰显了海事司法给予船员特别保护方面所起的重要作用。

【相关法条】

1.《中华人民共和国侵权责任法》（2021年1月1日废止）

第十六条 侵害他人造成人身损害的，应当赔偿医疗费、护理费、交通费等为治疗和康复支出的合理费用，以及因误工减少的收入。造成残疾的，还应当赔偿残疾生活辅助具费和残疾赔偿金。造成死亡的，还应当赔偿丧葬费和死亡赔偿金。

第二十六条 被侵权人对损害的发生也有过错的，可以减轻侵权人的责任。

第三十五条 个人之间形成劳务关系，提供劳务一方因劳务造成他人损害的，由接受劳务一方承担侵权责任。提供劳务一方因劳务自己受到损害的，根据双方各自的过错承担相应的责任。

对应新法：

《中华人民共和国民法典》（2021年1月1日施行）

第一千一百七十九条 侵害他人造成人身损害的，应当赔偿医疗费、护理费、交通费、营养费、住院伙食补助费等为治疗和康复支出的合理费用，以及因误工减少的收入。造成残疾的，还应当赔偿辅助器具费和残疾赔偿金；造成死亡的，还应当赔偿丧葬费和死亡赔偿金。

第一千一百七十三条 被侵权人对同一损害的发生或者扩大有过错的，可以减轻侵权人的责任。

第一千一百九十二条第一款 个人之间形成劳务关系，提供劳务一方因劳务造成他人损害的，由接受劳务一方承担侵权责任。接受劳务一方承担侵权责任后，可以向有故意或者重大过失的提供劳务一方追偿。提供劳务一方因劳务受到损害的，根据双方各自的过错承担相应的责任。

2.《中华人民共和国民事诉讼法》（2021年12月24日修正）

第六十七条第一款 当事人对自己提出的主张，有责任提供证据。

对应新法：

《中华人民共和国民事诉讼法》（2023年9月1日修正）

第六十七条第一款 当事人对自己提出的主张，有责任提供证据。

3.《最高人民法院关于审理人身损害赔偿案件适用法律若干问题的解释》（2020年12月29日修正）

第六条 医疗费根据医疗机构出具的医药费、住院费等收款凭证，结合病历和诊断证明等相关证据确定。赔偿义务人对治疗的必要性和合理性有异议的，应当承担相应的举证责任。

医疗费的赔偿数额，按照一审法庭辩论终结前实际发生的数额确定。器官功能恢复训练所必要的康复费、适当的整容费以及其他后续治疗费，赔偿权利人可以待实际发生后另行起诉。但根据医疗证明或者鉴定结论确定必然发生的费用，可以与已经产生的医疗费一并予以赔偿。

第七条 误工费根据受害人的误工时间和收入状况确定。

误工时间根据受害人接受治疗的医疗机构出具的证明确定。受害人因伤致残持续误工的，误工时间可以计算至定残日前一天。

受害人有固定收入的，误工费按照实际减少的收入计算。受害人无固定收入的，按照其最近三年的平均收入计算；受害人不能举证证明其最近三年的平均收入状况的，可以参照受诉法院所在地相同或者相近行业上一年度职工的平均工资计算。

第八条 护理费根据护理人员的收入状况和护理人数、护理期限确定。

护理人员有收入的，参照误工费的规定计算；护理人员没有收入或者雇佣护工的，参照当地护工从事同等级别护理的劳务报酬标准计算。护理人员原则上为一人，但医疗机构或者鉴定机构有明确意见的，可以参照确定护理人员人数。

护理期限应计算至受害人恢复生活自理能力时止。受害人因残疾不能恢复生活自理能力的，可以根据其年龄、健康状况等因素确定合理的护理期限，但最长不超过二十年。

受害人定残后的护理，应当根据其护理依赖程度并结合配制残疾辅助器具的情况确定护理级别。

第九条 交通费根据受害人及其必要的陪护人员因就医或者转院治疗实际发生的费用计算。交通费应当以正式票据为凭；有关凭据应当与就医地点、时间、人数、次数相符合。

第十条 住院伙食补助费可以参照当地国家机关一般工作人员的出差伙食补助标准予以确定。

受害人确有必要到外地治疗，因客观原因不能住院，受害人本人及其陪护人员实际发生的住宿费和伙食费，其合理部分应予赔偿。

第十一条 营养费根据受害人伤残情况参照医疗机构的意见确定。

第十二条 残疾赔偿金根据受害人丧失劳动能力程度或者伤残等级，按照受诉法院所在地上一年度城镇居民人均可支配收入或者农村居民人均纯收入标准，自定残之日起按二十年计算。但六十周岁以上的，年龄每增加一岁减少一年；七十五周岁以上的，按五年计算。

受害人因伤致残但实际收入没有减少，或者伤残等级较轻但造成职业妨害严重影响其劳动就业的，可以对残疾赔偿金作相应调整。

第十七条 被扶养人生活费根据扶养人丧失劳动能力程度，按照受诉法院所在地上一年度城镇居民人均消费性支出和农村居民人均年生活消费支出标准计算。被扶养人为未成年人的，计算至十八周岁；被扶养人无劳动能力又无其他生活来源的，计算二十年。但六十周岁以上的，年龄每增加一岁减少一年；七十五周岁以上的，按五年计算。

被扶养人是指受害人依法应当承担扶养义务的未成年人或者丧失劳动能力又无其他生活来源的成年近亲属。被扶养人还有其他扶养人的，赔偿义务人只赔偿受害人依法应当负担的部分。被扶养人有数人的，年赔偿总额累计不超过上一年度城镇居民人均消费性支出额或者农村居民人均年生活消费支出额。

第二十二条 本解释所称"城镇居民人均可支配收入""农村居民人均纯收入""城镇居民人均消费性支出""农村居民人均年生活消费支出""职工平均工资"，按照政府统计部门公布的各省、自治区、直辖市以及经济特区和计划单列市上一年度相关统计数据确定。

"上一年度"，是指一审法庭辩论终结时的上一统计年度。

对应新法：

《最高人民法院关于审理人身损害赔偿案件适用法律若干问题的解释》（2022年4月24日修正）

第六条 医疗费根据医疗机构出具的医药费、住院费等收款凭证，结合病历和诊断证明等相关证据确定。赔偿义务人对治疗的必要性和合理性有异议的，应当承担相应的举证责任。

医疗费的赔偿数额，按照一审法庭辩论终结前实际发生的数额确定。器官功能恢复训练所必要的康复费、适当的整容费以及其他后续治疗费，赔偿权利人可以待实际发生后另行起诉。但根据医疗证明或者鉴定结论确定必然发生的费用，可以与已经产生的医疗费一并予以赔偿。

第七条 误工费根据受害人的误工时间和收入状况确定。

误工时间根据受害人接受治疗的医疗机构出具的证明确定。受害人因伤致残持续误工的，误工时间可以计算至定残日前一天。

受害人有固定收入的，误工费按照实际减少的收入计算。受害人无固定收入的，按照其最近三年的平均收入计算；受害人不能举证证明其最近三年的平均收入状况的，可以参照受诉法院所在地相同或者相近行业上一年度职工的平均工资计算。

第八条 护理费根据护理人员的收入状况和护理人数、护理期限确定。

护理人员有收入的，参照误工费的规定计算；护理人员没有收入或者雇佣护工的，参照当地护工从事同等级别护理的劳务报酬标准计算。护理人员原则上为一人，但医疗机构或者鉴定机构有明确意见的，可以参照确定护理人员人数。

护理期限应计算至受害人恢复生活自理能力时止。受害人因残疾不能恢复生活自理能力的，可以根据其年龄、健康状况等因素确定合理的护理期限，但最长不超过二十年。

受害人定残后的护理，应当根据其护理依赖程度并结合配制残疾辅助器具的情况确定护理级别。

第九条 交通费根据受害人及其必要的陪护人员因就医或者转院治疗实际发生的费用计算。交通费应当以正式票据为凭；有关凭据应当与就医地点、时间、人数、次数相符合。

第十条 住院伙食补助费可以参照当地国家机关一般工作人员的出差伙食补助标准予以确定。

受害人确有必要到外地治疗，因客观原因不能住院，受害人本人及其陪护人员实际发生的住宿费和伙食费，其合理部分应予赔偿。

第十一条 营养费根据受害人伤残情况参照医疗机构的意见确定。

第十二条 残疾赔偿金根据受害人丧失劳动能力程度或者伤残等级，按照受诉法院所在地上一年度城镇居民人均可支配收入标准，自定残之日起按二十年计算。但六十周岁以上的，年龄每增加一岁减少一年；七十五周岁以上的，按五年计算。

受害人因伤致残但实际收入没有减少，或者伤残等级较轻但造成职业妨害严重影响其劳动就业的，可以对残疾赔偿金作相应调整。

第十七条 被扶养人生活费根据扶养人丧失劳动能力程度，按照受诉法院所在地上一年度城镇居民人均消费支出标准计算。被扶养人为未成年人的，计算至十八周岁；被扶养人无劳动能力又无其他生活来源的，计算二十年。但六十周岁以上的，年龄每增加一岁减少一年；七十五周岁以上的，按五年计算。

被扶养人是指受害人依法应当承担扶养义务的未成年人或者丧失劳动能力又无其他生活来源的成年近亲属。被扶养人还有其他扶养人的，赔偿义务人只赔偿受害人依法应当负担的部分。被扶养人有数人的，年赔偿总额累计不超过上一年度城镇居民人均消费支出额。

第二十二条 本解释所称“城镇居民人均可支配收入”“城镇居民人均消费支出”“职工平均工资”，按照政府统计部门公布的各省、自治区、直辖市以及经济特区和计划单列市上一年度相关统计数据确定。

“上一年度”，是指一审法庭辩论终结时的上一统计年度。

4.《最高人民法院关于适用〈中华人民共和国民法典〉时间效力的若干规定》（2021年1月1日施行）

第一条第二款 民法典施行前的法律事实引起的民事纠纷案件，适用当时的法律、司法解释的规定，但是法律、司法解释另有规定的除外。

第二条 民法典施行前的法律事实引起的民事纠纷案件，当时的法律、司法解释有规定，适用当时的法律、司法解释的规定，但是适用民法典的规定更有利于保护民事主体合法权益，更有利于维护社会和经济秩序，更有利于弘扬社会主义核心价值观的除外。

5.《最高人民法院关于审理涉及夫妻债务纠纷案件适用法律有关问题的解释》（2021年1月1日废止）

第三条 夫妻一方在婚姻关系存续期间以个人名义超出家庭日常生活需要所负的债务，债权人以属于夫妻共同债务为由主张权利的，人民法院不予支持，但债权人能够证明该债务用于夫妻共同生活、共同生产经营或者基于夫妻双方共同意思表示的除外。

对应新法：

《中华人民共和国民法典》（2021 年 1 月 1 日施行）

第一千零六十四条　夫妻双方共同签名或者夫妻一方事后追认等共同意思表示所负的债务，以及夫妻一方在婚姻关系存续期间以个人名义为家庭日常生活需要所负的债务，属于夫妻共同债务。

夫妻一方在婚姻关系存续期间以个人名义超出家庭日常生活需要所负的债务，不属于夫妻共同债务；但是，债权人能够证明该债务用于夫妻共同生活、共同生产经营或者基于夫妻双方共同意思表示的除外。

6.《最高人民法院关于适用〈中华人民共和国民事诉讼法〉的解释》（2022 年 4 月 1 日修正）

第九十条　当事人对自己提出的诉讼请求所依据的事实或者反驳对方诉讼请求所依据的事实，应当提供证据加以证明，但法律另有规定的除外。

在作出判决前，当事人未能提供证据或者证据不足以证明其事实主张的，由负有举证证明责任的当事人承担不利的后果。

7.《最高人民法院关于民事诉讼证据的若干规定》（2019 年 12 月 25 日修正）

第三条　在诉讼过程中，一方当事人陈述的于己不利的事实，或者对于己不利的事实明确表示承认的，另一方当事人无需举证证明。

在证据交换、询问、调查过程中，或者在起诉状、答辩状、代理词等书面材料中，当事人明确承认于己不利的事实的，适用前款规定。

承办人：王爱玲

编写人：王爱玲　杨　俊

29. 吴某甲、刘某某等诉王某甲、王乙海上人身损害责任纠纷案

——捕捞作业中合作关系与雇佣关系的界定

【合规提示】

本案系一起潜水员在跟随组织者出海捕捞作业中死亡，原告诉被告人身损害赔偿的海上人身损害责任纠纷案件。双方对潜水员与组织者之间是否存在雇佣关系及人身损害赔偿产生争议。对于主张人身损害赔偿的一方当事人而言，应搜集证据证明组织者对潜水者未尽到安全生产义务，对其死亡存在过错，侵害了潜水者的人身权益，以及对方当事人共同经营渔船。对于组织者而言，在出海捕捞作业时要对船上人员尽到安全生产义务，一旦发生危险或其他意外事件，第一时间妥善处置。

【案件信息】

1. 裁判文书字号

（2022）鲁72民初976号、（2022）鲁民终2500号

2. 当事人

原告：吴某甲、刘某某、吴某乙

被告：王某甲、王乙

3. 关键词

民事　海上人身损害　雇佣关系、合作关系的认定

【裁判要旨】

1. 判断雇佣关系是否存在，应从形式要件和实质要件两方面考虑。从形式要件上来看，双方有无订立雇佣合同或口头雇佣协议。从实质要件上来看，一是要看双方的权利义务是否为一方提供劳务，另一方支付报酬。二是要看

雇员是否受雇主控制、指挥和监督，即是否存在隶属关系。雇员受雇主控制是雇佣关系存在的基础。在雇佣法律关系中，雇员仅是雇主雇佣来完成某项工作的人，雇员在工作时应听命于雇主，服从雇主的监督指导。三是要看雇员是否为雇主或其委托的人所选任。只要具备上述形式要件和实质要件，即可认定为雇佣关系。本案中，王某甲对潜水员吴某丙不存在支配、控制的权力，双方属于分工协作、共同分享利益的平等关系。因此，吴某丙与王某甲之间属于为获得共同利益而形成的一种平等合作关系而非雇佣关系。

2. 民事主体从事民事活动，应当遵循公平原则，合理确定各方的权利和义务。吴某丙与王某甲之间属于为共同利益而形成的平等合作关系，吴某丙参与从事采集江瑶贝活动表明自愿承担风险，对可能导致死亡是明知的。现有证据不能证明王某甲对吴某丙的死亡存在过错，王某甲的行为侵害了吴某丙的人身权益。故王某甲应当给予原告一定的经济补偿。

3. 关于夫妻共同债务的认定。当下用于夫妻共同债务认定的法律规范是《民法典》第1064条，该条确定了三个认定标准：第一，举债基于夫妻双方的共同意思表示；第二，债务用于家庭日常生活需要；第三，根据债权人的举证推定为债务用于夫妻共同生活或者共同生产经营。本案中，对于吴某丙是在出海采集江瑶贝活动中死亡，原告没有证据证明王乙、王某甲共同经营渔船，王乙也不认可本案债务属于夫妻共同债务，故对于王乙清偿本案债务的主张不予支持。

【基本案情】

吴某甲、刘某某生育一子吴某丙、一女吴某丁。吴某丙离异，生育一子吴某乙。2021年10月，吴某丙开始随王某甲驾驶的渔船出海潜水采集江瑶贝。2022年4月29日，吴某丙在潜水采集江瑶贝出水后身体出现异常。王某甲开始返航，同时通知了吴某丙的妹妹吴某丁，并联系了“120”救护车准备抢救。吴某丁将与王某甲的通话录音，主要内容为：24日晚渔船出海，25日渔船跑到远海。因夜晚风大渔船到近海干活。王某甲、吴某丙等共四人下海，吴某丙出海后腿疼进高压舱，8时左右，吴某丙感觉不舒服，就敲打舱门，船员陪伴吴某丙。11时左右，吴某丙出现异常。王某甲开始返航。通话中王某甲提及年前吴某丙就排尿困难。吴某丙自去年秋天跟随王某甲干活。吴某丙经抢救未果死亡。4月30日，吴某丁向青岛海警局黄岛工作站报警。

原告提出诉讼请求:(1)判决被告赔偿原告死亡赔偿金、丧葬费、交通费、住宿费、精神抚慰金，共计 1 543 486 元;(2)本案的案件受理费、保全费、保全保险费由被告承担。

两被告辩称:(1)三原告没有证据证明王某甲和吴某丙之间已形成劳务关系。(2)三原告未能证明吴某丙的死亡原因，不排除吴某丙因自身疾病死亡。(3)假如法院认定吴某丙、王某甲之间构成劳务关系，吴某丙作为成年人，长期自愿参与高度危险作业的潜水采集海鲜，应当承担绝大多数比例的过错责任。鉴于吴某丙需要承担死亡主要责任，精神损害抚慰金不应支持，死亡赔偿金应按农村居民人均可支配收入计算，如果原告能证明存在被抚养人，计算标准应按照农村居民人均消费性支出计算，交通费、住宿费数额过高，保全保险费由王某甲、王乙承担无法律依据。(4)本案案由为提供劳务者受害责任纠纷，系侵权之债，并非夫妻共同债务，王乙不应承担任何法律责任。庭审中，被告认为吴某丙是意外死亡，应负全部责任。

【裁判说理】

争议焦点:(1)吴某丙与王某甲是何种法律关系;(2)王某甲、王乙对于原告主张的损失应否予以赔偿。

青岛海事法院认为:

一、吴某丙与王某甲是何种法律关系

三原告主张吴某丙与王某甲之间是雇佣关系，该主张的依据是吴某丙与王某甲通话中，王某甲认可吴某丙自 2021 年秋天开始跟其干。王某甲在通话中的回话属于日常语言，在日常语言中，“跟我干”可以理解为跟随王某甲工作，在工作中处于跟从、随从的地位，也可以理解为受雇于王某甲，王某甲的回话不足以支持吴某丙与王某甲之间是雇佣关系的主张。本案事故发生后，王某甲、张某接受青岛海警局黄岛工作站的调查，庭审中，证人高某某、朱某出庭作证，虽然四人对出海作业人数有差异，但是四人陈述一致的事实是，吴某丙等潜水员自备潜水工具随王某甲的渔船出海潜水采集江瑶贝，王某甲提供并驾驶船舶、配备随船小工，在采集江瑶贝活动中处于召集、组织、指挥的地位，潜水员是根据采集江瑶贝出售价款分成确定收入，并非依据提供劳务的时间确定。 2021 年 4 月 29 日，吴某丙采集江瑶贝出水后身体出现异常，经抢救无效死亡。根据查明的事实，王某甲对潜水员不存在支配、控制的权力，王某甲与作为潜水员的吴某丙不存在支配、服从关系，双方属于分工协作、共同分享利益的平等关系。因此，本院认为吴某丙与王某甲之间属于为获得共同的利益而形成的一种平等合作关系。

二、王某甲、王乙对于原告主张的损失应否予以赔偿

本案当事人没有提供证据证明吴某丙的死亡原因，本院也未能予以查明。潜水员潜水 30~40 米采集江瑶贝，该采集行为存在较大危险，可能导致吴某丙死亡，吴某丙作为潜水员对采集行为危险是清楚知晓的，吴某丙参与从事采集江瑶贝活动表明自愿承担风险。吴某丙出海后进入减压舱减压，张某也予以陪伴、照顾，王某甲接到吴某丙异常报告后采取压胸予以抢救、并返航、联系“120”急救车采取措施，王某甲采取的措施得当，现有证据不能证明王某甲对吴某丙的死亡存在过错，王某甲的行为侵害了吴某丙的人身权益。原告主张被告未尽到安全生产义务，没有证据予以证明。《民法典》第 6 条规定，民事主体从事民事活动，应当遵循公平原则，合理确定各方的权利和义务。吴某丙与王某甲之间属于为共同利益而形成的合作采集江瑶贝关系，吴某丙是在为共同利益进行劳动的过程中发生海上人身死亡事故。根据上述规定，王某甲应当给予原告一定的经济补偿。

《民法典》第 1064 条规定，夫妻双方共同签名或者夫妻一方事后追认等共同意思表示所负的债务，以及夫妻一方在婚姻关系存续期间以个人名义为家庭日常生活需要所负的债务，属于夫妻共同债务。夫妻一方在婚姻关系存续期间以个人名义超出家庭日常生活需要所负的债务，不属于夫妻共同债务；但是，债权人能够证明该债务用于夫妻共同生活、共同生产经营或者基于夫妻双方共同意思表示的除外。吴某丙是在出海采集江瑶贝活动中死亡，原告没有证据证明王乙、王某甲共同经营渔船，王乙也不认可本案债务属于夫妻共同债务，原告主张本案债务属于王乙、王某甲夫妻共同债务，王乙承担清偿本案债务的民事责任，没有依据，本院不予支持。

关于吴某丙死亡的赔偿项目和数额。被告对原告主张丧葬费 40 836 元的计算标准没有异议，本院予以确认。

根据《山东省高级人民法院关于开展人身损害赔偿标准城乡统一试点工作的意见》的规定，吴某丙的死亡赔偿金应当适用山东省城镇居民的标准计算。被告主张按照农村居民的标准计算，没有依据，本院不予支持。吴某丙的死亡赔偿金应按照 2022 年公布的山东省城镇居民人均可支配收入 47 066

元计算20年为941 320元。

《最高人民法院关于审理人身损害赔偿案件适用法律若干问题的解释》（以下简称《解释》）第17条规定，被扶养人生活费根据扶养人丧失劳动能力程度，按照受诉法院所在地上一年度城镇居民人均消费性支出和农村居民人均年生活消费支出标准计算。被扶养人为未成年人的，计算至18周岁；被扶养人无劳动能力又无其他生活来源的，计算20年。但60周岁以上的，年龄每增加1岁减少1年；75周岁以上的，按5年计算。被扶养人是指受害人依法应当承担扶养义务的未成年人或者丧失劳动能力又无其他生活来源的成年近亲属。被扶养人还有其他扶养人的，赔偿义务人只赔偿受害人依法应当负担的部分。被扶养人有数人的，年赔偿总额累计不超过上一年度城镇居民人均消费性支出额或者农村居民人均年生活消费支出额。吴某丙于2022年4月死亡，吴某甲、刘某某的生活费均应计算5年。2022年公布的山东省城镇居民人均消费支出29 314元，因此，吴某甲、刘某某的被扶养人计算为146 570元。《解释》第16条规定，被扶养人生活费计入残疾赔偿金或者死亡赔偿金。因此，吴某丙的死亡赔偿金总额为1 087 890元。原告主张交通费、住宿费5000元，没有证据证明，本院不予支持。

一审判决后，被告提起上诉，山东省高级人民法院判决：驳回上诉，维持原判。

【法官后语】

雇佣关系和合作关系是两种不同的法律关系。简单地说，雇佣关系（狭义上仅指劳动关系）以劳动为对象，呈现劳资双方力量不对等的特点；而合作关系的双方地位平等，是独立的财产的所有者。本案中，劳动者的用工关系是裁判中的焦点问题。

判断到底是雇佣关系还是合作关系，核心在于是否存在人身上的隶属性和经济上的依赖关系。

认定雇佣关系，需从形式要件和实质要件两方面进行严格把握：

1. 从形式要件上看双方有无订立雇佣合同或口头雇佣协议。

2. 从实质要件上，一看双方的权利义务是否为一方提供劳务，另一方支付报酬；二看雇员是否受雇主控制、指挥和监督，即是否存在隶属关系。雇员受雇主控制是雇佣关系存在的基础。在雇佣法律关系中，雇员仅是雇主雇佣来完成某项工作的人，雇员在工作时应听命于雇主，服从雇主的监督指导；三看雇员是否为雇主或其委托的人所选任。只要具备上述形式要件和实质要件，即可认定为雇佣关系。

本案中，根据查明的事实，组织者对潜水员不存在支配、控制的权力，双方属于分工协作、共同分享利益的平等关系。故属于为获得共同的利益而形成的一种平等合作关系，而不能认定为雇佣关系。

在司法实践中，涉渔船人员人身损害纠纷案件是海事法院受案的主要类型之一，船上工作具有周期长、条件艰苦、风险大等特点，涉船员纠纷系关乎民生的案件，应妥善处理。渔船多为个人经营，加之不少渔民法律意识不强，签订劳动合同或劳务合同的少之又少，在发生船员人身损害的情况下，对船员与船方之间具体何种法律关系的界定成为审理此类案件的难点之一，须准确把握雇佣关系的特征，严格界定雇佣关系和合作关系的区别。

在雇佣关系中，船员属于特殊的职业，往往需要相应适任资质证书，提供劳务一方亦需要持有与船长、轮机长等相适格的船员证书，受聘为相应职务的，理应胜任海洋捕捞、渔业生产活动等水上作业事务，在渔船上从事相关劳务时应根据渔船作业的特殊性尽到足够的谨慎注意义务，否则对自身的损害后果承担相应的责任。在平等合作关系中，应当遵循公平原则，合理确定各方的权利和义务。

【相关法条】

1.《中华人民共和国民法典》（2021年1月1日施行）

第六条 民事主体从事民事活动，应当遵循公平原则，合理确定各方的权利和义务。

第一千零六十四条 夫妻双方共同签名或者夫妻一方事后追认等共同意思表示所负的债务，以及夫妻一方在婚姻关系存续期间以个人名义为家庭日常生活需要所负的债务，属于夫妻共同债务。

夫妻一方在婚姻关系存续期间以个人名义超出家庭日常生活需要所负的债务，不属于夫妻共同债务；但是，债权人能够证明该债务用于夫妻共同生活、共同生产经营或者基于夫妻双方共同意思表示的除外。

第一千一百七十九条 侵害他人造成人身损害的，应当赔偿医疗费、护理费、交通费、营养费、住院伙食补助费等为治疗和康复支出的合理费用，以及因误工减少的收入。造成残疾的，还应当赔偿辅助器具费和残疾赔偿金；造成死亡的，还应当赔偿丧葬费和死亡赔偿金。

第一千一百八十三条 侵害自然人人身权益造成严重精神损害的，被侵权人有权请求精神损害赔偿。

因故意或者重大过失侵害自然人具有人身意义的特定物造成严重精神损害的，被侵权人有权请求精神损害赔偿。

2.《最高人民法院关于审理人身损害赔偿案件适用法律若干问题的解释》（2022年4月24日修正）

第十六条 被扶养人生活费计入残疾赔偿金或者死亡赔偿金。

第十七条 被扶养人生活费根据扶养人丧失劳动能力程度，按照受诉法院所在地上一年度城镇居民人均消费支出标准计算。被扶养人为未成年人的，计算至十八周岁；被扶养人无劳动能力又无其他生活来源的，计算二十年。但六十周岁以上的，年龄每增加一岁减少一年；七十五周岁以上的，按五年计算。

被扶养人是指受害人依法应当承担扶养义务的未成年人或者丧失劳动能力又无其他生活来源的成年近亲属。被扶养人还有其他扶养人的，赔偿义务人只赔偿受害人依法应当负担的部分。被扶养人有数人的，年赔偿总额累计不超过上一年度城镇居民人均消费支出额。

第二十二条 本解释所称“城镇居民人均可支配收入”“城镇居民人均消费支出”“职工平均工资”，按照政府统计部门公布的各省、自治区、直辖市以及经济特区和计划单列市上一年度相关统计数据确定。

“上一年度”，是指一审法庭辩论终结时的上一统计年度。

承办人：马维东

编写人：崔婷婷　马维东

30. 辛某胜诉辛某旭、海阳市泰某水产养殖场海上人身损害责任纠纷案

——受船长指示从事雇佣外工作导致受伤时雇主的责任认定

【合规提示】

本案是一起海上人身损害责任纠纷中受船长指示从事雇佣外工作导致受伤的责任认定案件。原告在被告个人经营的水产养殖渔船上工作，因受船长指示从事雇佣外工作导致受伤，提起人身损害赔偿之诉。双方在船员受船长指示从事雇佣外工作导致受伤，雇主是否承担赔偿责任以及原告自行委托鉴定的伤残等级的证明力等方面存在争议。船长是船舶的最高指挥者，代表船舶所有人行事，船员要依船长的指示行动，船员因受船长指示从事雇佣外工作导致受伤，雇主应当承担赔偿责任。

【案件信息】

1. 裁判文书字号

（2022）鲁 72 民初 1513 号

2. 当事人

原告：辛某胜

被告：辛某旭、海阳市泰某水产养殖场

3. 关键词

民事　海上人身损害　船长指示从事雇佣外工作　责任承担

【裁判要旨】

船长是船舶的最高指挥者，代表船舶所有人行事，船员要依船长的指示行动，船员因受船长指示从事雇佣外工作导致受伤，雇主应当承担赔偿责任。

【基本案情】

原告辛某胜在被告辛某旭个人经营的海阳市泰某水产养殖渔船上工作，2021年7月11日，在前往被告辛某旭养殖区途中，原告辛某胜等船员与渔船船长共同打捞一条废弃小船，期间因船长操作机械失误，导致原告辛某胜受伤。原告委托鉴定机构出具的鉴定报告显示，原告辛某胜伤残等级为一级。

原告诉请：（1）依法赔偿原告的医疗费、伤残赔偿金等2 062 077.63元（已经扣除被告前期支付的15万元）；（2）鉴定费4560元，诉讼费用由被告承担。

被告辩称：（1）原告辛某胜并非诉状中所称从海蛎养殖区回来时受伤，而是在去往养殖区的途中（养殖区离岸10海里，事故发生在离岸5海里）原告发现有一条被人丢弃的小船，在没有经过被告知情和同意的情况下，私自打捞干私活，发生事故，与被告的劳务没有任何关系，原告并非因提供劳务而受到损害。（2）原告并未到达提供劳务的地点，途中打捞小船（遗弃物）也未征得被告同意（被告不知情），拾得遗弃物的利益也归属原告个人所有，不是因提供劳务受到损害，与被告无关。原告打捞小船（遗弃物）的事情，被告不知情、与提供劳务无关、不在提供劳务地点、拾得遗弃物的利益不归属于被告。所以，原告在拾得遗弃物过程中受伤，被告既无过错，也无利益。原告受伤的损失不应当由被告承担。（3）原告自出院后，身体恢复良好，完全能够自理。原告妻子自原告出院后，一直外出务工，从未在家护理原告。

审理过程中，被告对该鉴定报告提出疑问，并提交辛某胜身体情况的视频等证据用以证明该鉴定结论不可靠，经过庭审质证并向鉴定人质询后，承办人同意被告提出的重新鉴定申请，新的鉴定报告显示原告辛某胜致残程度为七级，原被告双方对该鉴定结论均予以认可。

【裁判说理】

争议焦点：（1）船员受船长指示从事雇佣外工作导致受伤，雇主是否承担赔偿责任；（2）原告自行委托鉴定的伤残等级的证明力。

青岛海事法院认为：原告辛某胜与被告辛某旭及其经营的个体工商户海阳市泰某水产养殖场成立雇佣关系，尽管原告辛某胜的受伤时间发生在雇佣期间，但其受伤原因与雇佣工作的内容无关，原告主张其受船长的指示开展打捞工作，而船长的指示是根据被告的授意而为，被告对此予以否认；被告主张是船长及船员出于个人利益而临时起意私自进行了打捞，与被告无关，且被告对该行为并不知情，不应承担责任。因涉案渔船的船长不知所终，因此对于打捞行为是否基于船长的指示并得到被告辛某旭的授权，双方各执一词，且均不能举证证明各自主张。

承办人在审理过程中发现，原告辛某胜受伤致残为事实，且其经济条件难以负担后续康复的巨大支出，而被告辛某旭与原告系亲戚关系，原本对补偿原告辛某胜持积极态度。原告辛某胜受伤后，被告辛某旭不仅支付了全部的医疗费，之后又向原告辛某胜支付了 15 万元的补偿，并多次去原告家中看望，后因双方对原鉴定报告认定的伤残程度和责任产生严重分歧，导致矛盾激化，被告指责原告伪装和欺骗，扬言不再与原告协商调解事宜。承办人意识到，原被告系亲戚，原本关系较好，因此双方存在调解的基础。开展调解工作，一方面，有益于双方消除矛盾、恢复原有的良好关系；另一方面，被告辛某旭确实负有赔偿义务，调解可防止被告在不懂法律的情况下被情绪驱动导致诉讼成本不断累积，减少不必要的诉累；再者，快速拿到赔偿款有助于原告尽快开展后续的康复治疗。

在这种情况下，承办人多次在原被告间开展调解工作，一方面，尽管第一次鉴定意见也是法院委托某鉴定机构作出的，但承办人并未盲目采信，固守原鉴定意见，而是在出现有可能影响鉴定结果的证据后，当即决定再次委托鉴定，并通知原被告必须与法院一起全程到场共同监督，最终结论取得了原被告的一致认可，明确了原告辛某胜的伤残程度，也帮助原告辛某胜及其家属对主张金额形成合理认识；另一方面，告知被告船长是船舶的最高指挥者，代表船舶所有人行事，船员要依船长的指示行动，帮助原被告双方对本案的法律责任分担形成合理预期。最终双方当事人消除严重对立情绪，就赔偿金额达成一致，双方握手言和，调解成功，达成一致意见：除被告辛某旭已支付的 15 万元外，由被告辛某旭、海阳市泰某水产养殖场再一次性支付原告辛某胜各项赔偿款共计 19 万元，作为最终的全部赔偿款项。在调解书送达当日，被告辛某旭、海阳市泰某水产养殖场便将全部赔偿款项一次性支付至原告辛某胜的指定账户。

【法官后语】

本案案情虽然简单，但却涉及人民群众的最根本权利——生命健康权，同时案件的处理方式和结果也将对当事人间的社会关系产生重大影响。本案原被告间除雇佣关系外，还有亲友关系，双方存在良好基础。后续矛盾甚至仇视对立情况的发生，主要是由于原被告间对事故责任存在重大分歧，被告又因第一次鉴定意见对原告辛某胜的欺骗和伪装行为产生了严重不满，甚至一度对法院产生了不信任。

在厘清案件事实与责任后，本案承办人并未直接以判决形式结案，而是选择通过释法说理，不断解决原被告间存在的分歧。一方面，从鉴定意见及原告自身过失角度降低了其不合理索赔期待；另一方面，从责任承担、社会关系、明确伤情严重程度及其后续生活影响的角度缓和了被告情绪。双方对于法院在审理过程中的事实查明、委托鉴定的客观性及公正性表达了尊重和信任，一改之前的误解，对法官案情分析、责任判断的专业性表示非常敬佩，对法官调解过程中表现出来的耐心和暖心表示感谢。因此双方及律师对承办人的调解建议都表现了极大的配合，最终顺利通过调解方式，化解了双方僵局，实现了矛盾的柔性缓和，达到了最佳的案件处理效果。

【相关法条】

《中华人民共和国民法典》（2021年1月1日施行）

第一千一百九十二条 个人之间形成劳务关系，提供劳务一方因劳务造成他人损害的，由接受劳务一方承担侵权责任。接受劳务一方承担侵权责任后，可以向有故意或者重大过失的提供劳务一方追偿。提供劳务一方因劳务受到损害的，根据双方各自的过错承担相应的责任。

提供劳务期间，因第三人的行为造成提供劳务一方损害的，提供劳务一方有权请求第三人承担侵权责任，也有权请求接受劳务一方给予补偿。接受劳务一方补偿后，可以向第三人追偿。

承办人：刘小娜

编写人：刘小娜　樊羽萌　原浩洋

31. 蒋某风等与青岛某船舶重工有限责任公司海上人身损害责任纠纷案

——违法冒险自负其责

【合规提示】

本案系一起因驾船进入企业所属海域从事水下捡拾金属的“水下拾荒”导致溺亡的海上人身损害责任纠纷案。一方面，原告近亲属不具备可以打捞、出卖这些废铁并且获益的法律依据。被告在造船、修船过程中不慎掉落海中“废铁”，仍处于自己具有使用权的地理位置范围内，在具备条件的情况下，被告随时可以自行打捞上岸，不能认为其已经“抛弃”了这些废铁，不能认为其实际上已丧失占有或丧失所有权。另一方面，原告的诉讼请求不具备请求权基础。对于人身损害赔偿案件，排除雇主责任、工伤、意外事件等，要着重检验是否构成侵权。本案被告在合法使用的海域设置了安全警示标识，正常进行生产经营行为，该行为系正常作业行为，本身不存在过错。原告近亲属系完全民事行为能力人，应当对自己的行为负责，被告行为没有过错的前提下，对于原告近亲属的行为不承担责任。

【案件信息】

1. 裁判文书字号

（2021）鲁72民初150号、（2021）鲁民终2035号

2. 当事人

原告：蒋某风、范某、范某欣

被告：青岛某船舶重工有限责任公司

3. 关键词

民事　海上人身损害　冒险违法行为　责任承担

【裁判要旨】

不顾危险警示、明知涉案海域禁止潜水打捞沉物，在未取得打捞作业许可且自身没有潜水资质的情况下从事具有高度危险性的非法作业，应自行承担后果。

【基本案情】

2020年10月30日6时左右，原告亲属范某存与同伴驾驶木质养殖船到企业厂区附近享有海域使用权的海域打捞废铁，遇企业船坞放水被产生的引力吸到进水口处，氧气管脱落致溺亡。死者的亲属蒋某风等以青岛某船舶重工有限责任公司（被告）侵权致其亲属身亡为由起诉索赔。被告辩称，在已经充分警示涉案海域危险性的情况下，范某存等人不顾航区限制、藐视航行安全、缺乏专业资质，违法、违规进行打捞作业，对溺亡事故具有不可推卸的过错和责任。原告的诉讼请求缺乏事实和法律依据，依法应予驳回。

【裁判说理】

争议焦点：（1）遇难者范某存是否因被告的放水作业导致死亡；（2）被告是否应对范某存的死亡承担侵权赔偿责任。

青岛海事法院认为：虽然被告否认遇难者范某存系因其放水作业导致死亡，但进行水下救助的薛某家系事发水下现场的唯一目击证人，其看到了范某存被吸在入水口处，而且薛某家本人在被告已经停止注水作业后仍感受到了入水口的吸力，这也能解释为何水面船上的薛某业、薛某国感到外力拉拽，无法将水下的范某存拉回水上的原因。本院认定范某存系由被告船坞进水作业产生的引力导致氧气管脱落并最终溺水而亡。

在本院已经认定原告死亡系因被告船坞放水作业导致的情况下，原告向被告主张侵权赔偿，应当证明被告行为存在过错。原告死亡水域位于被告厂区范围内，该水域并非开放式公共场所，因为事发海域无法实现物理封闭，被告无法和陆地厂区一样进行封闭式管理，以制止外来无关人员进入活动并影响正常的生产经营。鉴于此，被告设立警示标志，但包括遇难者范某存在内的无关人员仍然无视警告经常闯入进行具有相当危险性而被告又无法实现有效制止的“水下拾荒”行为。本案中，船坞放水系被告公司的正常生产经营行为，该行为本身不具有非法性，而且具有排他性，即不应受到非法行为干扰。根据《海上交通安全法》的规定，进行水下沉物打捞，应当获得主管部门许可。现原告未能举证证明遇难者范某存等人获取了可以在被告所属水域进行水下打捞作业的打捞许可，本院认定，范某存等人在被告处进行的“水下拾荒”行为系违法行为且影响到被告的正常生产经营活动。

人的生命健康权无价，但该权利的首要保护人是权利人自己，权利人不能将自身生命健康的保护寄托于任何第三方。遇难者范某存所进行的潜水作业本身即具有相当危险性，需取得资格，现无证据显示遇难者范某存具有潜水资质；范某存等人长期未经许可在被告船坞码头处进行“水下拾荒”，除潜水本身的危险性外，范某存等人明知该行为为被告所禁止且危险性极高，却仍然置危险于不顾，范某存作为具有完全民事行为能力的成年人，应当对自身的行为负责。

尽管被告内部操作规程要求在船坞进行注水、排水作业时进行安全巡查，但这并不意味着被告在进行正常生产经营活动时未能发现非法闯入者即应当承担对该非法闯入者的安全义务。所以，即使被告工作人员没有发现水面上的“鲁某养 60××7”号船舶并进行驱离，也不构成对范某存的侵权。

综上所述，遇难者范某存不顾危险警示，明知涉案海域禁止潜水打捞沉物，却仍在未取得打捞作业许可且自身没有潜水资质的情况下，从事该具有高度危险性的非法作业，应自行承担死亡后果。依照《侵权责任法》第 6 条之规定，判决驳回原告蒋某凤、范某、范某欣的全部诉讼请求。

山东省高级人民法院二审驳回上诉，维持原判。

【法官后语】

本案判决经二审法院维持后，青岛海事法院梳理了近年来审理的其他相关案件。发现企业周边个别居民、村民有经常性驾船进入企业海域从事水下捡拾金属活动的习惯，为避免类似悲剧的再次发生，青岛海事法院就本案所涉的法律问题向企业驻地政府发出了司法建议，建议政府对周边居民进行普法教育并联合企业和相关部门进行共同治理以避免悲剧再次发生。司法建议得到了政府的积极回应，非法打捞行为得到了有效治理。本案的裁判结果起到了很好的警示作用，实现了法律效果和社会效果的统一，为打造人海和谐的海洋环境贡献了司法智慧与力量。

近年来，无关人员驾船进入企业所属海域从事水下捡拾金属的“水下拾荒”导致溺亡、受伤的案件偶有发生，发生事故后针对企业的索赔均未获支持。人的生命健康权无价，同时权利人也是第一义务人，不应随意将自身生命安全置于险境，法律禁止作为即行为之限度，违法的冒险行为的法律后果就应自担其责。本案水上作业固然有其特殊性，但是体现的法律原理推及其他类似场景亦得适用。

原告的诉讼请求不能得到支持，理由在于：

1.判断原告的诉讼请求能否得到支持，要看其请求是否具备请求权基础。对于人身损害赔偿案件，排除雇主责任、工伤、意外事件等，要着重检验是否构成侵权。《民法典》规定，行为人因过错侵害他人民事权益造成损害的，应当承担侵权责任。依照法律规定推定行为人有过错，其不能证明自己没有过错的，应当承担侵权责任。行为人造成他人民事权益损害，不论行为人有无过错，法律规定应当承担侵权责任的，依照其规定。因此，本案欲追究被告侵权责任（原告亲属溺亡显然与被告的行为存在相当因果关系，不再赘述），要么行为人具有过错（包括法定举证责任倒置），要么由法律规定某些情况下无过错亦应负责。

第一个层面：被告的行为不存在过错。首先，事故发生海域位于企业的厂区范围内，被告对其拥有合法的海域使用权，该区域并非开放式公共场所，被告设置了安全警示标识，尽到了警示义务。其次，被告的放水作业系正常的生产经营行为，该行为系正常作业行为，本身不具违法性。再次，死者潜入水底打捞废铁，被告尽到注意义务仍然难以发现。最后，被告的行为未被规定为危险行为或者其他需要倒置举证责任的情形，需要原告来举证被告的行为有过错，原告未能完成该义务。

第二个层面：被告行为并非法律规定的无论是否有过错均应承担责任的情形。前文已述被告行为无过错，在此情况下欲主张被告承担责任需有法律明确规定，与本案案情相关的制度，一是危险责任，二是物的责任。所谓“危险责任”，即特定企业、特定装置、特定物品之所有人或持有人，在一定条件之下，不问其有无过失，对于因企业、装置、物品本身所具之危险而生的损害，应负赔偿责任。[①] 我国《民法典》没有特此规定，仅规定了“高度

① 参见王泽鉴：《民法学说与判例研究》（第一册），北京大学出版社2009年版，第166页。

危险责任”，在该章节列举了民用核设施、民用航空器、高度危险物（易燃、易爆、剧毒、高放射性、强腐蚀性、高致病性等）、高度危险活动（高空、高压、地下挖掘活动或者使用高速轨道运输工具）以及进入高度危险作业区域等类型。因为高度危险责任是一般侵权责任中的特殊规定，如不能纳入该些类型，则只能适用第一个层面的一般规定。从本案案情来看，被告的行为与作业区的危险性不能与该章规定的高度危险责任中的危险性相当，不能适用该章规定。至于物的责任，有权利就有义务。所有人、管理人对于物有占有、使用、收益等权利，相应地，对于物也有妥善管理的义务。上文已述，本案被告的行为不能从经营管理角度归责，因此进一步考察对拥有海域使用权的海域的管理义务。我国《民法典》没有相关规定，可以类比的对土地的责任方面也仅规定不动产设施及其附属物造成他人损害由建设单位、施工单位、所有人、使用人、管理人的责任，没有规定土地使用权人的责任。

2. 范某存的行为本身也不能给其带来能够受法律保护的利益。所谓的“废铁”是被告在造船、修船过程中不慎掉落海中，仍处于自己具有使用权的地理位置范围内，在具备条件的情况下，被告随时可以自行打捞上岸，不能认为其已经“抛弃”了这些废铁，不能认为其实际上已丧失占有或丧失所有权，故该些废铁并非无主物，也不能认为是“遗失物”，因为被告对于废铁处于该处是明知的。即便是遗失物，范某存等打捞上来，被告也可以请求返还，如果是无主物，则要收归国库。故范某存并不具备可以打捞、出卖这些废铁并且获益的法律依据。

3. 有完全民事行为能力的人对自己的行为负责是现代私法制度的基石。法律法规对个人行为所设的界限一般情况下不容打破。本案中，范某存的行为违反了《海上交通安全法》第 48 条的规定，该条规定在中华人民共和国管辖海域内进行施工作业，应当经海事管理机构许可，并核定相应安全作业区。取得海上施工作业许可，应当符合下列条件：（1）施工作业的单位、人员、船舶、设施符合安全航行、停泊、作业的要求；（2）有施工作业方案；（3）有符合海上交通安全和防治船舶污染海洋环境要求的保障措施、应急预案和责任制度。从事施工作业的船舶应当在核定的安全作业区内作业，并落实海上交通安全管理措施。其他无关船舶、海上设施不得进入安全作业区。其中施工作业包括打捞沉船沉物。可见，打捞沉物系需经行政机关许可的行为，未经主管机关批准，不得擅自打捞。范某存的打捞未取得行政许可，系违法行为。

4.《海域使用管理法》第23条规定，海域使用权人依法使用海域并获得收益的权利受法律保护，任何单位和个人不得侵犯。海域使用权人有依法保护和合理使用海域的义务；海域使用权人对不妨害其依法使用海域的非排他性用海活动，不得阻挠。权利和义务总是相伴相生，享有用益物权的同时也需要对物进行合理的维护和注意，因未尽合理注意而由物产生的侵权责任，物权人要承担责任。海域相较于陆地又有不同，海域使用权人对于不妨害其依法使用海域的非排他性用海活动，不得阻挠。例如，本案中，如果范某存仅是驾船通过被告有使用权的海域而不对被告的经营产生妨害，则被告不得阻挠。

【相关法条】

1.**《中华人民共和国侵权责任法》**（2021年1月1日废止）

第六条 行为人因过错侵害他人民事权益，应当承担侵权责任。

根据法律规定推定行为人有过错，行为人不能证明自己没有过错的，应当承担侵权责任。

对应新法：

《中华人民共和国民法典》（2021年1月1日施行）

第一千一百六十五条 行为人因过错侵害他人民事权益造成损害的，应当承担侵权责任。

依照法律规定推定行为人有过错，其不能证明自己没有过错的，应当承担侵权责任。

2.**《中华人民共和国海上交通安全法》**（2016年11月7日修正）

第四十一条 未经主管机关批准，不得擅自打捞或拆除沿海水域内的沉船沉物。

承办人：吕延铭

编写人：毕德强　周　洁　肖秀雯

32. 邢某某诉张某某海上人身损害责任纠纷案

——船员合法权益保护的合理限度

【合规提示】

本案是一起海上人身损害赔偿责任纠纷案件，船员编造受伤过程企图获得雇主的赔偿被驳回诉讼请求。对于船员而言，应当诚实守信，不应将自己受伤过程伪造或编造成劳务过程中的伤害，并期望通过诉讼而获益；谎言终会被揭穿，不会受到法律保护。对于雇主而言，一方面要对真正因劳务受伤的船员进行救助和依法予以赔偿，另一方面要对船员编造说谎行为坚决说不，不能纵容这种违背社会主义诚信道德的行为发生。

【案件信息】

1. 裁判文书字号

（2021）鲁72民初第595号

2. 当事人

原告：邢某某

被告：张某某

3. 关键词

民事　海上人身损害　船员权益保护

【裁判要旨】

1. 海上人身损害责任纠纷案件中，船员对其受伤经过和重要细节的陈述前后矛盾，且没有其他证据证明系因雇佣工作造成伤害的，其应承担举证不能的责任。

2. 对于个别船员将自己受伤过程伪造或编造成劳务过程中的伤害，并期望通过诉讼而获益的行为，应当坚决予以制止，对于船员合法权益的保护应处在合理限度内。

【基本案情】

邢某某系张某某雇员，在张某某所属“鲁某渔 7××29”号渔船上从事厨师工作。2020 年 6 月 20 日，“鲁某渔 7××29”号渔船结束最后一个航程归港后休渔，除船上值守人员外，其他人员全部放假。6 月 21 日，邢某某在船上厨房门槛处摔倒受伤，上船换班和维修的船员将邢某某送到医院，经诊断为多处骨折和软组织挫伤后住院治疗。张某某雇护工护理并垫付医疗费用等共计 34 084.16 元。邢某某于 2020 年 12 月委托鉴定机构鉴定为十级伤残。关于邢某某受伤的经过，邢某某起诉状描述为“在船上做完早饭收拾卫生时，因地面湿滑摔倒在厨房门槛受伤”。庭审时陈述为：6 月 20 日晚上梁师傅在船上做饭，邢某某下船回家；6 月 21 日早上早饭之后邢某某自费找摆渡船返回船上，到厨房收拾时，因厨房地面湿滑，摔倒磕在门槛上。换班船员等四名证人证明 6 月 20 日下午全体放假，邢某某于当日离船；船上休渔不需要做饭；未看到邢某某在厨房做饭；船长或船东通知上船会找好摆渡船并付费，无须自行找船和付费等事实。

邢某某起诉请求张某某赔偿其因从事雇佣活动受伤产生的残疾赔偿金等各项费用共计 138 020.3 元。

庭审中原告称因被告在 2020 年 9 月 13 日支付了赔偿款 6000 元，诉讼请求赔偿总金额降低为 132 020.3 元。

被告张某某提交答辩状称：（1）原告受伤与被告无关。原告受伤并非是从事雇佣活动所致，而是在渔船归港后休渔期船员放假期间其本人未经允许私自到船上受伤的。原告诉状所称系在船上做饭收拾卫生时因地面湿滑摔倒所致，完全系虚假陈述。本案事实是 2020 年 6 月 20 日渔船归港后因不用船员卸渔货，船上仅有大车一人留下看压缩机制冷，其他人员全部放假休渔，未经允许不得到船上。第二天即 6 月 21 日早上船上也没有人需要原告来做饭，当其他看船人员上船后发现原告受伤了，对其询问“放假了你到船上来干什么”，原告支支吾吾说不出个所以然。原告放假第二天私自到船上受伤，被告有合理的理由怀疑或者相信原告私自买的冰柜内存放有渔货，想上船取走导致其受伤。根据《最高人民法院关于审理人身损害赔偿案件适用法律若干问题的解释》的规定，雇佣活动是指从事雇主授权或者指示范围内的生产经营活动或者其他劳务活动。而本案原告的受伤虽然系在船上发生但与雇佣活动无关，也就是并非在船上受伤就需要雇主来承担，原告受伤的这一情况不符合从事雇佣活动这一基本事实。（2）由于原告受伤发生在船上，被告出于道义将其送至医院进行治疗，考虑到其本人受伤且被告为原告购买了工伤保险，找人进行护理并垫付了全部的医疗费用 22 884.46 元和护理费用 5200 元，原告出院后因需要用钱被告也借给其 6000 元，以上共计 34 084.16 元。由于原告对工伤保险一事不配合导致被告垫付的费用无法从工伤保险处得到理赔，因此被告要求原告予以返还。综上，原告的诉请没有事实依据，应当予以驳回。

【裁判说理】

争议焦点：原告是否系因劳务受伤。

青岛海事法院经审理认为，本案是一起海上人身损害责任纠纷案件。《侵权责任法》第 35 条规定："个人之间形成劳务关系，……提供劳务一方因劳务自己受到损害的，根据双方各自的过错承担相应的责任。"本案中，张某某雇佣邢某某上船工作，双方形成个人之间的劳务关系。邢某某主张张某某作为雇主对雇员雇佣过程中受伤应承担赔偿责任。本案的焦点问题是，邢某某是否系因劳务受伤。关于邢某某受伤的经过，有邢某某的两种陈述及证人证言予以再现。首先，邢某某作为伤者，应对其受伤的经过和重要细节有很深刻的印象，特别是受伤当时正在做什么事情应记得非常清楚。但从邢某某对其受伤时是"做完早饭收拾卫生"还是"早饭之后，邢某某返回船上，到厨房收拾"，其诉状和庭审陈述前后矛盾，可见其所述有不实之处。其次，邢某某对其受伤的经过没有提供其他证据予以证明，即使病历上的患者主述为在工作中受伤，但该主述实质上仍为邢某某自述，不能作为证据使用。再次，虽然四名证人与张某某有雇佣关系、个别还有亲戚关系，但其均为事件亲历者，均出庭作证并接受质询，内容基本相互印证，证人证言真实性可以认定。从证人证言中不能看出邢某某系在船上从事雇佣活动中受伤。最后，邢某某没有证据证明邢某某于次日返回船上系为了完成张某某交给其的雇佣工作以及何种雇佣工作。

综上所述，邢某某没有证据证明其系在从事雇佣活动期间因劳务受到损害。邢某某的诉讼请求应予驳回。张某某答辩时主张邢某某应返还垫付费用，因张某某未提起反诉，该主张在本案中不予处理。青岛海事法院于 2021 年 8

月21日判决驳回邢某某的诉讼请求。

【法官后语】

本案虽是一起普通的船员在船上受伤引起的海上人身损害责任纠纷，却考验了法官辨明真伪、查明事实的能力和水平，生动诠释了“去伪存真”实践方法论的切实运用及成效。

首先，这类案件的法律适用基本明确，难点在于事实的查明。因为船员在船上受伤的过程，很难有固定的视听资料再现受伤场景。证据形式多为当事人陈述、证人证言等，不同的人亲历的角度、时间、空间不同，对事实的观察和认识也不同，单方陈述主观性强，具有一定的片面性；且船员作为证人时，因与船东有雇佣关系，大多认为船员会作出偏向于船东的证言。这就要求法官通过法庭调查和庭审对证人质询，去伪存真、辨明是非、形成内心确信，最终正确认定案件事实。

其次，一般认为船员与船东的纠纷中船员为弱者，社会普遍倾向于保护船员的利益。但本案避免先入为主，秉公审理，通过受伤船员的表述不一并结合相互印证的船员证人证言，识破受伤船员的虚假陈述，驳回其诉讼请求。一方面打击了不守诚信的个人行为，另一方面伸张了社会公平和正义，让不诚信者无处遁形，让大众相信法院会给出公道。

最后，对于船东返还垫付款项的主张以程序性不予处理予以阐明，是最好的处理方法。船东从人道主义出发救助船员是船东的道德体现。“法安天下，德润人心”，我们仍然要弘扬人道主义救助的人间大爱和美德。事实上船东在判决后亦未再主张该款项的返还。

【相关法条】

1.**《中华人民共和国民事诉讼法》**（2017年6月27日修正）

第六十四条 当事人对自己提出的主张，有责任提供证据。

当事人及其诉讼代理人因客观原因不能自行收集的证据，或者人民法院认为审理案件需要的证据，人民法院应当调查收集。

对应新法：

《中华人民共和国民事诉讼法》（2023年9月1日修正）

第六十七条 当事人对自己提出的主张，有责任提供证据。

当事人及其诉讼代理人因客观原因不能自行收集的证据，或者人民法院认为审理案件需要的证据，人民法院应当调查收集。

人民法院应当按照法定程序，全面地、客观地审查核实证据。

2.《最高人民法院关于适用〈中华人民共和国民事诉讼法〉的解释》（2020 年 12 月 29 日修正）

第九十条 当事人对自己提出的诉讼请求所依据的事实或者反驳对方诉讼请求所依据的事实，应当提供证据加以证明，但法律另有规定的除外。

在作出判决前，当事人未能提供证据或者证据不足以证明其事实主张的，由负有举证证明责任的当事人承担不利的后果。

对应新法：

《最高人民法院关于适用〈中华人民共和国民事诉讼法〉的解释》（2022 年 4 月 1 日修正）

第九十条 当事人对自己提出的诉讼请求所依据的事实或者反驳对方诉讼请求所依据的事实，应当提供证据加以证明，但法律另有规定的除外。

在作出判决前，当事人未能提供证据或者证据不足以证明其事实主张的，由负有举证证明责任的当事人承担不利的后果。

3.《最高人民法院关于适用〈中华人民共和国民法典〉时间效力的若干规定》（2021 年 1 月 1 日施行）

第一条第二款 民法典施行前的法律事实引起的民事纠纷案件，适用当时的法律、司法解释的规定，但是法律、司法解释另有规定的除外。

承办人：郭俊莉

编写人：郭俊莉　刘振华

33. 王某顺诉孟某富、孟某民海上人身损害责任纠纷案

——船员为殴打他人导致自己受伤的非法行为不应予以保护

【合规提示】

船员管理中需要避免使用暴力，否则，因实施暴力行为导致自身受到伤害，不属于合法权益，不应予以保护。

【案件信息】

1. 裁判文书字号

（2021）鲁72民初1850号

2. 当事人

原告：王某顺

被告：孟某富、孟某民

3. 关键词

民事　海上人身损害　侵权　雇佣活动

【裁判要旨】

船员为殴打他人导致自己受伤的非法行为不应予以保护。

【基本案情】

原告王某顺自2020年9月5日至2020年10月6日在“辽某渔2××28”渔船上从事短期船员工作，2020年10月6日，原告王某顺在与王某昌从汽车上往码头上卸网过程中发生打斗后，原告王某顺跑到“辽某渔2××28”渔船上拿了一根麻绳后跳下渔船，在码头上堆放的网剁上摔倒导致右腿受伤。

当日，被告孟某民找车将原告送往荣成石岛整骨医院，未进行检查治疗。次日，被告孟某民又找车将原告送至荣成石岛整骨医院住院治疗 3 天。原告于 2020 年 10 月 10 日因私人原因转院至威海市中医院住院治疗 16 天，于 2020 年 10 月 26 日出院。

原告王某顺提出诉讼请求：判令被告孟某富、孟某民连带赔偿医疗费 41 533.24 元、误工费 26 396.40 元、护理费 10 782 元、住院伙食补助费 1900 元、残疾赔偿金 87 452 元、被扶养人生活费 9097 元、精神损害抚慰金 1000 元、鉴定费 2280 元及交通费 2000 元，合计 182 440.64 元，并负担本案诉讼费用。

被告辩称：（1）“辽某渔 2××28” 渔船登记所有人虽然为孟某富，但是孟某富已经 70 多岁了，长年在辽宁老家居住，不再经营渔船，渔船的实际经营人为孟某富之子孟某民，故原告王某顺诉请孟某富支付赔偿金没有依据；（2）原告王某顺在从事雇佣活动期间从未因提供劳务受到伤害，原告王某顺诉状中称受伤的事情经过是不真实的，没有任何的事实依据，因此原告的诉请应该予以驳回；（3）原告王某顺所称受伤事件为 2020 年 10 月 6 日，其于 2021 年 11 月 10 日提出“船舶优先权”的诉讼请求，已经超出了《海商法》第 29 条规定的除斥期间，船舶优先权已经消灭。请求查清事实，依法驳回原告王某顺的诉讼请求。

【裁判说理】

争议焦点：原告王某顺是否因提供劳务或从事雇佣活动而遭受伤害。

青岛海事法院认为：依照当时施行的《侵权责任法》第 35 条规定，个人之间形成劳务关系，提供劳务一方因劳务造成他人损害的，由接受劳务一方承担侵权责任。提供劳务一方因劳务自己受到损害的，根据双方各自的过错承担相应的责任。参照当时的《最高人民法院关于审理人身损害赔偿案件适用法律若干问题的解释》第 9 条第 2 款规定，“从事雇佣活动”，是指从事雇主授权或者指示范围内的生产经营活动或者其他劳务活动。雇员的行为超出授权范围，但其表现形式是履行职务或者与履行职务有内在联系的，应当认定为“从事雇佣活动”。

原告王某顺虽然在雇佣期间受伤，且因工作原因发生口角，但系王某顺主动挑起事端辱骂殴打他人，且为继续殴打他人而自己摔倒所致。王某顺辱骂殴打他人并非是从事雇主授权或者指示范围内的生产经营活动或者其他劳务活动，并不是为提供劳务或从事雇佣活动正常所需的必要合理行为，与履行职务并不存在必然的内在联系，亦非合法行为。雇员在工作中辱骂殴打他人，并非为雇主利益，反而可能给雇主造成困扰或损失，亦不应被提倡。因此，王某顺为殴打他人而自己摔伤，系自身违法行为所致，与提供劳务无关，王某顺应自行承担自己受伤的行为后果。王某顺主张受伤系为被告提供劳务或从事雇佣活动所致，要求雇主承担雇主责任，没有事实与法律依据，不予支持。

【法官后语】

船员在工作过程中因工作发生口角殴斗的情形屡见不鲜，有的船东也纵容高级船员以辱骂殴打等暴力方式管理船员。

非法行为不应受到法律保护。本案从明确“雇佣活动”的定义出发，认定船员殴打他人并非是从事雇主授权或者指示范围内的生产经营活动或者其他劳务活动，并不是为提供劳务或从事雇佣活动正常所需的必要合理行为，与履行职务并不存在必然的内在联系，亦非合法行为。雇员在工作中辱骂殴打他人，并非为雇主利益，反而可能给雇主造成困扰或损失，亦不应被提倡。船员为殴打他人而自己摔伤，系自身违法行为所致，与提供劳务无关，应自行承担自己受伤的行为后果，不应由雇主承担赔偿责任。

本案裁判旨在惩恶扬善，弘扬友善、法治的社会主义核心价值观，防范船东暴力管理船员以及船员互殴等非法行为，规范船员管理，保护船员，维护雇主合法权益。

【相关法条】

1.《中华人民共和国侵权责任法》（2021年1月1日废止）

第三十五条　个人之间形成劳务关系，提供劳务一方因劳务造成他人损害的，由接受劳务一方承担侵权责任。提供劳务一方因劳务自己受到损害的，根据双方各自的过错承担相应的责任。

对应新法：

《中华人民共和国民法典》（2021年1月1日施行）

第一千一百九十二条　个人之间形成劳务关系，提供劳务一方因劳务造成他人损害的，由接受劳务一方承担侵权责任。接受劳务一方承担侵权责任后，可以向有故意或者重大过失的提供劳务一方追偿。提供劳务一方因劳务受到损害的，根据双方各自的过错承担相应的责任。

提供劳务期间，因第三人的行为造成提供劳务一方损害的，提供劳务一方有权请求第三人承担侵权责任，也有权请求接受劳务一方给予补偿。接受劳务一方补偿后，可以向第三人追偿。

2.《最高人民法院关于审理人身损害赔偿案件适用法律若干问题的解释》（2022 年 4 月 24 日修正）

第十一条 营养费根据受害人伤残情况参照医疗机构的意见确定。

3.《最高人民法院关于适用〈中华人民共和国民法典〉时间效力的若干规定》（2021 年 1 月 1 日施行）

第一条 民法典施行后的法律事实引起的民事纠纷案件，适用民法典的规定。

民法典施行前的法律事实引起的民事纠纷案件，适用当时的法律、司法解释的规定，但是法律、司法解释另有规定的除外。

民法典施行前的法律事实持续至民法典施行后，该法律事实引起的民事纠纷案件，适用民法典的规定，但是法律、司法解释另有规定的除外。

承办人：张　波

编写人：张　波　曾兆薇

34. 宋某甲诉山东某岛远洋渔业股份有限公司海上人身损害责任纠纷案

——远洋捕捞作业时发生人身损害的举证要点及责任分配

【企业合规】

本案系一起海上人身损害责任纠纷案件，原、被告为成立劳动关系的渔业公司和船员。对于渔业公司而言，不仅应当为船员提供安全的工作条件和切实的保障措施，而且要完善船员的医疗保障和救助措施，增加医疗保障的基础设施投入和建设，开展船员定期健康体检，切实担负起对远洋渔业船员远洋作业期间的损害治疗、护理等救助责任，提高远洋渔船船员健康保障能力。对于船员而言，也要提高自身的安全意识和法律意识，避免因工作期间的重大过失造成自身损害的情形发生。

【案件信息】

1. 裁判文书字号

（2021）鲁72民初1986号

2. 当事人

原告：宋某甲

被告：山东某岛远洋渔业股份有限公司

3. 关键词

民事　海上人身损害　举证要点　责任分配

【裁判要旨】

1. 渔业船员在船上工作期间受伤或者患病的，渔业船舶所有人或经营人应当及时给予救治。

2. 渔业船舶所有人或经营人承担赔偿责任应当综合考虑渔业船员、渔业船舶所有人或经营人的经济状况、渔业船员自身身体状况、发病的过程以及渔业船舶所有人或经营人对渔业船员采取的措施等实际情况。

【基本案情】

宋某甲诉称：请求判令山东某岛远洋渔业股份有限公司（以下简称远洋渔业公司）赔偿宋某甲误工费、护理费、住院伙食补助费、交通费、残疾赔偿金、精神损害抚慰金、鉴定费。远洋渔业公司辩称：原告受伤因自身原因发病，本案诉讼应为侵权案由，远洋渔业公司已经不存在侵权行为，不应承担赔偿责任。

法院查明，2017年12月7日，原告宋某甲与被告远洋渔业公司签订《金枪钓船员招聘合同》，此后，原被告未再签订书面劳动合同。被告招收原告前以及之后均未安排原告做健康体检。2020年3月26日，原告从“鲁某渔 5×8”船转到“鲁某渔 7×9”船任职，职务为一般船员。2020 年 8 月 15 日 17 时，原告宋某甲被送到威海市中心医院急诊，住院 45 天。此后宋某甲多次入院，治疗期间产生的医疗费用共 116 362.12 元，原告享受医保统筹负担后，被告远洋渔业公司为原告支付了其余医疗费 54 354 元。

2021 年 8 月 11 日，原告之女宋某乙委托威海恒源司法鉴定所对宋某甲的病情进行鉴定。8 月 20 日，威海恒源司法鉴定所出具司法鉴定意见书，鉴定意见为：（1）被鉴定人宋某甲构成四级伤残；（2）被鉴定人宋某甲，误工期至鉴定日，护理期至鉴定日；（3）被鉴定人宋某甲护理依赖程度为部分护理依赖，被鉴定人宋某甲后续诊疗项目存在预防感染等维持治疗。为此原告方支付鉴定费 3640 元。司法鉴定意见书写明鉴定日期为 2021 年 8 月 17 日。

2021 年 1 月 5 日，荣成市人力资源和社会保障局出具工伤认定不予受理决定书，以超过规定的时效且无正当理由对原告宋某甲的工伤认定申请不予受理。

【裁判说理】

争议焦点：（1）被告远洋渔业公司是否具有侵权行为；（2）原告宋某甲的损害结果；（3）被告是否承担侵权赔偿责任；（4）被告远洋渔业公司的侵权行为与原告宋某甲的损害结果是否存在因果关系以及被告远洋渔业公司侵权行为作用力的大小。

青岛海事法院认为：原告宋某甲与被告远洋渔业公司签订了《金枪钓船员招聘合同》，并依合同约定上船提供劳务，被告远洋渔业公司是股份有限公司，根据中华人民共和国有关劳动的相关法律法规，原告宋某甲与被告远洋渔业公司形成劳动关系，不属于雇佣关系。原告依据原《最高人民法院关于审理人身损害赔偿案件适用法律若干问题的解释》第 11 条之规定，请求被告承担雇主赔偿责任，系适用法律错误，本院不予支持。

《船员条例》第 65 条第 2 款规定，渔业船员的管理由国务院渔业行政主管部门负责，具体管理办法由国务院渔业行政主管部门参照本条例另行规定。原告宋某甲渔业船员，根据上述规定，原被告之间的权利义务不应依据《船员条例》确定，原告依据《船员条例》确定被告承担的义务系适用法律规定不当。

《渔业船员管理办法》第 33 条规定，渔业船员在船上工作期间受伤或者患病的，渔业船舶所有人或经营人应当及时给予救治。基于远洋渔船的作业环境及渔业船舶配备的条件，远洋渔业船舶在作业期间不能提供高质量的医疗服务。2020 年 7 月 1 日原告身体已经发病，被告开始安排船舶将原告运输回国，履行救治义务，但是没有证据显示被告采取进一步合理的救治措施预防病情发展，也没有证据显示被告安排了人员观察原告宋某甲病情发展并提供一定的护理。被告远洋渔业公司制作日期为 2020 年 9 月 20 日的报告中写明："船长急忙下去，发现他自己坐了起来，但讲话已经不清楚，船长立即联系国内公司是否可以紧急停靠附近最近港口。但是由于疫情防控原因，所有附近小岛国家都拒绝病人进港"，但被告没有就此提供相应的证据，鉴于全球新型冠状病毒疫情的影响，被告将原告送往他国治疗存在一定的困难。2020 年 7 月 27 日，原告在"鲁某远渔运 9×9"船上摔倒，并且当天瘫痪。原告的摔倒与被告没有尽到护理义务存在一定的因果关系，被告对此负有一定过错。依据被告制作日期为 2020 年 9 月 20 日报告的陈述，"在'鲁某远渔运 9×9'运输船上，汤某民船长就发现他身上每天都有酒味，仔细观察发现每天喝酒，一直喝到病发。因为他不属于'鲁某远渔运 9×9'，船长对他进行劝阻"，按照常理，原告发病后不宜饮酒，饮酒不利于身体健康，甚至加重病情，因此，即使原告宋某甲未听取汤某民船长的劝告，护理人员也能阻止原告继续饮酒，该部分内容进一步证明被告没有尽到合理的护理义务，被告也因此负有一定过错。依据庭审查明的情况，原被告没有提供证据证明被告招收原告时以及此后未安排原告进行健康体检与原告瘫痪存在因果关系，原被告均没有提供证据证明原告发病后被告未采取合理治疗措施对原告病情的存在影响，也没有提供证据证明 2020 年 7 月 27 日原告在"鲁某远渔运 9×9"船摔倒和原告自身疾病与原告瘫痪存在因果关系，以及上述行为和原告自身疾病在导致原告瘫痪的作用力大小。《最高人民法院关于审理涉船员纠纷案件若干问题的规定》第 15 条规定，船员因劳务受到损害，船舶所有人举证证明船员自身存在过错，并请求判令船员自担相应责任的，对船舶所有人的抗辩予以支持。本案原告宋某甲是因自身疾病不能提供船员劳务，不属于因劳务受到损害，因此，原告据此认为应当由被告承担提供证据证明原告受到损害的举证责任，不符合该条规定。综合考虑原被告的经济状况、原告自身身体状况、发病的过程以及被告对原告采取的措施等实际情况，被告对原告的损害结果承担 30% 的赔偿责任。

青岛海事法院以判决方式结案。

【法官后语】

我国批准大量的远洋渔业船舶在国外作业，远洋渔船作业存在较多且不确定的海上风险，渔业船员遭受人身损害的风险相比其他许多行业要高，远洋渔业船员的医疗保障程度与面临的海上风险不相匹配。通过本案的审理进一步明确了远洋渔业船舶经营人对远洋渔业船员远洋作业期间的损害治疗、护理等救助责任，切实落实远洋渔业船员定期健康体检的义务，尤其是远洋渔业船员自身疾病引发的医疗救助义务，进而促进远洋渔业船舶经营人对远洋渔业船员医疗保障的重视，完善救助措施的落实、增加医疗保障的基础设施投入和建设，提高远洋渔船船员健康保障能力。本案一审过程中阐明人身损害案件诉讼举证的各个要点以及责任分配，本案宣判后，当事人均没有上诉，并且已经履行完毕，社会效果较好。

【相关法条】

1.《中华人民共和国侵权责任法》（2021 年 1 月 1 日废止）

第十六条　侵害他人造成人身损害的，应当赔偿医疗费、护理费、交通费等为治疗和康复支出的合理费用，以及因误工减少的收入。造成残疾的，还应当赔偿残疾生活辅助具费和残疾赔偿金。造成死亡的，还应当赔偿丧葬费和死亡赔偿金。

对应新法：

《中华人民共和国民法典》（2021 年 1 月 1 日施行）

第一千一百七十九条　侵害他人造成人身损害的，应当赔偿医疗费、护理费、交通费、营养费、住院伙食补助费等为治疗和康复支出的合理费用，以及因误工减少的收入。造成残疾的，还应当赔偿辅助器具费和残疾赔偿金；造成死亡的，还应当赔偿丧葬费和死亡赔偿金。

2.《最高人民法院关于审理人身损害赔偿案件适用法律若干问题的解释》（2020 年 12 月 29 日修正）

第七条　误工费根据受害人的误工时间和收入状况确定。

误工时间根据受害人接受治疗的医疗机构出具的证明确定。受害人因伤致残持续误工的，误工时间可以计算至定残日前一天。

受害人有固定收入的，误工费按照实际减少的收入计算。受害人无固定收入的，按照其最近三年的平均收入计算；受害人不能举证证明其最近三年的平均收入状况的，可以参照受诉法院所在地相同或者相近行业上一年度职工的平均工资计算。

第八条 护理费根据护理人员的收入状况和护理人数、护理期限确定。

护理人员有收入的，参照误工费的规定计算；护理人员没有收入或者雇佣护工的，参照当地护工从事同等级别护理的劳务报酬标准计算。护理人员原则上为一人，但医疗机构或者鉴定机构有明确意见的，可以参照确定护理人员人数。

护理期限应计算至受害人恢复生活自理能力时止。受害人因残疾不能恢复生活自理能力的，可以根据其年龄、健康状况等因素确定合理的护理期限，但最长不超过二十年。

受害人定残后的护理，应当根据其护理依赖程度并结合配制残疾辅助器具的情况确定护理级别。

第九条 交通费根据受害人及其必要的陪护人员因就医或者转院治疗实际发生的费用计算。交通费应当以正式票据为凭；有关凭据应当与就医地点、时间、人数、次数相符合。

第十二条 残疾赔偿金根据受害人丧失劳动能力程度或者伤残等级，按照受诉法院所在地上一年度城镇居民人均可支配收入或者农村居民人均纯收入标准，自定残之日起按二十年计算。但六十周岁以上的，年龄每增加一岁减少一年；七十五周岁以上的，按五年计算。

受害人因伤致残但实际收入没有减少，或者伤残等级较轻但造成职业妨害严重影响其劳动就业的，可以对残疾赔偿金作相应调整。

第二十三条 精神损害抚慰金适用《最高人民法院关于确定民事侵权精神损害赔偿责任若干问题的解释》予以确定。

对应新法：

《最高人民法院关于审理人身损害赔偿案件适用法律若干问题的解释》（2022年4月24日修正）

第七条 误工费根据受害人的误工时间和收入状况确定。

误工时间根据受害人接受治疗的医疗机构出具的证明确定。受害人因伤致残持续误工的，误工时间可以计算至定残日前一天。

受害人有固定收入的，误工费按照实际减少的收入计算。受害人无固定收入的，按照其最近三年的平均收入计算；受害人不能举证证明其最近三年的平均收入状况的，可以参照受诉法院所在地相同或者相近行业上一年度职工的平均工资计算。

第八条 护理费根据护理人员的收入状况和护理人数、护理期限确定。

护理人员有收入的，参照误工费的规定计算；护理人员没有收入或者雇佣护工的，参照当地护工从事同等级别护理的劳务报酬标准计算。护理人员原则上为一人，但医疗机构或者鉴定机构有明确意见的，可以参照确定护理人员人数。

护理期限应计算至受害人恢复生活自理能力时止。受害人因残疾不能恢复生活自理能力的，可以根据其年龄、健康状况等因素确定合理的护理期限，但最长不超过二十年。

受害人定残后的护理，应当根据其护理依赖程度并结合配制残疾辅助器具的情况确定护理级别。

第九条 交通费根据受害人及其必要的陪护人员因就医或者转院治疗实际发生的费用计算。交通费应当以正式票据为凭；有关凭据应当与就医地点、时间、人数、次数相符合。

第十二条 残疾赔偿金根据受害人丧失劳动能力程度或者伤残等级，按照受诉法院所在地上一年度城镇居民人均可支配收入标准，自定残之日起按二十年计算。但六十周岁以上的，年龄每增加一岁减少一年；七十五周岁以上的，按五年计算。

受害人因伤致残但实际收入没有减少，或者伤残等级较轻但造成职业妨害严重影响其劳动就业的，可以对残疾赔偿金作相应调整。

第二十三条 精神损害抚慰金适用《最高人民法院关于确定民事侵权精神损害赔偿责任若干问题的解释》予以确定。

3.《最高人民法院关于确定民事侵权精神损害赔偿责任若干问题的解释》（2020年12月29日修正）

第五条 精神损害的赔偿数额根据以下因素确定：

（一）侵权人的过错程度，但是法律另有规定的除外；

（二）侵权行为的目的、方式、场合等具体情节；

（三）侵权行为所造成的后果；

（四）侵权人的获利情况；

（五）侵权人承担责任的经济能力；

（六）受理诉讼法院所在地的平均生活水平。

承办人：马维东

编写人：马维东　孙学燕

35. 杨某某等人诉尹某某等人海上人身损害责任纠纷案

——松散型合伙关系下对合伙人死亡责任的认定

【合规提示】

本案系一起海上人身损害责任纠纷案件，原被告临时性口头约定出海潜水捕捞海参，薛某代自带潜水服负责潜水捕捞海参；尹某某驾驶自己所有的快艇负责开船；薛某善在船上帮忙看氧气管，三人地位平等，按照自由自愿的原则，相对独立完成各自的分工，后薛某代不幸溺亡，其近亲属要求尹某某与薛某善承担责任。三人之间不存在隶属关系，没有明显的管理与被管理、指挥与被指挥的关系，三人之间是平等合作的关系，应认定三人是为了共同的目的和利益而形成的松散型合伙关系。当一方当事人在合伙活动中遭受人身损害，其对于自身损害的发生存在过错，应严格按照《民法典》有关侵权损害赔偿的规定，按照过错责任原则认定各方合伙人应承担的责任。生命的价值高于一切，成年人要有对生命负责的态度，对自己的生命负责，对他人的生命负责。成年人是自身生命安危的首要责任人，对于自身凭借常识即可预见的风险应当自负后果；而其他合伙人在存在过错时要对危害结果承担次要责任。

【案件信息】

1. 裁判文书字号

（2021）鲁72民初2090号

2. 当事人

原告：杨某某、郝某某、薛某帅

被告：尹某某、薛某善

3. 关键词

民事　海上人身损害　松散型合伙　侵权责任　过错责任原则

【裁判要旨】

1. 三人临时性口头约定出海潜水捕捞，三人地位平等，按照自由自愿的原则，相对独立完成各自的分工。三人之间不存在隶属关系，没有明显的管理与被管理、指挥与被指挥的关系，三人之间是平等合作的关系，应认定三人是为了共同的目的和利益而形成的松散型合伙关系。

2. 三人共同出海潜水捕捞，考虑到潜水作业的复杂性，三人之间彼此存在一定的搭配合作关系，尹某某与薛某善是否需要对薛某代的死亡承担责任，关键是看各方当事人的过错程度。

3. 生命的价值高于一切。薛某代持有的仅仅是运动潜水资格证，其常年潜水，应深知潜水的危险性，贸然冒险从事潜水作业，具有主观过错，对其死亡应负主要责任。

【基本案情】

2021年6月5日晚，薛某代、薛某善与尹某某三人商议共同出海在港口码头附近海域潜水捕捞海参，薛某代在捕捞过程中遭遇意外死亡，薛某代家属杨某某等三人认为薛某善与尹某某共同雇佣薛某代出海捕捞，对薛某代的死亡存在重大过错，尹某某等应对薛某代的死亡向杨某某等三人支付死亡赔偿金等损失。

原告杨某某等三人向本院提出诉讼请求：（1）判令被告立即支付原告丧葬费、死亡赔偿金等各项损失1 234 714元；（2）本案诉讼费由被告承担。

被告尹某某辩称：（1）我和薛某代是同行关系，薛某代一人潜水，我是负责开船的，薛某善负责看管子。（2）薛某代的死亡原因其个人占很大责任，他身体虚弱，长期喝酒。正常情况下，潜水不到 18 米，正常潜水员不能出事故，浮上来就行了。

被告薛某善辩称：（1）薛某善系薛某代雇佣去船上帮忙出海，薛某善对薛某代的死亡无任何过错，已积极履行了救助义务，不应当对原告主张的各项损失承担责任。（2）薛某代在未取得潜水从业资格证书的情况下进行潜水打捞作业，系违法潜水作业，自身具有重大过错，薛某代应对自己的死亡承担全部责任。

【裁判说理】

争议焦点：（1）三人之间系合伙关系还是雇佣关系；（2）死亡责任的承担。

青岛海事法院认为：

一、三人之间系松散型合伙关系

薛某代、薛某善与尹某某三人临时性自发性口头约定出海潜水捕捞，薛某代自带潜水服负责潜水捕捞海参；尹某某驾驶自己所有的快艇负责开船；薛某善虽没有直接下海潜水，但是由于海底作业极为风险，潜水捕捞海参的潜水员都必须有一个搭档在船上帮忙看氧气管。三人地位平等，彼此配合，以共同完成捕捞海参获取报酬的共同目的。三人之间不存在隶属关系，没有明显的管理与被管理、指挥与被指挥的关系。本次出海，应认定三人是为了共同的目的和利益而形成的松散型合伙关系。

二、死亡责任的承担

薛某善与尹某某是否需要对薛某代的死亡承担责任，根据《民法典》第 1165 条的规定，关键是看各方当事人的过错程度。薛某代持有运动潜水资格证，理应深知潜水的危险性，贸然冒险从事潜水作业，置自己的生命于危险，具有主观过错，对其死亡应负主要责任。薛某善与尹某某二人根据自由自愿的原则在夜晚潜水危险系数增大时间段与薛某代共同出海潜水捕捞，对薛某代的死亡应负次要责任。综观三人商议出海并实际合作潜水捕捞的整个劳动过程，根据同类事故案件的处理办法，以公平原则为基础，薛某代对自己的死亡承担 80% 的责任；薛某善与尹某某分别对薛某代的死亡承担 10% 的责任。

【法官后语】

人的生命价值高于一切，民事活动依赖于民事主体自身的认知。具有完全民事行为能力的成年人，作为法律意义上的理性人，成年人要有对生命负责的态度，对自己的生命负责，对他人的生命负责。成年人是自身生命安危的首要责任人，对于自身凭借常识即可预见的风险应当自负后果。

本案中薛某代自带潜水服负责潜水捕捞海参；尹某某驾驶自己所有的快艇负责开船；薛某善在船上帮忙看氧气管，三人地位平等，按照自由自愿的原则，相对独立完成各自的分工，三人之间不存在隶属关系，没有明显的管理与被管理、指挥与被指挥的关系，三人之间是平等合作的关系。在纷繁复杂的民事活动中，临时性合伙劳动关系形式上类似于雇佣关系，但实际上属于松散型合伙关系，因此应认定三人是为了共同的目的和利益而形成的松散型合伙关系。此时，如果一方当事人在合伙活动中遭受人身损害，其对于自身损害的发生存在过错，应严格按照《民法典》有关侵权损害赔偿的规定，按照过错责任原则认定各方合伙人应承担的责任。薛某代作为具有完全民事行为能力的成年人，常年潜水，应深知潜水的危险性，而潜水捕捞海参的行为系以营利为目的的行为，属产业潜水作业，产业潜水由于具有相应危险性，应经有关部门许可，并且必须取得相应的许可证，方可从事产业潜水作业。薛某代持有的仅仅是运动潜水资格证，其贸然冒险从事潜水作业，具有主观过错，故应当对死亡结果承担主要责任。而综合来看三人商议出海并实际合作潜水捕捞的整个劳动过程，尹某某与薛某善两人未认真审查薛某代的潜水资质即与其共同夜晚出海从事潜水捕捞作业，置法律于不顾，置生命于危险，应当对薛某代的死亡负次要责任。

本案的裁判对于如何界定临时性合伙劳动关系的性质具有重要参考价值，对于存在松散型合伙关系时发生损害后果后如何划分各自的责任具有借鉴意义，最后也再次表明了具有完全民事行为能力的成年人，作为法律意义上的理性人，自己是自身生命安危的首要责任人，要对凭借常识即可预见的风险自负后果，要对自己的生命负责。

【相关法条】

1.《中华人民共和国民法典》（2021 年 1 月 1 日施行）

第一千一百六十五条 行为人因过错侵害他人民事权益造成损害的，应当承担侵权责任。

依照法律规定推定行为人有过错，其不能证明自己没有过错的，应当承担侵权责任。

第一千一百七十九条 侵害他人造成人身损害的，应当赔偿医疗费、护理费、交通费、营养费、住院伙食补助费等为治疗和康复支出的合理费用，以及因误工减少的收入。造成残疾的，还应当赔偿辅助器具费和残疾赔偿金；造成死亡的，还应当赔偿丧葬费和死亡赔偿金。

2.《最高人民法院关于审理人身损害赔偿案件适用法律若干问题的解释》（2022 年 4 月 24 日修正）

第十四条 丧葬费按照受诉法院所在地上一年度职工月平均工资标准，以六个月总额计算。

承办人：周黛娜

编写人：周黛娜 陈 超

36. 王某某、张某诉丁某某海上人身损害责任纠纷案

——过错相抵情况下的侵权责任承担

【合规提示】

本案系一起受害人乘被告的渔船出海，遭遇强对流天气，致人员伤亡，原告诉被告人身损害赔偿的海上人身损害责任纠纷案件。双方对被告是否应承担人身损害赔偿责任产生争议。对于原告而言，应搜集证据证明事故发生的原因系被告违规出海、未提供完备的安全设施、未尽到安全保障义务，且

事故发生后被告未采取有效的事故处理措施，造成损害扩大。对于被告而言，应证明渔船配备了完备的安全设施、尽到安全保障义务，以及积极采取了有效措施防止损害扩大。

【案件信息】

1. 裁判文书字号

（2020）鲁72民初108号

2. 当事人

原告：王某某、张某

被告：丁某某

3. 关键词

民事　海上人身损害　侵权责任　过错相抵

【裁判要旨】

行为人因过错侵害他人民事权益造成损害的，应当承担侵权责任。被侵权人对同一损害的发生或者扩大有过错的，可以减轻侵权人的责任。

【基本案情】

张某军系原告王某某之夫、张某之父。2019年7月6日，张某军等10名钓鱼爱好者乘被告驾驶的“鲁某渔68××3”渔船出海钓鱼，双方约定出海费用为600元，出海返程后支付。当天6时，渔船从潍坊滨海区弥河入海口出发行驶至西坝处开始钓鱼，10时30分左右突遇大风浪，渔船船体受损翻沉，船上人员被吹到海里，致张某军死亡。潍坊市政府成立了调查组，于2019年7月17日作出了调查报告，关于天气情况，该报告载明：7月5日23时36分，潍坊市气象台发布雷电黄色预警信号，预计今夜到明天，我市大部地区将出现强对流天气，有较强雷电活动，可能会造成雷电灾害事故，雷雨时阵风8~9级，局部地区有冰雹和短时强降水，请注意防范。7月6日10时36分，潍坊市气象台发布暴雨蓝色预警信号。根据气象部门监测，7月6日10时30分左右，潍坊森达美港监测风速达35.7米/秒，瞬间风力达12级以上。事发地点风速骤然增大，在短时间内，风力迅速升至12级以上，导致船只遭受12级以上风力袭击，无法驾驶失去控制翻沉。

原告提出诉讼请求：（1）判令被告赔偿原告死亡赔偿金等共计 671 986.42 元；（2）本案诉讼费由被告承担。

被告辩称：确实是违规出海，但是因突遇的海上大风造成事故，对于原告所说被告未采取有效措施不予认可，因为当时的情况不是人力所能补救的。对于原告所陈述的当时船上没有安全措施不予认可，当时船上有救生衣及救生圈等设施。

【裁判说理】

争议焦点：被告是否应对原告因张某军死亡所造成的损失承担赔偿责任及赔偿责任比例如何确定。

青岛海事法院认为：钓鱼是修身养性、锻炼身体、陶冶情操的一项休闲活动，而海钓以可钓获惊喜、享受刺激而具有更加特别的乐趣。但在享受刺激与乐趣的同时，首先应当注意的就是安全问题。张某军作为具有一定经验的钓鱼爱好者，在与他人相约出海垂钓前应当对保护自身安全做好充分准备、对天气情况进行充分了解，且应乘坐有垂钓许可的船只出海垂钓。但张某军作为完全民事行为能力人，在已有强对流天气预警的情况下，乘坐不具有垂钓许可证的生产性渔船出海钓鱼，将自身安全置于危险状态之中，且自救能力较差，以致在遭遇大风的情况下产生了本次事故后果，其自身存在一定过错。

被告作为“鲁某渔 68××3”船船主，在明知渔船休渔期间不得擅自离港或转移停泊地点，且应知晓不得使用渔船从事非法载客服务的情况下，为获取利益，不顾强对流天气预警，强行出海，造成渔船翻沉、张某军死亡的后果，其存在较大过错，故被告应对张某军死亡造成的损失承担相应的赔偿责任。综上，原告要求被告承担死亡赔偿金、丧葬费等损失的主张于法有据，本院依法予以支持，结合张某军自身过错及本案实际情况，被告应对原告因张某军死亡所造成的损失承担 60% 的赔偿责任，其余损失由张某军自行承担。

【法官后语】

过失相抵是受害人有过失的法律后果，也是一种侵权责任形态。在侵权损害赔偿案件中，如果受害人对于损害的发生或者扩大也具有故意或者过失，则允许在一定程度上减轻或者免除侵权人的赔偿责任。即对于受害人自己的过错所造成的那一部分损害，由受害人根据其过错程度的轻重及其行为的原因力的大小自己负责，而不应由加害人负责。该制度存在的理论基础是法律中的公平原则与侵权行为法中的自担责任原则，有利于实现双方当事人权利与义务的协调和平衡。过失相抵制度存在的理论基础在于法律的公平原则与正义价值追求。该制度的适用对公平认定双方当事人过错并确定双方责任范围，平衡和保护双方合法权益，妥善解决侵权纠纷发挥了积极作用。由于适用该制度需要法官的自由裁量，通过适用过失相抵制度，使侵权责任得以合理分配以及对双方当事人的利益达到平衡提供良好的方式方法。过失相抵制度的贯彻实施，对公平认定双方当事人过错并确定双方责任范围，平衡和保护双方合法利益，妥善解决侵权纠纷发挥积极作用，也是社会主义核心价值观“公正法治”的体现。

本案受害人虽系乘坐侵权人所有的渔船出海垂钓，但其作为完全民事行为能力人，将自身安全置于危险状态之中，且自救能力较差，对于产生死亡的后果其自身存在过错。侵权人违反法律法规规定，在明知渔船休渔期间不得擅自离港或转移停泊地点，且应知晓不得使用渔船从事非法载客服务的情况下，为获取利益，不顾强对流天气预警，强行出海，造成渔船翻沉、船上人员死亡的后果，其存在较大过错。社会主义核心价值观中“自由、平等、公正、法治”八个字是审判实践中应当遵循和践行的核心内涵。本案结合侵权人、受害人在本案中的过错程度，运用过失相抵原则，将“公正法治”理念贯穿案件审理始终，使在辖区内有较大影响的民生案件产生了较好的社会效果和法律效果。

【相关法条】

《中华人民共和国侵权责任法》（2021 年 1 月 1 日废止）

第六条 行为人因过错侵害他人民事权益，应当承担侵权责任。

根据法律规定推定行为人有过错，行为人不能证明自己没有过错的，应当承担侵权责任。

第十六条 侵害他人造成人身损害的，应当赔偿医疗费、护理费、交通费等为治疗和康复支出的合理费用，以及因误工减少的收入。造成残疾的，还应当赔偿残疾生活辅助具费和残疾赔偿金。造成死亡的，还应当赔偿丧葬费和死亡赔偿金。

第二十六条 被侵权人对损害的发生也有过错的，可以减轻侵权人的责任。

对应新法：

《中华人民共和国民法典》（2021年1月1日施行）

第一千一百六十五条 行为人因过错侵害他人民事权益造成损害的，应当承担侵权责任。

依照法律规定推定行为人有过错，其不能证明自己没有过错的，应当承担侵权责任。

第一千一百七十九条 侵害他人造成人身损害的，应当赔偿医疗费、护理费、交通费、营养费、住院伙食补助费等为治疗和康复支出的合理费用，以及因误工减少的收入。造成残疾的，还应当赔偿辅助器具费和残疾赔偿金；造成死亡的，还应当赔偿丧葬费和死亡赔偿金。

第一千一百七十三条 被侵权人对同一损害的发生或者扩大有过错的，可以减轻侵权人的责任。

承办人：王小玫

编写人：王小玫　崔婷婷

37. 王某、谢某年等诉张某等海上人身损害责任纠纷案

——好意搭乘船舶行为的认定及规则适用

【合规提示】

本案系一起因好意搭乘船舶行为产生的民事侵权纠纷，双方当事人对因好意搭乘致使搭乘人死亡产生的侵权责任如何承担之问题存在争议。本案中，原告系搭乘人的近亲属，被告为涉案船舶的所有人及经营人等。好意同乘本

身是一种善意施惠、助人为乐的行为，是中华民族传统美德的生动体现。但实践中不乏因好意同乘行为引发的民事侵权纠纷。在审理过程中，法院一般会结合《民法典》相关规定精神，综合考虑海上特殊风险、搭乘行为发生背景等因素来划定双方的责任分配。因此，在好意搭乘关系中，被搭乘人应尽到谨慎的注意义务，及时准确地告知搭乘人在船或其余交通工具上的注意事项；搭乘人在享搭乘便利的同时，也应当明白自己是自身安全的第一义务人，有保护自身安全及财产利益的责任。

【案件信息】

1. 裁判文书字号

（2020）鲁72民初1619号、（2020）鲁民终2839号

2. 当事人

原告：王某、谢某年、谢某坤、刘某

被告：青岛洋某地工贸发展有限公司、程某、张某、王某琛、林某、丁某

3. 关键词

民事　海上人身损害　好意同乘　过错责任

【裁判要旨】

在认定搭乘人与船舶经营人之间的法律关系时，应把握以下原则：有偿搭乘认定为服务合同关系，无偿搭乘认定为好意同乘关系。认定死者生前与船舶经营人为好意同乘关系后，责任如何承担，应按照《侵权责任法》的过错责任归责原则进行分配。

【基本案情】

2020年4月4日，原告之亲属某杰受钓友之邀到海上钓鱼，在海阳市凤城港码头乘坐“鲁某渔60××6”号渔船出海钓鱼，同船钓友有被告王某琛、林某、丁某等。4月6日22时40分，“鲁某渔60××6”号船在返航途中途经95.3海区时向国家搜救中心和青岛海洋局报警称某杰落水失踪。4月7日中午，“鲁某渔51××7”船在海上打捞上一具无名尸体，并将尸体交给荣成海警第二工作站，4月9日经家属辨认，证实死者是某杰。2020年5月22日，青岛市崂山区农业农村局分别以崂农渔罚决（2020）第005号和第006

号《行政处罚决定书》对“鲁某渔60××6”号的船东及船长进行处罚：以违章载客钓鱼行为对被告青岛洋某地工贸发展有限公司（以下简称洋某地公司）作出罚款1万元的行政处罚决定；以两名船员未取得渔业船员证的行为对船长程某作出罚款14 000元的行政处罚决定。

原告王某、谢某年等诉称：由于被告违规雇佣无渔业船员证人员从事船员工作、船舶超载、违章载客，导致某杰死亡，给某杰家属造成极大精神伤害。依据《民法总则》《侵权责任法》《最高人民法院关于审理人身损害赔偿案件适用法律若干问题的解释》，请求各被告连带赔偿死亡赔偿金等共计1 520 456.33元。

被告洋某地公司辩称：（1）其并非“鲁某渔60××6”轮的实际所有权人和经营人，原告无权向洋某地公司提出索赔。即使某杰在搭乘该轮时死亡，洋某地公司也不存在任何过失，不需承担任何责任；（2）即使洋某地公司对某杰的死亡需要承担责任，也可以根据《海商法》的规定享受责任限制。

被告程某辩称：（1）程某系被告之一张某雇佣的船员，无须对某杰的死亡承担责任；（2）即使程某对某杰的死亡需要承担责任，也可以根据《海商法》的规定享受责任限制。

被告张某辩称：（1）原告未能证明某杰的死因，无权向船方及张某提出索赔；（2）即使某杰系意外溺水死亡，也应是由于其自身过失导致的，应自行承担全部责任；（3）即使某杰系意外溺水死亡，船方对某杰的死亡也不存在任何过错，船方及张某不应承担任何责任；（4）即使张某对某杰的死亡需要承担责任，也可以根据《海商法》的规定享受责任限制；（5）原告所称损失没有法律依据。

被告王某琛、林某、丁某辩称：其与某杰并不熟识，未一起喝酒，也未对某杰进行劝酒，与某杰的死亡无关，不应承担赔偿责任。

【裁判说理】

争议焦点：（1）死者某杰与洋某地公司、程某、张某之间存在何种法律关系；（2）死者某杰与洋某地公司、程某、张某之间如何划分责任；（3）王某琛、林某、丁某对某杰的死亡是否应承担责任；（4）赔偿数额的认定。

青岛海事法院认为：

一、死者某杰与洋某地公司、程某、张某之间存在何种法律关系

根据本院向青岛海警局调取的询问笔录显示，需要支付费用的钓客，其出海费用标准为每人1200元；即使原告所称的下船时分鱼的情况属实，但分鱼时无人监督，完全靠钓客自觉留鱼，并非等价支付，某杰与张某之间不能构成有偿服务。而且，没有证据表明，在事发前，某杰与张某之间就乘船钓鱼之事有订立合同的意思表示。因此，某杰与张某形成好意同乘关系。某杰与洋某地公司和程某之间没有法律规定或合同约定的权利义务关系。

二、死者某杰与洋某地公司、程某、张某之间如何划分责任

张某作为船舶经营人，其经营的“鲁某渔60××6”号渔船为他人提供出海钓鱼服务，根据《最高人民法院关于审理人身损害赔偿案件适用法律若干问题的解释》(以下简称《解释》)第6条规定，从事住宿、娱乐等经营活动的主体，如果未尽到合理限度内的安全保障义务，导致他人遭到人身损害，应当承担赔偿责任。根据海警局的询问笔录，张某在开航前对于随船人员喝酒行为作出过警示和提醒，但是随船人员还是将酒带上了船，并且随船人员在船上喝酒期间，船方虽做过提醒但并未进行阻止，张某作为船舶经营人未尽到合理限度内的安全保障义务，存在一定的过错，张某对某杰的死亡应当承担相应的过错赔偿责任。

某杰系成年人，作为完全民事行为能力人，应当了解自身的酒量及醉酒后的身体状态，根据海警局的询问笔录，某杰失踪前持续饮酒长达4小时之多，其死亡证明亦显示体内乙醇含量为198mg/100ml，国家质量监督检验检疫局发布的《车辆驾驶人员血液、呼气酒精含量阀与检验》(GB 19522—2004)规定每100毫升血液酒精含量大于或等于80毫克为醉酒驾车，参照此规定，某杰体内乙醇含量远超于醉酒的标准，应当对自己的持续大量饮酒行为至醉酒状态承担责任，存在明显过错，故某杰应对其死亡承担主要的过错责任。

现有证据难以证明洋某地公司和程某的行为与某杰溺水死亡存在因果关系，故洋某地公司和程某不应承担赔偿责任。

综合考虑本案的实际情况及某杰与张某的过错程度，确定某杰自行承担90%的过错责任，张某承担10%的赔偿责任，较为合理。

三、王某琛、林某、丁某对某杰的死亡是否应承担责任

王某琛、林某、丁某与某杰虽同为随船出海钓鱼的钓客，却互不熟悉。根据海警局询问笔录记载，随船出海钓鱼的钓客们均在船上同一个公共空间

吃饭饮酒，餐食和酒均为个人自带，无劝酒行为，海警局的询问笔录中未有王某琛、林某、丁某与某杰一同或相互饮酒的明确记载，且某杰生前作为完全民事行为能力人应当对自己的持续大量饮酒行为至醉酒状态承担责任，原告未能提供证据证明王某琛、林某、丁某存在过错，亦无法证明王某琛、林某、丁某与某杰死亡之间存在因果关系的行为，故王某琛、林某、丁某不应承担赔偿责任。

四、赔偿数额的认定

关于赔偿金的计算标准，本案应适用2019年统计年度数据。《解释》第35条规定："本解释所称'城镇居民人均可支配收入'、'农村居民人均纯收入'、'城镇居民人均消费性支出'、'农村居民人均年生活消费支出'、'职工平均工资'，按照政府统计部门公布的各省、自治区、直辖市以及经济特区和计划单列市上一年度相关统计数据确定。'上一年度'，是指一审法庭辩论终结时的上一统计年度"，受诉法院所在地为山东，因此本案中的相关统计数据应按法院所在地2019年山东省统计年度的相关数据计算。

关于赔偿金额，根据原告的主张并结合《解释》和《山东省高级人民法院关于印发开展人身损害赔偿标准城乡统一试点工作意见的通知》，本案的赔偿项目及金额如下：

1. 死亡赔偿金：《解释》第29条规定，死亡赔偿金按照受诉法院所在地上一年度城镇居民人均可支配收入或者农村居民人均纯收入标准，按20年计算。《山东省高级人民法院关于印发开展人身损害赔偿标准城乡统一试点工作意见的通知》规定，在民事诉讼中，对各类人身损害赔偿纠纷案件（含海事案件），不再区分城镇居民和农村居民，统一按照城镇居民赔偿标准计算相关项目赔偿数额；对于死亡赔偿金，按照山东省上一年度"城镇居民人均可支配收入"计算。山东省2019年城镇居民人均可支配收入42 329元，按20年计算，共计846 580元。

2. 丧葬费：按照《解释》第27条的规定，丧葬费按照受诉法院所在地上一年度职工月平均工资标准，以6个月总额计算。《山东省2019年分行业城镇非私营单位、国有经济单位平均工资》显示，山东省2019年城镇非私营单位从业人员平均工资81 446元（6787.2元/月），在岗职工平均工资84 089元（7007.4/月）。原告主张的丧葬费37 903元未超出按照上述标准计算的金额，予以支持。

3. 被扶养人生活费：被扶养人是指受害人依法应当承担扶养义务的未成

年人或者丧失劳动能力又无其他生活来源的成年近亲属。原告未提交证据证明某杰的父母谢某坤、刘某丧失劳动能力又无其他生活来源，故对原告主张的被扶养人生活费 117 553.33 元，本院不予支持。

4. 精神损害抚慰金：根据《最高人民法院关于确定民事侵权精神损害赔偿责任若干问题的解释》，因侵权致人精神损害，造成严重后果的，人民法院可以根据受害人一方的请求判令侵权人赔偿相应的精神损害抚慰金。本案中，某杰在出海钓鱼过程中死亡，因没有证据证明张某对事故的发生存在主观过错或实施了加害行为，对原告提出的精神损害赔偿的主张，本院不予支持。

5. 原告主张存放某杰遗体产生费用 15 500 元，并提供荣成市石岛殡葬服务站于 2020 年 6 月 24 日出具殡葬费的收款收据。《解释》第 17 条第 3 款规定，受害人死亡的，赔偿义务人除应当根据抢救治疗情况赔偿本条第 1 款规定的相关费用外，还应当赔偿丧葬费、被扶养人生活费、死亡补偿费以及受害人亲属办理丧葬事宜支出的交通费、住宿费和误工损失等其他合理费用。原告主张的 15 500 元属于办理丧葬事宜支出其他合理费用，与《解释》第 27 条规定的丧葬费并不重复，故对此费用本院予以支持。

经审理，青岛海事法院于 2020 年 9 月 14 日作出（2020）鲁 72 民初 1619 号民事判决：一、被告张某于本判决生效之日起 10 日内赔偿原告王某、谢某年、谢某坤、刘某死亡赔偿金、丧葬费、办理丧葬事宜支出其他合理费用共计 89 998.30 元；二、驳回原告王某、谢某年、谢某坤、刘某对被告洋某地公司、程某、王某琛、林某、丁某的诉讼请求；三、驳回原告王某、谢某年、谢某坤、刘某的其他诉讼请求。

王某、谢某年、谢某坤、刘某不服一审判决，上诉至山东省高级人民法院。山东省高级人民法院经审理，于 2020 年 12 月 17 日作出（2020）鲁民终 2839 号民事判决书，判决驳回上诉，维持原判。

【法官后语】

实践中，搭乘他人交通工具发生事故造成搭乘人损害引发的纠纷层出不穷，《民法典》第 1217 条对好意同乘规则作出了明确规定，实践中对搭乘他人交通工具发生纠纷如何认定为好意同乘，认定为好意同乘关系后如何承担责任等问题，均有必要加以探讨并达成共识。本案中，搭乘人免费搭乘船舶经营人的船舶出海钓鱼过程中发生事故，搭乘人与船舶经营人双方是否适用

《民法典》第 1217 条形成好意同乘关系，及在此法律关系中的责任承担问题，应从以下几个方面进行理解和把握。

一、好意同乘规则适用于非营运交通工具

营运性交通工具搭载乘客，形成的是客运合同关系，交通工具的经营人应尽到注意义务将乘客安全送到目的地，若运送过程中发生事故造成损害，属于交通工具经营人责任的，乘客既可以要求经营人按照合同约定承担违约责任，也可以依照侵权行为要求承担侵权赔偿责任。因此，好意同乘不适用于营运交通工具。当然，若营运性交通工具在非营运时间进行搭载，应适用本条规定。本案中，交通工具系非营运船舶，出海系以钓鱼等娱乐为目的进行搭载，故本案应适用好意同乘规则。

二、好意同乘规则应把握搭乘的无偿性

实践中在适用好意同乘规则时，应注意规则中的搭乘行为是无偿的。

本案一审中认为，船舶经营人提供其经营的船舶为钓客出海钓鱼并收取部分钓客费用，因熟识虽未收取某杰的费用，但考虑到下船时分鱼的情况，并非完全无偿，故一审认定船舶经营人张某与某杰之间为服务合同关系。二审认为，下船时分鱼的情况属实，但分鱼时无人监督，完全靠钓客自觉留鱼，并非等价支付，某杰与船舶经营人张某之间不能构成有偿服务，且没有证据表明，在事发前某杰与张某之间就乘船钓鱼之事有订立合同的意思表示，因此二审认定某杰与张某之间形成好意同乘关系。而同船需要支付费用的钓客，其出海费用标准为每人 1200 元，付费的搭乘钓客与张某之间形成了服务合同关系。由本案可以看出，搭乘同一非营运交通工具，有偿搭乘和无偿搭乘与交通工具经营人之间形成的法律关系是不同的，有偿搭乘双方之间形成合同关系，无偿搭乘形成好意同乘关系，适用《民法典》规定的好意同乘规则。

三、好意同乘适用过错责任原则

本案一审法院认为，张某作为船舶经营人未禁止喝酒、未要求穿戴救生衣、部分船员无船员证等未尽到合理限度内的安全保障义务，存在一定的过错，张某对某杰的死亡应当承担相应的过错赔偿责任。某杰作为完全民事行为能力人失踪前持续饮酒长达 4 小时之多，其死亡证明亦显示体内乙醇含量远超于醉酒的标准，应当对自己的持续大量饮酒行为至醉酒状态承担责任，存在明显过错，故某杰应对其的死亡承担主要的过错责任。综合考虑本案的实际情况及某杰与张某的过错程度，确定某杰自行承担 90% 的过错责任，张某承担10%的赔偿责任。

二审法院认为，因船方在驾驶船舶、管理船舶等方面存在过错导致搭乘人的人身损害的，应按照《侵权责任法》的有关规定进行赔偿。本案某杰的死亡，未发现他杀迹象及相关线索，青岛市公安局出具的死亡证明记载，不排除某杰生前溺水死亡，因此，就本案证据而言，无法确定某杰死亡的原因，即原告未能举证证明某杰死亡这一损害结果，与其所称的船方未禁止喝酒、未要求穿戴救生衣、部分船员无船员证等方面的过错行为，存在因果关系。因此，原告应当承担举证不能的不利后果，其主张洋某地公司、程某、张某构成侵权并要求承担赔偿责任，不应得到支持。一审判决张某向原告承担89 998.30元的赔偿责任，鉴于张某未提起上诉，应视为对一审判决结果的认可对自身权利的放弃，故二审法院对一审判决结果予以维持。

综上，好意同乘适用过错责任原则。

四、属于交通工具一方责任的，应当减轻其赔偿责任

好意同乘，字面就有“好意”二字，交通工具一方不以营利为目的出于帮助他人的作为，一旦发生事故其自身同样也会遭受损失，如不减轻交通工具一方的责任，与民事活动应尊重公序良俗、社会公德的原则相悖，也不利于弘扬社会公平正义和助人为乐的道德风尚，实践中会造成人情冷漠，不利于维护人际友善和社会和谐。故好意同乘造成责任承担问题的，应当减轻交通工具一方的赔偿责任。

综合本案，船舶经营人搭载钓友出海钓鱼，钓友与船舶经营人之间的法律关系，若免费搭载，且双方之间无订立合同的意思表示，船舶经营人与免费搭乘的钓客之间形成好意同乘关系；若有偿搭载，船舶经营人与钓客之间形成服务合同关系。在好意同乘情形下，船舶经营人无偿施惠让他人免费搭乘，只有在驾驶船舶、管理船舶等方面存在过错导致搭乘人的人身损害时，应按照《侵权责任法》的有关规定进行赔偿，承担过错责任。若属于船舶经营人责任的，应当减轻其赔偿责任。本案原告未举证证明某杰的死亡这一损害结果与船方存在因果关系，应当承担举证不能的不利后果，其主张被告构成侵权并要求承担赔偿责任，不应得到支持。

【相关法条】

1.《中华人民共和国侵权责任法》（2021 年 1 月 1 日废止）

第六条 行为人因过错侵害他人民事权益，应当承担侵权责任。

根据法律规定推定行为人有过错，行为人不能证明自己没有过错的，应当承担侵权责任。

对应新法：

《中华人民共和国民法典》（2021 年 1 月 1 日施行）

第一千一百六十五条 行为人因过错侵害他人民事权益造成损害的，应当承担侵权责任。

依照法律规定推定行为人有过错，其不能证明自己没有过错的，应当承担侵权责任。

2.《最高人民法院关于审理人身损害赔偿案件适用法律若干问题的解释》（2004 年 5 月 1 日施行）

第六条第一款 从事住宿、餐饮、娱乐等经营活动或者其他社会活动的自然人、法人、其他组织，未尽合理限度范围内的安全保障义务致使他人遭受人身损害，赔偿权利人请求其承担相应赔偿责任的，人民法院应予支持。

第十七条 受害人遭受人身损害，因就医治疗支出的各项费用以及因误工减少的收入，包括医疗费、误工费、护理费、交通费、住宿费、住院伙食补助费、必要的营养费，赔偿义务人应当予以赔偿。

受害人因伤致残的，其因增加生活上需要所支出的必要费用以及因丧失劳动能力导致的收入损失，包括残疾赔偿金、残疾辅助器具费、被扶养人生活费，以及因康复护理、继续治疗实际发生的必要的康复费、护理费、后续治疗费，赔偿义务人也应当予以赔偿。

受害人死亡的，赔偿义务人除应当根据抢救治疗情况赔偿本条第一款规定的相关费用外，还应当赔偿丧葬费、被扶养人生活费、死亡补偿费以及受害人亲属办理丧葬事宜支出的交通费、住宿费和误工损失等其他合理费用。

第二十七条 丧葬费按照受诉法院所在地上一年度职工月平均工资标准，以六个月总额计算。

第二十九条 死亡赔偿金按照受诉法院所在地上一年度城镇居民人均可

支配收入或者农村居民人均纯收入标准，按二十年计算。但六十周岁以上的，年龄每增加一岁减少一年；七十五周岁以上的，按五年计算。

第三十五条 本解释所称“城镇居民人均可支配收入”、“农村居民人均纯收入”、“城镇居民人均消费性支出”、“农村居民人均年生活消费支出”、“职工平均工资”，按照政府统计部门公布的各省、自治区、直辖市以及经济特区和计划单列市上一年度相关统计数据确定。

“上一年度”，是指一审法庭辩论终结时的上一统计年度。

对应新法：

《中华人民共和国民法典》（2021 年 1 月 1 日施行）

第一千一百九十八条 宾馆、商场、银行、车站、机场、体育场馆、娱乐场所等经营场所、公共场所的经营者、管理者或者群众性活动的组织者，未尽到安全保障义务，造成他人损害的，应当承担侵权责任。

第一千一百七十九条 侵害他人造成人身损害的，应当赔偿医疗费、护理费、交通费、营养费、住院伙食补助费等为治疗和康复支出的合理费用，以及因误工减少的收入。造成残疾的，还应当赔偿辅助器具费和残疾赔偿金；造成死亡的，还应当赔偿丧葬费和死亡赔偿金。

《最高人民法院关于审理人身损害赔偿案件适用法律若干问题的解释》（2022 年 4 月 24 日修正）

第十四条 丧葬费按照受诉法院所在地上一年度职工月平均工资标准，以六个月总额计算。

第十五条 死亡赔偿金按照受诉法院所在地上一年度城镇居民人均可支配收入标准，按二十年计算。但六十周岁以上的，年龄每增加一岁减少一年；七十五周岁以上的，按五年计算。

第二十二条 本解释所称“城镇居民人均可支配收入”“城镇居民人均消费性支出”“职工平均工资”，按照政府统计部门公布的各省、自治区、直辖市以及经济特区和计划单列市上一年度相关统计数据确定。

“上一年度”，是指一审法庭辩论终结时的上一统计年度。

承办人：王　欣

编写人：王　欣　刘　昭

38. 张某、张某妍、宋某、宋某香诉荣成市泓某船业有限公司海上人身损害责任纠纷案

——渔港码头的经营人、管理人是否承担安全保障义务的认定

【合规提示】

本案系一起海上人身损害责任纠纷，起因系原告家属于涉案渔港码头死亡。原被告双方对被告是否违反安全保障义务而承担人身损害赔偿责任存在争议。本案中，四原告系死者家属，被告为涉案渔港码头的所有人、经营人及管理人。本案涉及对《民法典》第1198条规定的“公共场所”“经营场所”的理解与适用，在类似案件中，若涉案场所具备开放性、营利性、经营对象的不特定性等，极易被法院认定为上述法条中的“公共场所”或“经营场所”，其经营者或管理者需承担安全保障义务。因此，实践中，如本案被告一样从事渔港码头经营、管理的主体，无论其场所是否属于“公共场所”或“经营场所”，均应当具备一定的安全意识，在场所内设置一些安全设施或警示标志；作为进入渔港码头的完全民事行为能力人来说，要明白成年人需有对生命负责的态度，其是自身生命安危的第一责任人，不能对可预见的小风险抱有侥幸心理。

【案件信息】

1. 裁判文书字号

（2020）鲁72民初1660号、（2020）鲁民终3068号、（2021）最高法民申6221号

2. 当事人

原告：张某、张某妍、宋某、宋某香

被告：荣成市泓某船业有限公司

3. 关键词

民事　海上人身损害　渔港码头　公共场所　安全保障义务

【裁判要旨】

渔港码头的经营对象具有特定性，渔港码头具有相对封闭性，并不完全对外开放，应认定属于生产经营场所，不属于《侵权责任法》第 37 条规定的公共场所，故渔港经营者不应承担作为公共场所管理人的安全保障义务。

【基本案情】

2020 年 1 月 7 日，荣成市公安局石岛分局出具的死亡证明书记载：宋某连（系四原告亲属），女，2020 年 1 月 6 日在荣成市泓运码头（以下简称泓运码头）死亡，根据尸体检验、现场勘查、案情调查，死者符合溺水死亡（意外）。码头监控视频资料显示：2020 年 1 月 6 日 19 时 7 分 37 秒（监控时间），一辆车（由死者宋某连驾驶）驶向码头，19 时 7 分 58 秒停在码头前端右侧，车头超前，前方海中不远处有船舶并开启灯光，码头右侧有船舶停靠并开启灯光，码头左侧照明设施开启，且有车辆停靠和人员活动；19 时 8 分 6 秒，码头前方船舶灯光熄灭；19 时 8 分 40 秒，车辆继续前行；19 时 8 分 47 秒，车头前倾随即坠入海中。

原告张某、张某妍、宋某、宋某香诉称：因泓运码头临海区域未安装防护栏、码头未设置安全警示设施，亦无夜间反光带标志等安全保障设施设备，导致宋某连坠入海中溺水死亡。被告在码头经营管理过程中，忽视了码头的安全隐患，未尽到安全保障义务，导致了本案事故的发生，故应对宋某连的死亡承担赔偿责任。请求法院判令被告支付四原告赔偿款 1 108 887.17 元，并负担本案诉讼费用。在诉讼过程中，四原告主张被告应承担 50% 的赔偿责任，变更诉讼请求为被告应支付赔偿款 554 443.59 元。

被告荣成市泓某船业有限公司（以下简称泓某公司）辩称：（1）关于本案事实部分，据了解，四原告亲属宋某连多年从事非法出租车营运行业，长期在桃园码头、电业码头及被告的泓运码头从业，对涉案码头状况十分了解，并不是第一次去。据了解，2020 年 1 月 6 日 16 时许，宋某连到泓运码头拉三名船员，车辆停在码头西南位置，可能与船员没有谈妥出租价格，宋某连再次起步车辆时直接冲到海里，导致死亡。具体案情由荣成市公安局桃园边防派出所进行调查，以公安机关的调查结果为准。通过以上案情可以看出，宋某连对涉案码头充分了解，因操作不当造成死亡，与被告无关。（2）被告的泓运渔港经荣成市政府、山东省农业农村厅认定为渤海渔港范围，达到了渔港规定标准，并依法成立荣成市某海渔港渔船服务有限公司，更说明达到相关要求。（3）被告的泓运渔港并不是《侵权责任法》所规定的公共场所，渔港仅仅用于渔船靠泊、卸货、供养物资等。经查阅，没有法律法规规定渔港码头必须设立防护栏、安全警示标志、夜间反光带。虽然没有规定，但被告在码头设置了安全警示设施，有反光的油漆标志和夜间闪烁的警示灯。另外在码头上安装防护栏是不现实的，有了防护栏，渔船无法装卸物资。综上，请求依法驳回四原告的诉讼请求。

【裁判说理】

争议焦点：被告泓某公司是否应对宋某连的死亡事故承担损害赔偿责任。

青岛海事法院认为：本次事故系宋某连接到“辽某渔 55××9”渔船船员金某的电话要求其驾车前往泓运渔港拉客引发的，其并非被告的员工，也并非为被告提供服务，其驾驶的车辆没有统一的正规出租车标志，从事的是有偿载客服务。被告经营的渔港码头属于相对封闭的生产经营场所，并非为出租车行业提供服务，审理过程中经现场查看，其渔港门岗处有“出租车网约车禁止入内”的标志，码头处有“水深危险闲人不得入内”的标志。宋某连正确的做法是应当在渔港门外等待乘客，即使进入渔港，也应在停车区等待乘客，不应进入码头作业区域，但其驾车直奔码头作业区域停车，应承担相应的风险。停车时码头左侧有照明设施开启，右侧停靠船舶有灯光，车头正前方海中船舶有灯光，宋某连的汽车也有灯光，其在码头前端右侧区域停车，应对周围的环境有正常的判断。但宋某连拒绝拉客后驾驶车辆继续前行，约7秒后发生了坠海事故。依据本案现有证据，无法得知宋某连继续驾驶时的状态，无法认定坠海事故的发生原因，也无法认定被告对坠海事故的发生存在过错。本院认为，宋某连夜间驾车进入渔港码头作业区域拉客，具有相当的危险性，发生驾车坠海死亡事故应承担相应的驾驶风险。

四原告根据《侵权责任法》第 37 条第 1 款的规定，宾馆、商场、银行、车站、娱乐场所等公共场所的管理人或者群众性活动的组织者，未尽到安全保障义务，造成他人损害的，应当承担侵权责任，主张被告经营的涉案码头属于公共场所，宋某连未经阻拦进入码头，说明码头对外公开服务，无论进入码头拉人还是拉货，被告均应对进入码头的人员尽到安全保障义务。被告否认其经营的渔港码头属于公共场所。本院认为，案涉泓运渔港码头属于被告所有并经营，依据其营业执照的经营范围，经营对象具有特定性，渔港码头具有相对封闭性，并不完全对外开放，应认定属于生产经营场所，不属于侵权责任法规定的公共场所，故被告不应承担作为公共场所管理人的安全保障义务。

四原告根据《安全生产法》第 32 条的规定，生产经营单位应当在有较大危险因素的生产经营场所和有关设施、设备上，设置明显的安全警示标志，主张被告作为生产经营性企业，码头未设置明显的安全警示标志，码头沿海侧未添加、构建或设置阻拦、警示、安全等标志且照明不足，但未提交证据证明是否应在渔港码头设置安全警示标志及如何设置警示标志。

本院认为，被告的泓运渔港经相关政府及行政主管机关考评认定具有渔港经营资质，符合相关认定标准，能够正常开展生产经营活动，四原告未提交确切证据证明涉案码头存在安全隐患，且在渔港码头沿海侧安装防护栏在现实中具有不合理性，一旦安装势必妨碍渔船装卸物资，不利于码头正常经营。被告的渔港码头有相关的禁入标志，涉案事故发生时，码头开启了照明设施且码头边缘有黄色标线（具有警示作用），被告也未实施侵权行为，应当认定已经尽到了正常的安全保障义务，不应过重要求其承担对不应进入码头作业区域人员的安全保障义务，故宋某连的死亡与四原告认为被告未设置相关设施标志并无直接因果关系。宋某连作为一名合格的正常的驾驶人员，在没有外力作用的影响下，自身应对自行驾驶车辆坠落海中身亡，负全部责任。

青岛海事法院于 2020 年 10 月 28 日作出（2020）鲁 72 民初 1660 号民事判决书，判决驳回四原告的诉讼请求。

张某、张某妍、宋某、宋某香不服一审判决，上诉至山东省高级人民法院。经审理，山东省高级人民法院于 2021 年 2 月 1 日作出（2020）鲁民终 3068 号民事判决书，判决驳回上诉，维持原判。

张某、张某妍、宋某、宋某香不服二审判决，向最高人民法院申请再审。经审查，最高人民法院作出（2021）最高法民申 6221 号民事裁定书，裁定驳回再审申请。

【法官后语】

随着青岛海事法院在烟台、威海、日照、石岛等沿海发达的港口城市设立派出法庭，以往让人感觉陌生和神秘的海事审判突破了行政区域的限制，来到了广大渔村地区。在这些渔业经济发达地区，渔港数量众多，以本案事故发生地石岛法庭驻地荣成市为例，荣成市连续 38 年位居全国渔业第一大县，拥有海岸线 1000 华里、各类渔港码头 77 处，其中重点渔港 32 处，近海和远洋捕捞渔船 2200 多艘、海洋渔业从业人员 25 万多名，具有渔港多、渔船多、渔民多、海岸线长等特点。海事法院法官在审理海上人身损害责任纠纷案件中，会遇到这类特殊情形：外来人员驾驶车辆进入渔港码头，在无外力作用影响下发生意外随车坠海死亡，死者家属要求渔港经营者承担损害赔偿责任。在案件审理过程中，当事人双方在责任承担方面存在较大争议。该类案件数量虽然不多，也并不常见，但在渔业地区极具典型性、代表性，审理效果如何，对海事法院的社会形象影响很大。现实中，许多渔村地区的简易码头受制于地理位置、行业习惯、经营情况、管理权限等因素影响，无法做到完全封闭管理，无法完全隔离外来人员进入。因此，海事法院正确审理该类案件，对于维护社会公平正义，实现办案的法律效果和社会效果相统一，进一步弘扬社会主义核心价值观，具有十分重大的意义。

审理该类案件的思路是，先认定外来人员的行为是否与渔港经营范围有关，后认定事故发生是否与渔港管理有关。如上述两种情况均予排除，那么案件审理的关键是认定渔港是否属于《侵权责任法》第 37 条中规定的公共场所，渔港经营者是否应承担作为公共场所管理人的安全保障义务。

2021 年 1 月 1 日，《民法典》正式施行，《侵权责任法》废止。《民法典》第 1165 条规定保留了行为人的过错责任原则。第 1198 条第 1 款规定：宾馆、商场、银行、车站、机场、体育场馆、娱乐场所等经营场所、公共场所的经营者、管理者或者群众性活动的组织者，未尽到安全保障义务，造成他人损害的，应当承担侵权责任。该条款表述相较于《侵权责任法》第 37 条第 1 款有所变化，将原“公共场所的管理人”修改为“经营场所、公共场所的经营者、管理者”，场所列举范围增加了“机场、体育场馆”两处场所，并且基本上都兼具了经营场所和公共场所两处特征。渔港码头仍不在列举范围之内。

因此，在审判实践中，法官应正确理解和适用该条款，不能脱离具体的法律语境，不得随意扩大场所的适用范围，更不应让渔港经营者承担作为公共场所管理人的安全保障义务。

【相关法条】

1.《中华人民共和国民法总则》（2021 年 1 月 1 日废止）

第一百七十六条 民事主体依照法律规定和当事人约定，履行民事义务，承担民事责任。

对应新法：

《中华人民共和国民法典》（2021 年 1 月 1 日施行）

第一百七十六条 民事主体依照法律规定或者按照当事人约定，履行民事义务，承担民事责任。

2.《中华人民共和国侵权责任法》（2021 年 1 月 1 日废止）

第六条 行为人因过错侵害他人民事权益，应当承担侵权责任。

根据法律规定推定行为人有过错，行为人不能证明自己没有过错的，应当承担侵权责任。

第三十七条 宾馆、商场、银行、车站、娱乐场所等公共场所的管理人或者群众性活动的组织者，未尽到安全保障义务，造成他人损害的，应当承担侵权责任。

因第三人的行为造成他人损害的，由第三人承担侵权责任；管理人或者组织者未尽到安全保障义务的，承担相应的补充责任。

对应新法：

《中华人民共和国民法典》（2021 年 1 月 1 日施行）

第一千一百六十五条 行为人因过错侵害他人民事权益造成损害的，应当承担侵权责任。

依照法律规定推定行为人有过错，其不能证明自己没有过错的，应当承担侵权责任。

第一千一百九十八条 宾馆、商场、银行、车站、机场、体育场馆、娱乐场所等经营场所、公共场所的经营者、管理者或者群众性活动的组织者，未尽到安全保障义务，造成他人损害的，应当承担侵权责任。

因第三人的行为造成他人损害的，由第三人承担侵权责任；经营者、管理者或者组织者未尽到安全保障义务的，承担相应的补充责任。经营者、管理者或者组织者承担补充责任后，可以向第三人追偿。

3.《中华人民共和国安全生产法》（2021 年 6 月 10 日修正）

第三十五条 生产经营单位应当在有较大危险因素的生产经营场所和有关设施、设备上，设置明显的安全警示标志。

承办人：曲燕军

编写人：曲燕军 刘 昭

39. 葛某甲、李某某诉赵某某、迟某甲海上人身损害责任纠纷案

——夫妻共同债务的认定

【合规提示】

本案系一起因船员跟随船东渔船作业中死亡，原告诉被告人身损害赔偿责任纠纷的案件。双方对夫妻一方对另一方经营渔船期间所拖欠的债务，能否认定为夫妻共同债务产生争议。法院对于夫妻共同债务的认定，应在明晰案件事实的基础上作出界定，在此基础之上确定人身损害赔偿的范围。对于船东而言，应挑选具备海上作业从业经验的船员，并签订上船协议。船东应当采取积极、有效的预防和保障措施，防止船员在船工作期间发生职业事故和疾病。

【案件信息】

1. 裁判文书字号

（2020）鲁 72 民初 1806 号

2. 当事人

原告：葛某甲、李某某

被告：赵某某、迟某甲

3. 关键词

民事　海上人身损害　夫妻共同债务　死亡赔偿责任

【裁判要旨】

1. 夫妻一方在婚姻关系存续期间以个人名义超出家庭日常生活需要所负的债务，债权人以属于夫妻共同债务为由主张权利的，人民法院不予支持，但债权人能够证明该债务用于夫妻共同生活、共同生产经营或者基于夫妻双方共同意思表示的除外。

2. 继承遗产应当清偿被继承人依法应当缴纳的税款和债务，缴纳税款和清偿债务以他的遗产实际价值为限。超过遗产实际价值部分，继承人自愿偿还的不在此限。继承人放弃继承的，对被继承人依法应当缴纳的税款和债务可以不负偿还责任。

3. 根据《民法典》第1145条、第1147条的规定，继承开始后，遗嘱执行人为遗产管理人；没有遗嘱执行人的，继承人应当及时推选遗产管理人；继承人未推选的，由继承人共同担任遗产管理人。遗产管理人应当履行以下职责：清理遗产并制作遗产清单；向继承人报告遗产情况；采取必要措施防止遗产毁损、灭失；处理被继承人的债权债务；按照遗嘱或者依照法律规定分割遗产；实施与管理遗产有关的其他必要行为。

【基本案情】

迟某乙与被告赵某某系夫妻关系，二人生育一女为被告迟某甲。迟某乙于2020年2月23日因病死亡，未设立遗嘱。迟某乙的父亲迟某丙于2014年2月23日死亡，母亲陈某某于2009年6月6日死亡。迟某乙的遗产按照法定继承处理，迟某乙遗产的法定第一顺序继承人为被告赵某某和迟某甲。

2017年10月17日，原告葛某甲与迟某乙签订协议书，协议书内容写明：2017年9月16日原告葛某甲的直系亲属葛某乙在随“辽某渔23××9”号渔船作业过程中被钢丝绳打死，后报案至荣成市石岛海警，查实葛某乙确已死亡，双方对此事实均无异议。迟某乙同意支付给原告葛某甲包括且不仅限于死亡赔偿金、丧葬费、被扶养人生活费、精神损害抚慰金、交通费、住宿费、工资等所有一切费用，共计人民币70万元整。上述所列项目不足部分，原告葛某甲自愿放弃，迟某乙予以同意。双方商定，上述70万元赔偿款在保险理赔款理赔完毕后一次性付清。原告提供的山东省渔业互保协会荣成市办事处盖章的付款明细证明，该协会荣成市办事处已将赔偿款70万元支付至收款方为迟某乙的账户。

2020年4月15日，本院依据原告葛某甲、李某某的申请依法作出（2020）鲁72财保104号民事裁定书，依法扣押了“辽某渔23××9”号渔船。原告为此支付担保费2000元、申请费4020元。4月30日，原告葛某甲、李某某就本案纠纷向本院起诉迟某乙，6月22日本院驳回起诉，并解除了对“辽某渔23××9”号渔船的扣押。

被告迟某甲工商银行借记卡从2020年1月10日至2020年2月26日的账户明细显示：2020年1月10日至2020年1月16日，该账户向会计孙某某的丈夫转款两笔共计164 400元，向被告迟某甲另一账户转款20 909.62元，账户余额为67 150.82元。2020年1月17日，该账户收到卖船定金10万元。2020年1月21日，该账户又向会计孙某某的丈夫转款40 000元。2020年1月27日，该账户向被告赵某某转款26 186元。2020年2月3日、4日，该账户向迟某乙转款两笔，分别转款10 802.41元、14 999.67元。2020年2月9日，该账户向被告迟某甲的另一账户转款16 771.11元。2020年2月14日，该账户向被告迟某甲的另一账户及被告赵某某分别转款10 454.81元。2020年2月23日，该账户向被告赵某某转款12 506元。2020年2月26日，该账户向迟某乙的另一账户转款1136元。余款数为23 839.66元。

原告提出诉讼请求：判令被告向原告支付赔偿款70万元及利息；被告负担扣船申请费4020元及扣船保险服务费2000元；被告承担本案诉讼费用。

两被告辩称：（1）原告诉请不符合原告与迟某乙协议书约定的赔付条件。原告葛某甲作为受害人葛某乙的父亲，与迟某乙生前签订的《协议书》第2条约定的“甲乙双方商定上述700 000元赔偿款待保险理赔款理赔完毕后一次性付清”，而原告并未证明双方是否办理了保险理赔等相关事宜。这一事实系迟某乙支付赔偿款的前提条件。（2）根据《侵权责任法》第26条等的相关规定，受害人在涉案事故中存在过错，应当减轻赔付责任。被告未见到受害人的相关船员适任证书，受害人不具备船员任职及出海作业资格，应当减轻赔付人的赔付责任。（3）被告仅应当在继承迟某乙遗产范围内，对法院依法查明确认的迟某乙的涉案债务承担偿还责任。（4）原告主张赔偿款的利息，被告不予认可；被告扣押船舶提供的保险担保费用2000元，不属于被告法定应当承担的内容，不予认可。（5）两被告分别各自有独立的工作和收入来源，从未参与迟某乙对涉案渔船的经营管理，原告没有证据证明涉案渔船盈利且两被告受益，两被告应当在继承迟某乙遗产范围内，依法承担相应责任。

【裁判说理】

争议焦点：夫妻一方对另一方经营渔船期间所拖欠的债务，能否认定为夫妻共同债务。

青岛海事法院认为：2021 年 1 月 1 日起，《民法典》开始实施，本院依据《最高人民法院关于适用〈中华人民共和国民法典〉时间效力的若干规定》的相关规定确定本案纠纷适用的相关法律规定。

原被告均认可 2017 年 10 月 17 日原告葛某甲与迟某乙签订的协议书，原被告的认可行为发生于《民法典》实施以后，赔偿协议的履行持续至《民法典》实施以后，协议书的成立以及效力应当依据《民法典》的相关规定予以判定，该协议书不违反《民法典》，具有法律效力。根据山东省渔业互保协会荣成市办事处盖章的付款明细，该协会荣成市办事处已将赔偿款 70 万元支付给迟某乙，迟某乙应当向两原告支付 70 万元。赔偿协议约定，上述 70 万元赔偿款在保险理赔款理赔完毕后一次性付清，原告没有提供证据证明上述 70 万元赔偿款保险理赔完毕的时间，本院自 2020 年 9 月 1 日原告提起诉讼之日起至款项付清之日按照全国银行间同业拆借中心公布的贷款市场报价利率计算利息。2020 年 4 月 15 日，原告葛某甲、李某某因申请扣押了“辽某渔 23××9”号渔船支付担保费 2000 元、申请费 4020 元，但是本院驳回两原告的起诉，原告葛某甲、李某某因此支付的担保费 2000 元、申请费 4020 元应当自负。

葛某乙死亡发生于 2017 年，依据《最高人民法院关于适用〈中华人民共和国民法典〉时间效力的若干规定》第 1 条第 2 款的规定，被告赵某某是否对葛某乙的死亡承担赔偿责任，应当适用当时的法律规定。《最高人民法院关于审理涉及夫妻债务纠纷案件适用法律有关问题的解释》第 3 条规定，夫妻一方在婚姻关系存续期间以个人名义超出家庭日常生活需要所负的债务，债权人以属于夫妻共同债务为由主张权利的，人民法院不予支持，但债权人能够证明该债务用于夫妻共同生活、共同生产经营或者基于夫妻双方共同意思表示的除外。根据上述规定，在夫妻关系存续期间夫妻财产法定共有以及约定所有的财产制度情况下，不能确定债务人为个人财产所实施的行为时，债权人承担债务人所负债务为夫妻共同债务的举证义务，否则，承担对其不利的法律后果。两原告主张被告赵某某对葛某乙的死亡承担赔偿责任，被告赵某某不认可该笔款项为夫妻共同债务，两原告主张的债权是迟某乙经营渔船期间所负的债务，两原告应当提供证据证明迟某乙与被告赵某某共同经营渔船、渔船的经营收入用于迟某乙与被告赵某某夫妻共同生活，或者该笔债务是迟某乙与被告赵某某共同意思表示的结果。根据被告迟某甲提供的2020年1月10日至2020年2月26日工商银行账户明细，该账户为开户人为被告迟某甲，无论该账户是否为被告迟某甲控制、使用，均应当认定被告迟某甲对该账户所发生的资金往来以及变动知晓，并且承担相应的法律后果。被告迟某甲的该账户向会计孙某某的丈夫转款用于渔船经营，并接收渔船转让的定金，该账户用于渔船经营活动。原被告均没有提供相应的证据证明2020年1月10日该账户汇出款项及余额来源及归属。2020年1月17日，该账户入账10万元渔船转让定金时，余额为67 150.82元，亦没有证据证明该余额资金的来源及归属，也不能认定该余额为迟某乙经营渔船的款项。2020年1月17日至2020年2月26日，该账户向被告赵某某的账户汇款49 146.81元，向被告迟某甲的其他账户汇款27 225.92元，共计汇款76 372.73元，汇款数额大于该账户原余额67 150.82元，因此被告赵某某、迟某甲使用了渔船转让定金。被告赵某某、迟某甲对此的解释为，当时迟某乙已经病重需要用钱治病，临时借了迟某甲和赵某某的信用卡刷卡就医，后偿还信用卡，被告没有就此提供相应的证据，但是迟某乙的医疗费用属于迟某乙与被告赵某某夫妻共同生活的费用，可以认定迟某乙经营渔船的收入用于迟某乙与被告赵某某夫妻共同生活。被告解释，2020年2月26日向迟某乙另一账户转账是赵某某收到银行短信后操作转账还款迟某乙的信用卡，但是没有说明欠款的原因，被告也没有说明2020年2月3日、4日向迟某乙账户汇款的事由以及用途，因此，被告赵某某对原告主张的70万元债务负有民事清偿责任。

被继承人迟某乙于2020年2月去世。被告迟某甲于当年声明放弃对迟某乙遗产的继承。依据《最高人民法院关于适用〈中华人民共和国民法典〉时间效力的若干规定》第1条第2款的规定，被告赵某某和迟某甲是否依据遗产处理的相关法律规定对本案承担赔偿责任，应当适用当时的法律规定。《继承法》第33条规定，继承遗产应当清偿被继承人依法应当缴纳的税款和债务，缴纳税款和清偿债务以他的遗产实际价值为限。超过遗产实际价值部分，继承人自愿偿还的不在此限。继承人放弃继承的，对被继承人依法应当缴纳的税款和债务可以不负偿还责任。被告赵某某和迟某甲作为迟某乙遗产的法定第一顺序继承人，依据遗产处理的相关法律规定应当在继承迟某乙遗产的范围内承担民事清偿责任。被告迟某甲放弃对迟某乙遗产的继承，葛某甲也未提供证据证明被告迟某甲继承了迟某乙的遗产，被告迟某甲依据遗产处理的相关法律规定对迟某乙欠付原告的赔偿款不负有民事清偿责任。即使被告迟某甲有一银行账户用于收取卖出的货款、支出渔船经营的费用，也不能认定被告迟某甲对渔船经营的债务承担民事清偿责任，依据被告迟某甲上述银行账户明细不足以认定被告迟某甲对两原告主张的诉讼请求负有民事清偿责任。两原告主张被告迟某甲承担民事清偿责任，不符合法律规定，本院不予以支持。

原告主张，被告已经擅自转移、变卖案涉船用物资数十万元，被告对此辩称，物资的处理是在本案开庭前的不久时间，为解决迟某乙生前的相关债权债务纠纷，赵某某个人作出的偿债处分，不属于船舶的经营管理，也不属于转移财产。原被告均未提供证据予以证明相关的具体情况。依据《最高人民法院关于适用〈中华人民共和国民法典〉时间效力的若干规定》第 3 条的规定，原被告的上述争议适用《民法典》第 1145 条、第 1147 条的规定，根据该两条规定，被告赵某某是迟某乙的遗产管理人，有处理被继承人迟某乙债权债务的职责，原告主张被告擅自转移、变卖案涉船用物资数十万元，依据不足，本院不予支持。

【法官后语】

本案涉及夫妻一方对另一方经营渔船期间所拖欠的债务，能否认定为夫妻共同债务。这一问题涉及夫妻关系存续期间夫妻的财产制度。本案被告赵某某从未参与渔船的经营活动，也没有证据证明被告赵某某直接管理渔船的经营收入，许多雇员也不认识被告赵某某。渔船经营的资金变动属于个人信息和隐私。对上述信息的证明责任，原告方作为船员处于举证能力的弱势地位，极难证明被告款项用于家庭共同生活，也无法提供证据证明本案涉及的债务是被告赵某某夫妻双方共同意思表示。本案原告主张的债权被认定为夫妻共同债务，其依据就是被告提供的银行交易明细中，涉及的款项被证明用于夫妻共同生活，因此原告主张的本案债务是夫妻共同债务。

一、夫妻关系存续期间夫妻共同债务和夫妻一方个人债务的界定

本案中原被告之间的债务是否属于夫妻共同债务，争议较大，债务性质的界定极大地影响了当事人的权益。夫妻关系存续期间共同债务的界定是难点和热点。我国法律对夫妻共同债务、夫妻个人债务的概念没有规定，而是主要通过列举的方式规定夫妻共同债务和夫妻个人债务。一般认为，夫妻共同债务是指夫妻二人在夫妻关系存续期间为夫妻共同生活所负的债务。夫妻个人债务是指夫妻单独一方所负的债务或者夫妻间约定为一方承担的债务。

二、夫妻关系存续期间夫妻债务司法认定规则思路的转变

1950 年颁布的《婚姻法》是我国第一部成文法律。该法规定了夫妻双方对家庭财产具有平等的所有权和处理权，该条款确立了夫妻财产法定共同共有制。1980 年我国通过的新《婚姻法》增加了财产约定所有制的规定。《婚姻法》历经 2001 年、2011 年和 2015 年三次修改后，对夫妻关系存续期间取得的财产规定了两种财产制度即财产法定所有制和财产约定所有制，财产法定所有制分为财产法定共同共有制和财产法定个人所有制。由于现实中出现了夫妻一方与债权人沟通损害另一方的合法权益的情况，为了在保护债权人和未举债夫妻一方合法利益的同时，平衡保护各方面的合法利益，合理分配举证责任，最高人民法院出台了《关于适用〈中华人民共和国婚姻法〉若干问题的解释（二）》，其中第 24 条规定，债权人就婚姻关系存续期间夫妻一方以个人名义所负债务主张权利的，应当按夫妻共同债务处理。但夫妻一方能够证明债权人与债务人明确约定为个人债务，或者能够证明属于《婚姻法》第 19 条第 3 款规定的情形除外。该条规定将不属于夫妻共同债务的举证责任分配给否认夫妻共同债务的一方当事人，极大程度地保护了债权人的合法利益，维护了交易安全。

由于民事活动的复杂多样性，夫妻共同债务的认定越来越复杂，现实生活中出现了夫妻一方与债权人恶意串通损害另一方合法权益的情况，甚至出现虚假夫妻债务、非法债务的情况。因此，最高人民法院颁布了《关于审理涉及夫妻债务纠纷案件适用法律有关问题的解释》，该司法解释确立了夫妻共同债务认定的共债共签原则。上述规定被《民法典》第 1064 条全部吸纳。但在本案中，上述规定也未能完全解决夫妻共同债务的认定标准、举证责任分配的相关问题。

三、夫妻共同债务司法认定规则的重构

首先要分析夫妻关系存续期间，夫妻如何从事民事行为。

夫妻关系存续期间，财产法定所有制是公开的、法定的，而财产约定所有制是例外，属于夫妻双方的个人约定。无论夫妻之间采用财产法定所有制，还是财产约定所有制，都属于夫妻二人之间的事情，也属于个人隐私，该信息不需要对婚姻家庭以外的人员公开公示，家庭以外的人员也没有权利要求夫妻二人披露上述信息。家庭以外的人员获悉夫妻采取财产方式的情况除外。

夫妻一方以个人名义从事除日常家事代理之外的交易行为，尤其是长期从事经营行为，另一方对该情况明知或者采取默认的态度，夫妻双方公开个人所有情况的，不在讨论范围之内。夫妻一方从事交易活动，尤其是经营活动，绝大多数行为的出发点以及目的是解决家庭事务，提高家庭生活水平，因此产生的债务，应当认定为夫妻共同债务。在默认的情况下，赋予了夫妻另一方选择为个人债务的权利，从而达到逃避偿还债务的结果，未能较好地保护债权人的合法权益。此种困境是因为夫妻二人所采取的财产所有方式不透明导致的。我国未区分夫妻关系存续期间夫妻二人从事民事行为和商事行为的不同情况以及后果，这也加重了此种困境。与其让债权人承担难度极大的举证责任以及举证不能的不利后果，并且因此增加社会交易成本，不如完善夫妻财产关系，以及明示经营时承担民事清偿责任的财产范围，既能较好地保护夫妻感情，也能维护夫妻二人以及债权人三方的合法权益：其一，规范市场主体资格，从事商业行为应当取得营业执照，以此引导夫妻双方向外明示承担民事责任的财产范围，也有利于主管部门进行市场监管。其二，除日常家事代理之外的交易行为采取区分民事行为和商事行为的不同举证原则。

【相关法条】

1.《中华人民共和国民法典》（2021 年 1 月 1 日施行）

第一千零三十四条　自然人的个人信息受法律保护。

个人信息是以电子或者其他方式记录的能够单独或者与其他信息结合识别特定自然人的各种信息，包括自然人的姓名、出生日期、身份证件号码、生物识别信息、住址、电话号码、电子邮箱、健康信息、行踪信息等。

个人信息中的私密信息，适用有关隐私权的规定；没有规定的，适用有关个人信息保护的规定。

第一千零六十四条　夫妻双方共同签名或者夫妻一方事后追认等共同意思表示所负的债务，以及夫妻一方在婚姻关系存续期间以个人名义为家庭日常生活需要所负的债务，属于夫妻共同债务。

夫妻一方在婚姻关系存续期间以个人名义超出家庭日常生活需要所负的债务，不属于夫妻共同债务；但是，债权人能够证明该债务用于夫妻共同生活、共同生产经营或者基于夫妻双方共同意思表示的除外。

第一千一百四十五条 继承开始后，遗嘱执行人为遗产管理人；没有遗嘱执行人的，继承人应当及时推选遗产管理人；继承人未推选的，由继承人共同担任遗产管理人；没有继承人或者继承人均放弃继承的，由被继承人生前住所地的民政部门或者村民委员会担任遗产管理人。

第一千一百四十七条 遗产管理人应当履行下列职责：

（一）清理遗产并制作遗产清单；

（二）向继承人报告遗产情况；

（三）采取必要措施防止遗产毁损、灭失；

（四）处理被继承人的债权债务；

（五）按照遗嘱或者依照法律规定分割遗产；

（六）实施与管理遗产有关的其他必要行为。

2.《中华人民共和国继承法》（2021 年 1 月 1 日废止）

第三十三条 继承遗产应当清偿被继承人依法应当缴纳的税款和债务，缴纳税款和清偿债务以他的遗产实际价值为限。超过遗产实际价值部分，继承人自愿偿还的不在此限。

继承人放弃继承的，对被继承人依法应当缴纳的税款和债务可以不负偿还责任。

对应新法：

《中华人民共和国民法典》（2021 年 1 月 1 日施行）

第一千一百六十一条 继承人以所得遗产实际价值为限清偿被继承人依法应当缴纳的税款和债务。超过遗产实际价值部分，继承人自愿偿还的不在此限。

继承人放弃继承的，对被继承人依法应当缴纳的税款和债务可以不负清偿责任。

3.《中华人民共和国民事诉讼法》（2023 年 9 月 1 日修正）

第六十七条 当事人对自己提出的主张，有责任提供证据。

当事人及其诉讼代理人因客观原因不能自行收集的证据，或者人民法院认为审理案件需要的证据，人民法院应当调查收集。

人民法院应当按照法定程序，全面地、客观地审查核实证据。

4.《最高人民法院关于适用〈中华人民共和国民法典〉时间效力的若干规定》（2021 年 1 月 1 日施行）

第一条 民法典施行后的法律事实引起的民事纠纷案件，适用民法典的规定。

民法典施行前的法律事实引起的民事纠纷案件，适用当时的法律、司法解释的规定，但是法律、司法解释另有规定的除外。

民法典施行前的法律事实持续至民法典施行后，该法律事实引起的民事纠纷案件，适用民法典的规定，但是法律、司法解释另有规定的除外。

承办人：马维东

编写人：马维东　崔婷婷

40. 陈某涛诉刘某平等六被告海上人身损害责任纠纷案

——认真践行“小案事不小，小案不小办”理念

【合规提示】

本案系一起海上人身损害责任纠纷案件。对于船员而言，在履行过程中遭受人身损害的，应及时主张行使船舶优先权；对于船主而言，在船员遭受人身损害时，应当履行赔偿义务。

【案件信息】

1. 裁判文书字号

（2019）鲁 72 民初 80 号

2. 当事人

原告：陈某涛

被告：江苏某疏浚工程有限公司、泰州市某运输有限公司、刘某平、刘某莉、龚某新、王某贞

3. 关键词

民事　海上人身损害　调解

【裁判要旨】

对于涉及人民群众“急难愁盼”问题的小案，必须坚持实质性化解矛盾、解决问题，把“案结事了”、依法实质性化解纠纷作为目标，避免程序空转，劳民伤财。

【基本案情】

陈某涛系远洋船长，在家休假期间，临时受江苏某疏浚工程有限公司（以下简称某疏浚公司）雇佣到某疏浚船组担任船长职务。陈某涛在船工作期间，头部受伤遭受严重损害，虽经多家医院治疗，但依然造成四肢瘫、大部护理依赖、智力缺失的严重后果。因某疏浚公司拒不赔偿，陈某涛在向劳动仲裁机构申请仲裁无果后，向青岛海事法院提起诉讼，请求判令被告赔偿各项损失 2 029 694 元，并申请对其智力障碍等级进行鉴定。陈某涛起诉时，已经超过了船舶优先权行使期限，而且此时疏浚船已转让多次，某疏浚公司名下无任何财产。按照常规做法一判了之虽然简单，但陈某涛最终可能只能拿到一份胜诉判决书却实际得不到一分赔偿款。为最大限度维护弱势群体的合法权益，主审法官到江苏海事机关调取了该疏浚船的全部船舶登记资料和相关企业的工商登记信息，查明案发时疏浚船是刘某平、龚某新的共同财产，挂靠登记在泰州市某运输有限公司（以下简称某运输公司）名下，由某疏浚公司使用，案发后刘某平、龚某新又将各自船舶所有权份额变更登记在亲属刘某莉、王某贞名下。经走访业主单位，案发时的疏浚业务实际是刘某平、龚某新以某疏浚公司名义合伙经营，遂依法追加刘某平、龚某新、刘某莉、王某贞为本案被告。经过耐心细致的工作，敦促刘某平、龚某新以及刘某莉、王某贞将心比心，换位思考，最终促成双方达成调解协议，赔偿陈某涛各项损失总计 140 万元。但协议达成后，刘某平、龚某新又表示拿不出现款，需追讨回外面拖欠的施工款才能赔偿。虽然此时该案已经调解结案，但主审法官本着案结事了的目的，多次到拖欠工程款的两家单位协调，两家单位起初

均以种种理由推脱，但经过一轮轮的情理法交融沟通，最终都同意偿还施工款并汇缴至法院。至此，调解协议全部履行完毕，140 万元赔偿款一分不少地划到陈某涛家人的账户。

【裁判说理】

争议焦点：对于民生案件，可依职权主动调查、追加被告。

青岛海事法院于 2019 年 12 月 12 日作出（2019）鲁 72 民初 80 号民事调解书，对当事人达成的调解协议予以确认。

【法官后语】

在海事审判实践中，涉及生命健康权的海上人身损害责任纠纷案件占有一定比例。这其中又有相当数量的案件，虽然受害人拿到了胜诉判决，但最终无法执行到位，导致案结事不了。对于此类涉及人民群众“急难愁盼”问题的小案，必须坚持实质性化解矛盾、解决问题，把“案结事了”、依法实质性化解纠纷作为目标，避免程序空转，劳民伤财。而要实现这一目标，就必须摒弃消极审判、机械执法、就案办案等顽疾，将依法履职贯穿于审判的全过程。这也是本案最大的亮点。一个原本无解的案件，正是通过法院调查依法追加被告，最终调解结案并即时履行，同时还解决了被告之间的合伙纠纷、被告与案外人的施工合同纠纷，做足、做实、做细了化解矛盾、服判息诉的功课，既避免了人身损害责任纠纷的后续诉讼程序，还化解了本案审理过程中暴露出的其他多起纠纷，真正实现了政治效果、法律效果和社会效果的有机统一。领到赔偿款后，陈某涛家人专程从外地赶来赠送锦旗，并向办案法官深深鞠躬致谢，在返回的路上还向法官发送感言。

司法为民，不仅要有“以人民为中心”的司法担当，还要有“以人民为中心”的司法情怀，更要有“以人民为中心”的司法智慧。依法履职便是践行司法为民的重要举措。面对人民群众日益增长的多元司法需求，需要主动靠前服务、主动转变观念、主动担当作为。

原告起诉时已超过了船舶优先权行使期限，无法通过拍卖船舶获赔，而且事发船舶也早已转让两轮，某疏浚公司名下也无任何财产，如果简单“依法”下判着实容易，但必然会引发关联的多案，原告即使胜诉最终也无法实际获赔。在此情形下，审判人员将工作再往前进一步，依法查明疏浚船事发时系刘某平、龚某新的合伙财产，经释明依法追加刘某平、龚某新为被告，让受害人看到了曙光。

追加被告后，龚某新情绪激动，认为其虽是疏浚船的共有人，但原告系刘某平经营的某疏浚公司雇佣，其不应承担责任。审判人员通过进一步调查发现，案发时的疏浚业务虽然是由某疏浚公司对外签订合同，但实际是由刘某平、龚某新合伙经营，经营收益双方五五分成。通过耐心讲解法律规定，并召集双方对合伙账目进行清算，最终龚某新同意赔偿，原告、被告达成了调解协议，法院出具了调解书。

调解结案后，按理说本案的诉讼程序已经结束，但法官并未就此止步。由于业主拖欠刘某平、龚某新工程款，导致刘某平、龚某新无法履行调解协议，刘某平、龚某新也多次催要，但都无功而返。在获悉这一情况后，办案法官多次往返业主单位进行协调，经过一轮轮情理法的思想交锋，业主单位最终被法官的为民情怀打动，同意偿还施工款并汇缴至法院。至此，原告足额领取到赔偿款，刘某平与龚某新的合伙纠纷，刘某平、龚某新与业主单位的施工合同纠纷也随本案一并化解，避免了衍生案件，最终实现了案结事了。

承办人：张　勇

编写人：张　勇

41. 劳某某诉青岛鹏某国际船舶管理有限公司、香港和某国际海运有限公司劳动合同纠纷案

——船员人身损害赔偿责任的认定

【合规提示】

本案系一起船员诉劳务派遣单位、用工单位的劳动合同纠纷案。双方对应否承担人身损害赔偿责任产生争议。对于船员而言，应及时与劳务派遣单

位、用工单位签订劳动合同，尤其要注意工伤保险条款。如工作期间发生事故或患职业病，应在事故发生之日或者被诊断、鉴定为职业病之日起 1 年内，向用人单位所在地社会保险行政部门提出工伤认定申请，然后再申请享受工伤保险待遇。对于劳务派遣单位而言，应积极为船员缴纳工伤保险，保证劳动者上岗前都已经参加工伤保险并已经生效，在劳务派遣合同中明确约定发生工伤应由用人单位承担的部分由实际用工单位承担。对于用工单位而言，应在合同中对工伤事故、劳动纠纷等的赔偿分担比例作出明确约定。

【案件信息】

1. 裁判文书字号

（2018）鲁 72 民初 1554 号、（2020）鲁民终 1666 号

2. 当事人

原告：劳某某

被告：青岛鹏某国际船舶管理有限公司、香港和某国际海运有限公司

3. 关键词

民事　海上人身损害　劳动合同　工伤保险

【裁判要旨】

1. 是否签订劳动合同是判断是否存在劳动合同关系的依据。如果没有签订劳动合同，但若签订的合同中载明了劳动期限、劳动安全和劳动保护、参加社保及劳动协议变更、解除条件等内容的，则视为劳动合同，应当认定合同双方存在劳动合同关系。

2. 同一案件中，若存在不同的民事法律关系，则应当审查不同的事实依据，依据不同的法律判断当事人应当承担的责任。

【基本案情】

劳某某（原告）在 2016 年 4 月由青岛鹏某国际船舶管理有限公司（第一被告）派遣至香港和某国际海运有限公司（第二被告）所属中国香港籍轮船工作，并于 2016 年 4 月 25 日签订《船员劳务协议》，该协议中约定社会保险由个人自行缴纳。原告工作中接触油漆、柴油、重油等化学品，且工作疲劳，高温作业，导致 2016 年 6 月 23 日在船发病，出现高烧、低烧，持续时间十

几天。2016 年 7 月 3 日，下船到医院治疗，经医院诊断为急性重型获得性再生障碍性贫血，辗转几家医院治疗，现仍无好转迹象。2016 年 10 月 2 日，第一被告给原告通知函，载明因船员岗位的特殊性以及劳某某目前身体状况，其已无法继续履行《船员劳务协议》所约定的工作，通知其自 2016 年 10 月 5 日起解除双方劳务关系。

衡阳市民典司法鉴定所于 2019 年 9 月 4 日出具了司法鉴定意见书。该鉴定意见认为，被鉴定人劳某某工作中接触油漆、柴油重油等化工品，且机舱通风不好、温度较高，是导致获得急性再生障碍性贫血发病的主要原因，其再生障碍性贫血与其工作环境有因果关系。其工作环境是本例获得性急性再生障碍性贫血的主要原因，可以列入职业病范畴。鉴定人出庭接受质询时陈述：工作环境的化学因素是导致劳某某再生障碍性贫血的一个主要原因。劳某某属于继发者患病。本鉴定没有对劳某某进行职业病的鉴定，只是做法医的临床鉴定，没有下鉴定结论是职业病。

原告提出诉讼请求：（1）判令被告赔偿原告暂计 80 万元（其余在鉴定后追加）（包括医疗费、交通费、住宿费、住院伙食补助费、伤残赔偿金、误工费、护理人员费用、被扶养人生活费、营养费），后增加至 3 160 067.39 元；（2）判令所有被告对上述债务承担连带赔偿责任；（3）判令被告支付本案诉讼费用（包括但不限于受理费、律师费、保全费、鉴定费、公告费、邮寄费等）（律师费是风险代理，目前只收了 5000 元）。

第一被告辩称：首先，原告请求判令赔偿损失，而对该项损失的内容却无任何阐述。其次，原告于 2016 年 4 月 28 日抵达第二报告中国香港籍“和某”轮，并于 2016 年 7 月 3 日因身体原因离船。共计在船 68 天。远洋船舶中的机工工作，工作地点在机舱（值班室），该工作不接触油漆，且所有的润滑油、燃料油均密封在管道内运行，不可能给人员造成重大伤害。原告声称的由于接触油漆、燃油、柴油而导致病症不仅与事实不符，也毫无依据。最后，2016 年 8 月，原告曾以本案相同的案由提起诉讼，该案历经两年，最终撤回起诉。

另查明，2019 年 11 月 15 日，原告的同事江某某称 2016 年 4 月至 7 月，原告工作内容为值班、维修，在船期间接触油漆、柴油、重油，没有防护用具，以及柴油有味道，船舱温度高。

【裁判说理】

争议焦点：（1）原告与第一被告、第二被告存在何种法律关系。（2）第一被告、第二被告应否对原告的病情承担赔偿责任。

青岛海事法院认为：

1.2016 年 4 月 25 日，第一被告与原告签订《船员劳务协议》，第一被告派遣原告到和某轮工作。虽然双方签订合同名称为劳务协议，但是该协议中载明依据《劳动法》《劳动合同法》《船员条例》的规定而订立，在该协议中，双方约定了劳动期限、劳动安全和劳动保护、参加社保及劳动协议变更、解除条件等，由协议内容可见，该协议名为劳务协议，实为劳动合同。《对外劳务合作管理条例》第 23 条第 2 款规定："对外劳务合作企业组织与其建立劳动关系的劳务人员赴国外工作的，与劳务人员订立的劳动合同应当载明劳务合作合同中与劳务人员权益保障相关的事项；未与劳务人员订立劳动合同的，不得组织劳务人员赴国外工作。"由上述规定可见，第一被告作为劳务派遣单位派遣原告赴外工作，必须与原告订立劳动合同。因此，无论依照双方订立的协议还是依据规章规定，原告与第一被告存在劳动合同关系。

原告作为船员受第一被告委派到第二被告的和某轮工作，按照《对外劳务合作管理条例》第 21 条规定，第一被告应当与第二被告订立书面劳务合作合同。《对外劳务合作管理条例》第 27 条还规定："对外劳务合作企业应当负责协助劳务人员与国外雇主订立确定劳动关系的合同，并保证合同中有关劳务人员权益保障的条款与劳务合作合同相应条款的内容一致。"但是，在原告受派到第二被告所属和某轮工作期间，第一被告并未完成上述义务，原告未与第二被告签订劳动合同，原告与第二被告不存在劳动合同关系。

2. 原告在船工作期间发病，其既可以要求劳动合同的用人单位第一被告承担民事赔偿责任，也可以要求与其不存在劳动合同关系的第二被告承担侵权责任。根据《最高人民法院关于审理人身损害赔偿案件适用法律若干问题的解释》第 11 条第 3 款的规定，因原告与第一被告存在劳动合同关系，原告对第一被告的求偿请求不能以人身损害赔偿要求雇主承担赔偿责任，而应当按照该解释第 12 条第 1 款的规定，按照《工伤保险条例》的规定处理。因此，原告针对第一被告、第二被告的诉讼请求虽均为赔偿请求，但民事法律关系不同，审查的事实依据不同，承担责任的法律依据亦不同。鉴于原告在本案二审审理期间将其诉讼请求明确为依据《工伤保险条例》的规定要求用人单位因未缴付工伤保险导致原告无法享受工伤保险待遇承担赔偿责任，故本案案由应确定为船员劳动合同纠纷。

本案系船员在船工作引发的劳动争议，不适用先裁后审的前置程序，海事法院可以直接审理该类纠纷，原告起诉状中请求第一被告、第二被告赔偿3 160 067.39元，但在二审审理中明确第一被告与第二被告均应承担劳动合同下用人单位未缴纳工伤保险导致其不能享受工伤待遇的赔偿责任，上述确认内容属于诉讼事实和理由的变化，而非诉讼请求的变化，本案应当就第一被告、第二被告是否因未缴纳工伤保险导致原告不能享受工伤保险待遇造成原告损失进行审理。根据本案查明事实，第二被告与原告不存在劳动合同关系，无缴纳保险义务，第一被告在劳动合同存续期间未为原告办理工伤保险并缴纳保险费用，违反法律规定。但原告在本案审理中未能证明其病情属于工伤并可以享受工伤保险待遇。根据《工伤保险条例》第17条的规定：自事故伤害发生日或职业病诊断、鉴定之日起30日内，由职工所在单位向统筹地区社会保险行政部门提出工伤认定申请，或者用人单位未按规定提出工伤认定申请的，工伤职工或者其近亲属、工会组织在事故伤害发生之日或者被诊断、鉴定为职业病之日起1年内，可以直接向用人单位所在地统筹地区社会保险行政部门提出工伤认定申请。由上述规定可知，工伤由《工伤保险条例》规定的特定部门认定，不能直接在案件审理中通过司法鉴定方式确定。由于原告尚未进行工伤认定，故不能确定原告应享受工伤保险待遇。原告在尚未进行工伤认定的情况下，在本案中向第一被告、第二被告追究因未缴纳工伤保险造成其不能享受工伤保险待遇而遭受损失的主张缺少事实依据，其要求上述两单位赔偿的请求不能得到支持。

【法官后语】

我国既是贸易大国、航运大国，也是船员大国。据统计，目前中国船员总量位居世界第一，总量超过140万人。在保障船员权益方面，海事司法起着不可替代的重要作用。尤其是船员人身损害赔偿纠纷中，往往涉及劳务派遣，责任主体的识别、确定以及是否应承担赔偿责任，这些都是正确解决此类损害赔偿纠纷的关键。因此，结合本案案情，对船员劳务派遣中的损害赔偿问题进行评析。

船员劳务派遣分为国内劳务派遣和涉外劳务派遣。国内劳务派遣是指用工单位为国内内河和沿海运输经营者或船舶管理人、船舶经营人；而涉外劳务派遣即通常所说的船员劳务外派，是指船员被派遣到境外船东的船舶上提供劳动服务。国内劳务派遣直接受我国《劳动合同法》调整，而涉外劳务派遣由于其"涉外"因素存在，法律关系相对复杂。根据我国《对外劳务合作经营资格管理办法》的规定，境外企业、自然人及外国驻华机构不能直接在我国境内招收劳务人员。我国劳动者为境外船东提供劳动服务，需要经过对外合作的方式，即必须通过在我国境内经特别许可、有对外劳务合作经营资质的劳动服务机构进行，境外船东不得直接在我国境内招收劳动者。《船员服务管理规定》第22条规定："境外船员用人单位不得在中华人民共和国境内直接招用中国籍船员，应当通过符合本规定资质条件的船员服务机构办理。"根据上述规定，我国船员到外籍船舶上工作应该经船员外派机构的派遣才能进行。我国船员涉外劳务派遣的具体程序是船员与船员外派机构签订合同，约定由船员外派机构派遣船员到外籍船舶工作，船员外派机构再与境外船东签订船舶配员合同或船员雇佣合同。通过上述两个环节，将船员派遣到外籍船舶上劳动。

具体到船员涉外劳务派遣中，主要有船员、船员外派机构和境外船东三个主体，三者之间法律关系不同。

一、船员与船员外派机构的关系

当船员外派机构将与自己签订劳动合同的船员外派到境外船舶上工作时，双方之间应遵守劳动合同的约定履行相应权利义务，船员受外派机构的内部规章制度的约束，外派机构对船员有监督与管理的责任，此时，船员与船员服务机构形成了人身上的从属关系。在与境外雇主签订《船舶配员协议》后，船员服务机构应根据《船员服务管理规定》第17条的规定，履行相应的用人单位责任和义务。实践中，境外雇主一般只履行外派船员的工资支付和劳动安全保障义务，其他的责任则是由船员外派机构负责。本案中，原告与第一被告签订了劳动合同，存在劳动关系。原告有权基于劳动合同请求第一被告承担民事赔偿责任。按照《对外劳务合作管理条例》第21条的规定，第一被告应当与第二被告订立书面劳务合作合同。《对外劳务合作管理条例》第27条还规定："对外劳务合作企业应当负责协助劳务人员与国外雇主订立确定劳动关系的合同，并保证合同中有关劳务人员权益保障的条款与劳务合作合同相应条款的内容一致。”但是，在原告受派到第二被告所属和某轮工作期间，第一被告并未完成上述义务，原告未与第二被告签订劳动合同。

二、船员与境外雇主的法律关系

1. 实质的劳动合同关系。《海员外派管理规定》第 24 条规定了船员可以与境外雇主签订劳动合同，虽然实践中此种情况较少，但如若二者订立了劳动合同，则二者之间的法律关系就为明确的涉外劳动合同法律关系。双方的权利义务就由劳动合同本身的规定和涉外的相关法律规定调整。由于外派船员的人身伤亡，大多发生在船员工作的外籍船东所属的船舶之上，因此损害可能由多种原因造成。如果外派船员的人身伤亡是由于境外雇主的违约行为造成的，因为双方存在劳动关系，所以船员可以依据违约向境外雇主提出索赔。如果是由于境外雇主的侵权行为造成，则可以依据侵权责任获得赔偿。但是，在很多情况下，船员是在履行劳动合同过程中其生命或健康受到伤害，此时在船员与境外雇主之间可能既构成侵权也构成违约，即境外雇主既负有合同责任又负有侵权责任，这种情况就构成了民事责任的竞合。

2. 形式上的劳动合同关系。在船员未与境外雇主签订劳动合同的情况下，根据《劳动合同法》对劳务派遣协议的规定，劳务派遣单位是用人单位，接受以劳务派遣形式用工的单位是用工单位。用人单位与用工单位就派遣劳动者签订派遣协议，劳动者根据这份劳务派遣协议及其与用人单位之间的劳动合同到用工单位工作。所以外派船员与境外雇主之间并不存在直接的合同关系。但是如何界定这两者之间的法律关系存在以下三种观点。

第一种是无劳动关系学说。此种观点认为，只有派遣单位和劳动者之间存在劳动关系，劳动者与用工单位之间并不存在劳动关系。这一说法不能阐明用工单位对被派遣劳动者承担的责任和义务的基础，也不能很好地对劳动者的权益进行保护。第二种是用工单位一重劳动关系说。用工单位作为被派遣劳动者的雇主，组织劳动者的工作学习，承担工资、福利、社会保险费等相关费用，对于其他劳动管理事务则由派遣单位代为实施。派遣单位作为用工单位劳动管理事务的代理，在派遣过程中只有一重劳动关系，却是双层运行。这种观点不符合劳务的派遣实际情况。第三种为双重劳动关系说。认为劳务派遣是一种多方复合的模式，派遣单位与用工单位之间成立民事合同关系，劳动者和派遣单位、用工单位之间则成立特殊的劳动关系，在这种劳动关系下，派遣单位与用工单位按照各自的特点承担雇主责任。双重劳动关系厘清了用工单位劳动指示权、管理权的根据，为被派遣劳动者获得用工单位的劳动安全与卫生保护提供了理论保障，是与我国的劳动派遣协议相吻合的一种学说。对于船员劳务外派来说，虽然外派船员并没有直接与境外雇主签订劳动合同，但船员实际是在境外雇主的安排下提供劳务，听从境外雇主的指挥并接受其监督，处于隶属性、从属性的地位。而且境外雇主也实际负担外派船员的工资给付，保障外派船员的人身安全。双方已经形成了事实上的劳动关系。外派船员与境外雇主之间的关系实际上具有劳动关系的实质要素，因此境外雇主与外派船员之间成立实质上的劳动关系。虽然双方之间没有劳动合同存在，但境外雇主作为船员实际上的用工单位，在船员发生人身伤亡时也要作为责任主体承担赔偿义务。

双重劳动关系说最大限度地保护了船员的权益，我国司法实践中也是采用此种观点。本案中，原告虽与第二被告没有签订劳动合同，但已形成实质的劳动关系。原告有权基于侵权关系请求第二被告承担赔偿责任。

【相关法条】

1.《对外劳务合作管理条例》(2012 年 8 月 1 日施行)

第二十一条 对外劳务合作企业应当与国外雇主订立书面劳务合作合同；未与国外雇主订立书面劳务合作合同的，不得组织劳务人员赴国外工作。

劳务合作合同应当载明与劳务人员权益保障相关的下列事项：

（一）劳务人员的工作内容、工作地点、工作时间和休息休假；

（二）合同期限；

（三）劳务人员的劳动报酬及其支付方式；

（四）劳务人员社会保险费的缴纳；

（五）劳务人员的劳动条件、劳动保护、职业培训和职业危害防护；

（六）劳务人员的福利待遇和生活条件；

（七）劳务人员在国外居留、工作许可等手续的办理；

（八）劳务人员人身意外伤害保险的购买；

（九）因国外雇主原因解除与劳务人员的合同对劳务人员的经济补偿；

（十）发生突发事件对劳务人员的协助、救助；

（十一）违约责任。

第二十三条 除本条第二款规定的情形外，对外劳务合作企业应当与劳务人员订立书面服务合同；未与劳务人员订立书面服务合同的，不得组织劳务人员赴国外工作。服务合同应当载明劳务合作合同中与劳务人员权益保障相关的事项，以及服务项目、服务费及其收取方式、违约责任。

对外劳务合作企业组织与其建立劳动关系的劳务人员赴国外工作的，与劳务人员订立的劳动合同应当载明劳务合作合同中与劳务人员权益保障相关的事项；未与劳务人员订立劳动合同的，不得组织劳务人员赴国外工作。

2.《最高人民法院关于审理人身损害赔偿案件适用法律若干问题的解释》（2004年5月1日施行，该解释2020年修正时删除了第十一条）

第十一条 雇员在从事雇佣活动中遭受人身损害，雇主应当承担赔偿责任。雇佣关系以外的第三人造成雇员人身损害的，赔偿权利人可以请求第三人承担赔偿责任，也可以请求雇主承担赔偿责任。雇主承担赔偿责任后，可以向第三人追偿。

雇员在从事雇佣活动中因安全生产事故遭受人身损害，发包人、分包人知道或者应当知道接受发包或者分包业务的雇主没有相应资质或者安全生产条件的，应当与雇主承担连带赔偿责任。

属于《工伤保险条例》调整的劳动关系和工伤保险范围的，不适用本条规定。

对应新法：

《中华人民共和国民法典》（2021年1月1日施行）

第一千一百九十二条 个人之间形成劳务关系，提供劳务一方因劳务造成他人损害的，由接受劳务一方承担侵权责任。接受劳务一方承担侵权责任后，可以向有故意或者重大过失的提供劳务一方追偿。提供劳务一方因劳务受到损害的，根据双方各自的过错承担相应的责任。

提供劳务期间，因第三人的行为造成提供劳务一方损害的，提供劳务一方有权请求第三人承担侵权责任，也有权请求接受劳务一方给予补偿。接受劳务一方补偿后，可以向第三人追偿。

承办人：李旭东

编写人：崔婷婷

42. 许某快申请民事侵权纠纷司法救助案

——司法救助标准的认定

【合规提示】

本案系一起船员申请民事侵权司法救助案件，对于海上人身损害赔偿纠纷申请执行人而言，若因生活面临急迫困难可以提出国家司法救助申请。对于海上务工人员而言，一是应提高保护自身安全的意识和能力；二是增强法律意识，用法律捍卫自己的合法权益。对于用人单位而言，一是加强外出务工人员专业技能培训，尽量降低损害的发生风险；二是提高务工人员签订书面合同的比例，有效防范法律风险；三是加强外出务工人员的保险意识，提高投保比例，有效防范收入和伤害风险。

【案件信息】

1. 裁判文书字号

（2018）鲁72司救执1号

2. 当事人

原告：许某快

被告：邢某惠

3. 关键词

民事　司法救助　海上人身损害　执行　急迫困难

【裁判要旨】

对于海上人身损害赔偿纠纷申请执行人，综合考虑案件执行情况、救助申请人年龄、劳动能力、家庭情况、收入情况等相关因素，根据国家司法救助旨在解决当事人生活面临的急迫困难原则，应当给予司法救助。

【基本案情】

申请人许某快2015年到山东省荣成市刑某惠所有的渔船上打工。在船上上网拉铁链时，因钢缆断裂被砸伤导致右侧肋骨骨折、双肺挫伤、右肾挫伤、右侧腰椎横突骨折、右手骨折等多处受伤。经鉴定，腰椎符合十级伤残；右手符合十级伤残。2016年12月9日，青岛海事法院判决被告刑某惠向原告许某快支付164 346.12元。2017年8月25日，许某快向法院申请强制执行，该案执行过程中，通过网络查控和实地查控，未发现可供执行的财产，导致该案执行不能。本案申请人许某快因身体多处受伤，又患有Ⅱ型糖尿病和冠心病，为安放支架已花费治疗费3万多元，同时患有浅筋膜炎、腰椎间盘突出、高脂血症、乙型病毒性肝炎等多种疾病，每月药费支出1500元，至申请执行时仍拖欠石岛整骨医院的医疗费未还清。为缓解经济压力，妻子外出打工，小女儿辍学做学徒，另有大女儿和小儿子还在上学，母亲常年吃药，家庭生活非常困难，特申请12万元救助。其户籍地的村委证明，许某快家中现有责任田3亩，6口人，每亩土地平均收入800元，因其外出务工期间身负重伤，现无劳动能力，家庭生活经济非常困难。

【裁判说理】

争议焦点：是否应对许某快给予司法救助。

青岛海事法院经审理认为：许某快伤残等级为十级，许某快在船上打工期间受伤，导致腰椎、右手伤残，并患有冠心病、糖尿病等多种疾病急需治疗，没有劳动能力，家庭人口多，经济情况困难，其申请符合《最高人民法院关于加强和规范人民法院国家司法救助工作的意见》第3条第1款第8项规定，即当事人因生活面临急迫困难提出国家司法救助申请，人民法院根据实际情况认为需要救助的，应当予以救助。本院司法救助委员会决定予以救助。

《最高人民法院关于加强和规范人民法院国家司法救助工作的意见》第7条规定，救助金具体数额，应当综合以下因素确定：（1）救助申请人实际遭受的损失；（2）救助申请人本人有无过错以及过错程度；（3）救助申请人及其家庭的经济状况；（4）救助申请人维持其住所地基本生活水平所必需的最低支出；（5）赔偿义务人实际赔偿情况。综合考虑案件执行情况、救助申请人年龄、劳动能力、家庭情况、收入情况等相关因素，根据国家司法救助旨在解决当事人生活面临的急迫困难原则，依照《最高人民法院关于加强和规范人民法院国家司法救助工作的意见》第 2 条、第 7 条、第 12 条、第 20 条之规定，决定如下：救助许某快 120 000 元。

救助申请人许某快获得救助后，人民法院从被执行人处执行到赔偿款或者其他应当给付的执行款的，应当将已发放的救助金从执行款中扣除。

【法官后语】

保护外出务工人员特别是困难家庭务工人员的合法权益，是促进困难群众就业增收、稳定脱贫的重要举措。为提高外出务工人员的职业技能，减少伤害，防控风险，应注意以下几点：一是加强外出务工人员专业技能培训，提高保护自身安全的意识和能力；二是加强外出务工人员法律知识培训，提高务工人员签订书面合同的比例，有效防范法律风险；三是加强外出务工人员的保险意识，提高投保比例，有效防范收入和伤害风险；四是加强外出务工人员的法律服务平台建设。

【相关法条】

《最高人民法院关于加强和规范人民法院国家司法救助工作的意见》（2016 年 7 月 1 日施行）

第二条 国家司法救助工作应当遵循公正、公开、及时原则，严格把握救助标准和条件。

对同一案件的同一救助申请人只进行一次性国家司法救助。对于能够通过诉讼获得赔偿、补偿的，一般应当通过诉讼途径解决。

人民法院对符合救助条件的救助申请人，无论其户籍所在地是否属于受案人民法院辖区范围，均由案件管辖法院负责救助。在管辖地有重大影响且救助金额较大的国家司法救助案件，上下级人民法院可以进行联动救助。

第七条 救助金具体数额，应当综合以下因素确定：

（一）救助申请人实际遭受的损失；

（二）救助申请人本人有无过错以及过错程度；

（三）救助申请人及其家庭的经济状况；

（四）救助申请人维持其住所地基本生活水平所必需的最低支出；

（五）赔偿义务人实际赔偿情况。

第十二条　救助决定应当自立案之日起十个工作日内作出。案情复杂的救助案件，经院领导批准，可以适当延长。

办理救助案件应当制作国家司法救助决定书，加盖人民法院印章。国家司法救助决定书应当及时送达。

不符合救助条件或者具有不予救助情形的，应当将不予救助的决定及时告知救助申请人，并做好解释说明工作。

第二十条　救助申请人获得救助后，人民法院从被执行人处执行到赔偿款或者其他应当给付的执行款的，应当将已发放的救助金从执行款中扣除。

救助申请人通过提供虚假材料等手段骗取救助金的，人民法院应当予以追回；构成犯罪的，应当依法追究刑事责任。

涉诉信访救助申请人领取救助金后，违背息诉息访承诺的，人民法院应当将救助金予以追回。

承办人：王爱玲

编写人：王爱玲

43. 荣成大某海运株式会社韩国分公司与山东西某口修船有限责任公司等海上人身损害责任纠纷案

——法人分支机构享有原告诉讼主体地位的审查标准

【合规提示】

在船舶修造业中，案涉船舶的船员在修理期间，因发生修理事故从而引发人身损害的，船舶所有人、经营人、光租人对船员赔偿后，其分支机构是否可以以自己的名义，向修理公司提出追偿请求。对于分支机构而言，应首先证明其与案涉纠纷是否具有法律上直接的利害关系。这种利害关系，可以从是否直接签订雇佣合同，是否直接签订船舶租赁、船舶修理合同，是否明确赋予追偿权，是否直接支付赔偿款项，总公司对追偿的态度等方面得到体现。

【案件信息】

1. 裁判文书字号

（2017）鲁72民初330号

2. 当事人

原告：荣成大某海运株式会社韩国分公司

被告：山东西某口修船有限责任公司、青岛昊某船务有限公司

3. 关键词

民事　海上人身损害　法人分支机构　直接利害关系

【裁判要旨】

针对雇员人身损害纠纷雇主在赔偿后，其分支机构以自己的名义提起追偿。雇主的分支机构是否享有原告资格，应综合以下事项考虑：（1）雇主的分支机构与雇员之间是否存在雇佣合同；（2）涉案合同相对人是否为法人分支机构；（3）涉案合同中是否明确赋予雇主分支机构追偿权；（4）赔偿款项是否由雇主的分支机构支付；（5）作为总公司的雇主，对分支机构提起追偿请求的态度。从而认定分支机构是否与本案纠纷在法律上有直接的利害关系。

【基本案情】

荣成大某海运株式会社韩国分公司（以下简称大某韩国公司）是韩国籍“永某”轮的光船承租人，2016年1月8日，大某韩国公司通过其总公司荣成大某海运有限公司（以下简称大某荣成公司）与山东西某口修船有限责任公司（以下简称西某口公司）签订船舶修理合同，由西某口公司对“永某”轮进行修理，被告青岛昊某船务有限公司（以下简称昊某公司）与被告西某口公司签订了长期承揽合同和安全协议，负责该轮修理工作。2016年2月6日，船舶在修理期间发生爆炸事故，造成“永某”轮韩国籍副船长张某雄死亡。大某荣成公司和大某韩国公司作为一方与张某雄母亲签订《和解协议》并支付赔偿。原告大某韩国公司诉到法院，要求判令西某口公司赔偿因“永某”轮于2016年2月6日修理期间发生爆炸事故，造成副船长张某雄死亡的人身损害赔偿共计400 000 000韩元（约合人民币235万元）及相应利息，昊

某公司对上述诉讼请求承担连带责任。

西某口公司辩称：大某韩国公司不能作为适格主体。原因如下：首先，大某韩国公司是大某荣成公司在韩国设立的分支机构，没有独立的财产及独立的法律地位，除非大某荣成公司特别授权，否则大某韩国公司无权代表总公司行使诉权。其次，有权向西某口公司索赔的主体是大某荣成公司，即便大某韩国公司在法律上独立于大某荣成公司而存在，但因其不属于涉案所有合同关系的当事人，在本案中没有承担过任何义务，不存在任何损失，向西某口公司索赔无事实和法律依据。最后，与船舶所有人签订船舶光租合同的，与西某口公司签订船舶修理合同的，与船员签订船员雇佣合同的，与伤亡船员家属签订和解协议的，均是大某荣成公司，如果需要追究西某口公司的责任，权利主体也应当是大某荣成公司，与大某韩国公司无直接利害关系。

昊某公司亦辩称：大某韩国公司诉讼主体不适格。因大某韩国公司并不是死者遗属，无证据证明其以大某韩国公司名义向死亡雇员进行过任何赔偿，亦无有效证据证明其以大某韩国公司名义为死者支付医疗及相关费用，故大某韩国公司不具有追偿权，其诉讼主体不适格。

【裁判说理】

争议焦点：原告大某韩国公司是否享有以自己的名义提起诉讼并追偿的权利。

青岛海事法院认为：原告大某韩国公司自认是大某荣成公司在韩国设立的分支机构，被告西某口公司予以认可，根据《最高人民法院关于适用〈中华人民共和国民事诉讼法〉的解释》第52条第1款第4项规定，原告大某韩国公司可以作为民事诉讼的当事人提起诉讼。张某雄与大某荣成公司签订有船员雇佣合同，大某韩国公司没有提供证据证明其与张某雄存在雇佣合同关系。涉案的光船租赁合同、船舶修理合同、船员雇佣合同的当事人均是大某荣成公司，而非大某韩国公司。大某韩国公司虽然与大某荣成公司一起作为和解协议的一方，但协议上没有其盖章，未写明大某韩国公司的追偿权利，且大某韩国公司提交的付款水单上仅记载有大某荣成公司字样，在没有其他证据佐证的情况下，大某韩国公司仅凭该证据不能获得追偿费用的权利。本案诉讼期间，大某荣成公司提出了“撤诉申请”，表达了其对本案诉讼活动的反对态度。最终青岛海事法院裁定：驳回大某韩国公司的起诉。

【法官后语】

本案涉及的基本法律关系是，雇主承担赔偿责任后向第三人追偿。本案的典型意义在于，法人的分支机构主张在人身损害事实发生后已承担雇主赔偿责任，是否享有以自己的名义进行诉讼并向外追偿的权利，即该分支机构是否是适格原告。《民事诉讼法》规定，原告应是与本案有直接利害关系的公司、法人和其他组织。是否具有直接利害关系，是判断适格原告的首要因素。处理该类型纠纷，要着重查明并区分总公司与分支机构承担的法律责任和享有的法律权利，其实质是审查该分支机构是否与本案有法律上的直接利害关系。审查标准是，该主体是否因自身权益受到侵害而提起诉讼。本案中，原告与死亡船员间不存在雇佣合同关系，涉案的光船租赁合同、船舶修理合同、船员雇佣合同的当事人均不是原告，即使原告与其总公司为和解协议的一方，但协议上没有其盖章，也未写明原告具有追偿权利，付款水单上也不是原告付款。另外，作为总公司的案外人在诉讼期间明确表示对该案的反对态度并“申请撤诉”。以上因素，均可以得出原告与该案纠纷没有直接利害关系的判断。

【相关法条】

1.《中华人民共和国民事诉讼法》（2017 年 6 月 27 日修正）

第一百一十九条　起诉必须符合下列条件：

（一）原告是与本案有直接利害关系的公民、法人和其他组织；

（二）有明确的被告；

（三）有具体的诉讼请求和事实、理由；

（四）属于人民法院受理民事诉讼的范围和受诉人民法院管辖。

对应新法：

《中华人民共和国民事诉讼法》（2023 年 9 月 1 日修正）

第一百二十二条　起诉必须符合下列条件：

（一）原告是与本案有直接利害关系的公民、法人和其他组织；

（二）有明确的被告；

（三）有具体的诉讼请求和事实、理由；

（四）属于人民法院受理民事诉讼的范围和受诉人民法院管辖。

2.《最高人民法院关于适用〈中华人民共和国民事诉讼法〉的解释》（2015年2月4日施行）

第二百零八条第三款 立案后发现不符合起诉条件或者属于民事诉讼法第一百二十四条规定情形的，裁定驳回起诉。

对应新法：

《最高人民法院关于适用〈中华人民共和国民事诉讼法〉的解释》（2022年4月1日修正）

第二百零八条第三款 立案后发现不符合起诉条件或者属于民事诉讼法第一百二十七条规定情形的，裁定驳回起诉。

承办人：李 伟

编写人：牛 萌 杨紫琼

44.高某元、马某廷诉荣成市鑫某海珍品育苗场海上人身损害责任纠纷案

——“受诉法院地”标准的认定

【合规提示】

本案系一起海上人身损害赔偿纠纷案件，死者经被告同意在其从事捕捞作业的海区内学习潜水，双方并未构成雇佣关系。对于具有完全民事行为能力的成年人而言，在已知相关风险的情况下，应结合自身情况理智判断。对于作为具有雇佣潜水员进行捕捞作业经验的养殖场而言，即使未与死者形成雇佣关系，也要注意自己须承担一定的安全保障义务，应当预判风险并严肃告知风险，采取必要的安全救助行为。赔偿标准中的“受诉法院所在地”和“上一年度”的确定在审判实践中具有不确定性，青岛海事法院从实际出发，经过调研决定将“受诉法院地”统一认定为山东省，将“上一年度”解释为以原一审法庭辩论终结时的上一年度为准。

【案件信息】

1. 裁判文书字号

（2011）青海法海事重字第7号、（2013）鲁民四终字第32号

2. 当事人

原告：高某元、马某廷

被告：荣成市鑫某海珍品育苗场

3. 关键词

民事　海上人身损害　一般安全注意义务　赔偿标准

【裁判要旨】

1. 一般安全保障义务因个案不同，法院更加注重依照个案分析的原则，从受害人、安全保障义务人、危险本身等角度进行考量，并根据以上这些客观情况综合衡量义务人的责任。

2. 赔偿标准中的“受诉法院所在地”的确定，对于与行政区划一致的地方法院而言比较容易，但对于跨地域甚至省域管辖案件，并在本部以外地区设立派出法庭的海事法院而言，“受诉法院所在地”却成为案件审理中的“不确定因素”。青岛海事法院从实际出发，经过调研决定将“受诉法院地”统一认定为山东省。

【基本案情】

2009年9月26日，高某兵在被告从事捕捞作业的海区内溺水死亡。死者高某兵，男，1975年6月出生。两原告系死者父母，父亲高某元，农民，1948年8月出生。母亲马某廷，农民，1951年5月出生。根据井陉县某镇某村村民委员会的证明，高某元与马某廷共育有三子，长子高某卫，次子高某旺，三子高某兵。高某旺过户给其叔高某红。三子高某兵未成家，无子女。经询问，高某旺并未办理法律上的收养手续。

高某兵死亡事故发生时，荣成市安全生产监督管理局接到报案，组织调查组前往现场，经调查发现该起事故双方不存在雇佣关系、与生产经营活动无关，且事故正在由派出所调查中，调查组随即停止调查。同时，荣成市俚岛边防派出所也接受报案，向有关人员进行了详细调查，并做了相应的询问

笔录，该事故已经调查完毕，不属于该所管辖范围。根据派出所对被询问人高某旺（高某兵哥哥）、宋某建（船上负责把管的人）、何某华（学习潜水介绍人）、杨某范（被告负责人）4人的询问笔录，可以看出，2009年9月26日9时许，高某兵与被告雇佣的两名潜水员以及宋某建一起出海，到被告负责人杨某范承包的海区潜水。宋某建系被告的工人，在船上负责把管，另两名潜水员在水下作业，捞鲍鱼。高某兵自己下海学习潜水，其系初学潜水，下水的地点离其有5~6米远，水深大约2米。高某兵下水有三四分钟，宋某建看到高某兵下水老从一个地方冒泡，就快速将他拉上来，拉上来后，发现高某兵死了。他们就开船上岸，打“120”急救并报警。高某兵系经中国太平洋保险公司的业务经理何某华介绍到被告处学习潜水，被告负责人杨某范确认其同意高某兵到其承包的海域学习潜水，与其工人一起吃住在工棚里，由其提供船舶与空气压缩机，但潜水服是由高某兵自己购买的。被询问的4人均确认高某兵与被告不存在雇佣关系。

何某华在原一审中曾出庭作证，称介绍死者高某兵到被告处学习潜水时，被告负责人杨某范专门告知其没有教授资质，要学习只能自己进行。何某华也另行告知高某兵潜水风险大，但高某兵说自己做生意亏钱，顾不了很多，最终就到了被告处。

2008年山东省国民经济和社会发展统计公报显示，2008年城市城镇单位在岗职工年平均工资26 407元，农村居民人均年生活消费支出4077元，农村居民人均纯收入5641元。

两原告诉称：两原告之子高某兵于2009年8月27日到被告处工作，在2009年9月26日上午从事海洋潜水打捞作业时，造成了高某兵溺水死亡，现仍在当地殡仪馆停放，由此给原告造成了巨大的经济损失和精神损失，被告应承担赔偿责任，请求法院判令被告赔偿给原告造成的各项损失共计300 000元，其中丧葬费13 203元、死亡赔偿金170 180元、被扶养人的抚养费81 540元、交通费及运尸费20 000元、精神损失费50 000元，共计334 923元，对精神损失费50 000元中的34 923元予以放弃，共计300 000元。两原告在庭审中确认其诉讼请求并非完全基于雇佣关系之下主张权利，无论什么关系都向被告主张权利。

被告辩称：被告与死者并不认识，死者与其没有任何关系，原告主张在被告处工作，原告应提交雇佣合同或者是发放工资的证明，被告从未雇佣过死者。荣成市俚岛派出所与荣成市安监局的笔录都能证明高某兵的死亡与被告无关，被告不应承担任何法律责任。

【裁判说理】

争议焦点：（1）死者与被告之间是否存在雇佣关系；（2）被告是否应当承担责任；（3）两原告主张的损失是否合理。

青岛海事法院经审理认为：

一、死者与被告之间是否存在雇佣关系

两原告对其主张的雇佣关系负有举证义务，综合分析本案的证据，不能证明高某兵与被告之间存在雇佣关系，但是可以证明高某兵经被告同意在其从事捕捞作业的海区内学习潜水。

二、被告是否应当承担责任

虽然被告不必依据雇佣关系向两原告承担赔偿责任，但问题是，基于高某兵经被告同意在其从事捕捞作业的海区内学习潜水的法律关系，被告是否应当承担责任。对此，本院认为，应当根据高某兵学习潜水时被告是否有过错综合认定。

本案中，根据派出所的询问笔录，可以证明高某兵经何某华介绍在被告从事捕捞作业的海区内学习潜水，被告同意高某兵学习潜水并为其提供住所与被告雇工共同居住。高某兵与被告的三名雇工一同坐船出海，被告向其提供了出海学习潜水的船舶并且向其供应潜水的氧气，被告的雇工宋某建在向被告的两名雇工把管的同时也向高某兵负责把管。虽然被告主张高某兵在自行学习潜水时溺水死亡，但作为具有雇佣潜水员进行捕捞作业经验的养殖场，被告对经其同意随同其从事捕捞作业的船舶出海学习潜水的高某兵负有一般安全注意义务，应当知晓死者自行学习潜水的危险。被告在明知高某兵从未专业学习过潜水的前提下仍然同意高某兵到其处学习潜水，为其提供住所，并由其雇员从事捕捞作业时开船带至深海区，以及由其雇员为高某兵把管供应氧气。被告应当告知高某兵自行学习潜水的巨大风险、拒绝高某兵随船出海潜水以防止事故的发生。最终高某兵在学习潜水的过程中死亡，被告未尽一般安全注意义务，存在一定的过错，应当承担相应的赔偿责任。

对于死者高某兵而言，经何某华介绍到被告承包的海区学习潜水。高某兵本身不具备潜水资质，从未专业学习过潜水，被告是从事养殖捕捞作业的养殖场，也不具备教授学员潜水的资质，高某兵理应到有具备教授潜水资质的机构学习潜水，却在被介绍人何某华告知潜水风险大以及被告没有资质教授的前提下仍坚持在被告处学习潜水，作为一名具有完全民事行为能力的成年人，应当承担贸然自行学习潜水的风险。

因此，高某兵应当对其死亡承担主要的过错责任。被告承担相应的过错赔偿责任。综合考虑本案的实际情况和高某兵与被告的过错程度，确定高某兵自行承担 80% 的过错责任，被告承担 20% 的赔偿责任较为合理。

三、两原告主张的损失是否合理

按照《最高人民法院关于审理人身损害赔偿案件适用法律若干问题的解释》(以下简称《解释》) 第 17 条第 2 款的规定，两原告有权主张丧葬费、被扶养人生活费、死亡赔偿金、交通费。

关于两原告主张的损失的计算标准。本案两原告户口簿均登记为农村户口，故应按照农村居民的有关收入和生活支出标准进行计算。而且，由于“山东省”为该院的“受诉法院所在地”，本案原一审法庭辩论终结的时间为 2009 年，依照《解释》第 27 条、第 28 条、第 29 条、第 30 条、第 35 条的规定，计算丧葬费、被扶养人生活费、死亡赔偿金等应当按照山东省 2008 年度的相关统计数据确定。

关于丧葬费，按照 2008 年度山东省城镇单位在岗职工年平均工资 26 407 元计算，职工 6 个月工资总额为 26 407 元 ÷2=13 203.50 元。

关于被扶养人生活费，2009 年 9 月 26 日，高某兵死亡事故发生之时，原告高某元为 61 周岁，原告马某廷为 58 周岁。故高某元计算 19 年，马某廷计算 20 年。关于其他扶养人的人数，两原告共有三个儿子，虽然村委会证明高某旺过户给其叔高某红，但并未按照《收养法》的规定办理法律上的收养手续，高某旺在法律上仍然负有对两原告的扶养义务。因此，按照 2008 年山东省农村居民人均年生活消费支出 4077 元计算，扣除两原告的其余两个儿子应当负担的部分，死者高某兵依法应承担的两原告的生活费为 4077 元 ×19 年 +4077 元 ×20 年 =159 003 元 ÷3=53 001 元。

关于死亡赔偿金，按照 2008 年山东省农村居民人均纯收入 5641 元计算 20 年，为 5641 元 ×20 年 =112 820 元。

关于交通费，两原告提交了 2009 年 10 月间的五张从河北至山东的高速公司通行费票据，面额共计 655 元，对该部分费用法院予以支持。

关于精神抚慰金，根据《解释》的规定，致人死亡的精神损害抚慰金为死亡赔偿金，因此，在一般的人身损害赔偿纠纷中，死亡赔偿金即具有精神损害抚慰的性质。该解释同时规定，自然人死亡后，其近亲属因特定侵权行为遭受精神痛苦，向人民法院起诉请求赔偿精神损害的，应当依法予以受理。本案中，被告的行为不属于上述规定的情形。被告在高某兵溺水死亡事件中，既无主观上的故意，也无客观上的侵害，故对原告该精神损害抚慰金的诉讼请求法院不予支持。

综上，因高某兵死亡产生丧葬费、被扶养人生活费、死亡赔偿金、交通费共计 179 679.50 元。被告应承担 20% 的赔偿责任，故应赔偿两原告 35 935.90 元。

判决后原告不服向山东省高级人民法院提起上诉，二审法院判决驳回上诉，维持原判。

【法官后语】

本案历经一审、二审、发回重审的一审、二审共四审，比较复杂，在审理中要重点注意对一般安全保障义务的认定这一问题。

最高人民法院 2003 年出台了《解释》，该司法解释借鉴了德国法上的一般安全注意义务和英美法上的合理注意义务理论，并结合我国国情，从公平的角度通过第 6 条规定了侵权法层面上的安全保障义务。《侵权责任法》第 37 条同样以侵权法中的一般安全注意义务理论为基础规定了宾馆、商场、银行、车站、娱乐场所等公共场所的管理人或者群众性活动的组织者的安全保障义务。虽然法律、司法解释有了一般安全保障义务的规定，但义务人的范围如何确定，并没有明确规定。根据法律规定和司法实践中的做法，一般按照以下标准来判断安全保障义务人的范围。一是法定原则。如果法律对于安全保障的内容和义务人必须履行的行为有直接规定的，就应当严格遵守法律、法规的规定进行判断。二是个案分析原则。一般安全保障义务的产生具有不确定性，因此对其内容不能一概而定。三是一般认知原则。安全保障义务人的注意程度与受害人对一般危险的认识、防范能力相辅相成。四是期待性原则。安全保障义务应为“一个明智的、考虑周全的、在合理范围内的谨慎的人所应采取的必要的且足够防止他人受损的措施”。[①] 五是相当性原则。在危

① 周文俊：《社会安全义务理论研究》，中国人民大学 2006 年博士学位论文。

险实现的可能性、损害的严重程度和降低危险所需要的费用之间应有一个适当的关系。[①]

因为司法实践中的情况非常复杂，通过法律确定保护对象的范围比较困难。因此法律将保护对象范围确定的裁量权交给法院，要求司法机关在实践中结合具体情况进行判断。本案即如此，法院更加注重依照个案分析的原则来确定义务人的范围。法院认为雇佣关系难以认定，但存在死者到被告承包海区处学习潜水的法律关系。死者经人介绍与被告雇员吃住在一起，被告同意死者与其雇工一同坐船出海，死者下海潜水时被告的雇工为其把住氧气管，并将其从水中拉上来。从这些情节来分析，首先，根据危险控制理论和社会成本理论，能够控制危险或者离危险源较近的人，可以以较低的成本避免损害的发生，那么就应当由其承担安全保障义务。其次，安全保障义务要求双方有一定的社会接触，从而产生特别的关联关系，本案中高某兵为潜水学习者，被告为潜水场所和设备提供者，基于这种特殊的关系，一方当事人对他方当事人产生合理的信赖，合理信赖是法律所保护的价值。法条中的安全保障义务是义务人所应承担的，根据具体情况所采取必要适当的措施。这种义务的具体内容既可能是基于法律规定，也可能是基于诚实信用原则产生。[②] 因此，法院判定被告负有安全保障义务。

不同个案中损害发生的时间和空间均不同，最重要的是安全保障义务的内容要求从受害人、安全保障义务人、危险本身等角度进行考量，并根据以上这些客观情况综合衡量义务人的责任。因此，法院也注意到死者是 34 岁的具有完全民事行为能力的成年男子，自身未学习过潜水，明知被告不具有教授潜水的资质且潜水风险大，而放任生命面临的风险，故一审法院判决死者自行承担 80% 的过错责任，被告只承担 20% 的过错责任。二审法院也维持了该责任分配的比例。这说明法院在判断安全保障义务人的责任时，不仅注意到法律适用的准确性，还注意到了裁判的适当性。

---

① 孙佑海：《侵权责任法适用与案例解读》，法律出版社 2010 年版，第 163 页。

② 王胜明主编：《中华人民共和国侵权责任法释义》，法律出版社 2010 年版，第 202 页。

【相关法条】

1.《中华人民共和国民法通则》（2021 年 1 月 1 日废止）

第一百零六条 公民、法人违反合同或者不履行其他义务的，应当承担民事责任。

公民、法人由于过错侵害国家的、集体的财产，侵害他人财产、人身的，应当承担民事责任。

没有过错，但法律规定应当承担民事责任的，应当承担民事责任。

第一百一十九条 侵害公民身体造成伤害的，应当赔偿医疗费、因误工减少的收入、残废者生活补助费等费用；造成死亡的，并应当支付丧葬费、死者生前扶养的人必要的生活费等费用。

第一百三十一条 受害人对于损害的发生也有过错的，可以减轻侵害人的民事责任。

对应新法：

《中华人民共和国民法典》（2021 年 1 月 1 日施行）

第一百七十六条 民事主体依照法律规定或者按照当事人约定，履行民事义务，承担民事责任。

第一千一百七十九条 侵害他人造成人身损害的，应当赔偿医疗费、护理费、交通费、营养费、住院伙食补助费等为治疗和康复支出的合理费用，以及因误工减少的收入。造成残疾的，还应当赔偿辅助器具费和残疾赔偿金；造成死亡的，还应当赔偿丧葬费和死亡赔偿金。

第一千一百七十三条 被侵权人对同一损害的发生或者扩大有过错的，可以减轻侵权人的责任。

2.《中华人民共和国民事诉讼法》（2007 年 10 月 28 日修正）

第六十四条 当事人对自己提出的主张，有责任提供证据。

当事人及其诉讼代理人因客观原因不能自行收集的证据，或者人民法院认为审理案件需要的证据，人民法院应当调查收集。

人民法院应当按照法定程序，全面地、客观地审查核实证据。

第一百四十四条 基层人民法院和它派出的法庭审理简单的民事案件，可以用简便方式随时传唤当事人、证人。

对应新法：

《中华人民共和国民事诉讼法》（2023年9月1日修正）

第六十七条 当事人对自己提出的主张，有责任提供证据。

当事人及其诉讼代理人因客观原因不能自行收集的证据，或者人民法院认为审理案件需要的证据，人民法院应当调查收集。

人民法院应当按照法定程序，全面地、客观地审查核实证据。

第一百六十二条 基层人民法院和它派出的法庭审理简单的民事案件，可以用简便方式传唤当事人和证人、送达诉讼文书、审理案件，但应当保障当事人陈述意见的权利。

承办人：王爱玲

编写人：王爱玲

45. 袁某某诉王某某海上人身损害责任纠纷案

——船员从事雇佣活动时遭受侵害及赔偿数额的确定

【合规提示】

本案是一起渔船船员基于船员劳务合同而对其雇主提起的海上人身损害赔偿纠纷案。渔船船员的特殊性在于：船员要随渔船连续漂泊在海上从事捕捞作业，渔船在海上作业期间，均属雇佣期间，渔船即为雇佣场所。实施侵权行为的第三人与接受劳务一方的关系为不真正连带责任。所谓不真正连带责任，是指数个债务人基于不同的发生原因而对同一债权人负有以同一给付标的的数个债务，因一个债务人的履行而使全体债务均归于消灭。对于遭受第三人侵害的提供劳务一方，可以根据第三人与接受劳务一方的赔偿能力选择一方主张权利。作为接受劳务一方，尤其是海上作业的雇主，强化雇员管理，避免侵权事故发生，在承担赔偿责任后，可以向第三人追偿。

【案件信息】

1. 裁判文书字号

（2010）青海法石海事初字第 25 号

2. 当事人

原告：袁某某

被告：王某某

3. 关键词

民事　海上人身损害　从事雇佣活动　雇佣场所

【裁判要旨】

《最高人民法院关于审理人身损害赔偿案件适用法律若干问题的解释》（以下简称《解释》）第 11 条规定，雇员在从事雇佣活动中遭受人身损害，雇主应当承担赔偿责任。出海作业中的渔船，既是船员的工作场所，也是休息场所，是船员的基本生存环境；船员每天完成工作后并未解除对雇主的义务。本案原告在渔船下网进行拖网作业后等待起网的过程中受到伤害，是在雇佣期间、雇佣场所等待工作安排时遭受的人身侵害，应当视为从事雇佣活动时受到侵害。

【基本案情】

原告袁某某于 2009 年 1 月 28 日起受雇于被告王某某，在被告所属的冀某港渔 2××2 船任大车，年工资为 50 000 元。2009 年 10 月 12 日凌晨 3 时左右，冀某港渔 2××1/2××2 船在拖网作业时，原告因与船上船员宋某山发生口角打了宋某山一下，随后两人被其他船员拉开原告回房休息；约一小时后，宋某山进入原告房间用小木凳将原告的右眼打伤。同日，原告入住威海市立医院治疗，被诊断为：（1）眼球破裂 OD；（2）眼睑撕裂伤 OS。该医院对原告分别进行了清创缝合术、右眼皮切手术。原告住院 18 天后，于 2009 年 10 月 30 日出院。因手术后持续疼痛、无光感，原告于 2009 年 11 月 26 日继续在威海市立医院住院治疗，于 2009 年 12 月 1 日行右眼球摘除 + 义眼座植入术，住院 15 天并于 2009 年 12 月 11 日出院。原告两次住院期间共支付医疗费 25 645.72 元。2010 年 1 月 12 日，原告在中国人民解放军山东省军区机关门诊部安装义眼失败，于2010年1月20日重新安装，原告为此共支付挂号费、义眼费3610元。原告两次安装义眼均由其妻子陪同，由威海至济南支付交通费1150元；因安装义眼时未住院，原告支付住宿费200元。2009年12月29日，原告委托烟台富运司法鉴定中心对其伤势进行司法鉴定，该鉴定中心于2010年1月6日作出烟台富运司法鉴定中心（2010）临鉴字第11号司法鉴定意见书，鉴定意见为：（1）袁某某的损伤构成五级伤残；（2）袁某某的误工时间至定残之日止；（3）袁某某伤后两次住院期间需一人护理。原告为此支付鉴定费1300元。

原告受伤住院后，被告向医院支付了“预交金”3000元、检查费等654元，向原告妻子支付了2000元。自上船至2010年10月13日下船，原告共收到被告支付的工资16 200元。被告对原告因伤所造成的各项损失分文未付，也未向原告表达歉意和安慰，且被告尚拖欠原告工资40 000元。

原告为此诉至法院，请求判令被告赔偿医药费26 085.76元、误工费11 944.44元、护理费2242.42元、残疾赔偿金213 732元、残疾器具费10 830元、住院伙食补助费990元、交通费3310元、住宿费600元、司法鉴定费1300元及精神损害抚慰金10 000元、工资40 000元；并由被告负担本案的所有诉讼费用。

被告辩称：（1）本案起因是原告与宋某山因琐事发生争吵，原告殴打宋某山后，宋某山怀恨在心便趁原告睡觉时伺机报复，用木凳将原告打伤；宋某山才是直接侵害人，原告因受伤所产生的费用应由宋某山承担，与被告无关。（2）原告不是在从事雇佣活动中受伤，原告要求被告承担赔偿责任没有法律依据。（3）被告认为原告是农村户口，残疾赔偿金的计算应按农村的计算标准，不应按城镇的标准计算。（4）被告已全部支付了原告的工资，不存在拖欠工资的问题。

【裁判说理】

争议焦点：（1）原告遭受的侵害是否是在从事雇佣活动时受到侵害；（2）赔偿数额应如何确定；（3）被告是否还需向原告支付工资。

青岛海事法院认为：

一、被告作为雇主是否应承担责任

原告受雇于被告在其所属的渔船任大车，原告、被告间存在合法有效的船员劳务合同关系。渔船在出海作业中，既是船员的工作场所也是休息场所，是船员的基本生存环境；船员每天完成工作后并未解除对雇主的义务。本案原告受伤是在渔船下网进行拖网作业后等待起网的过程中，在雇佣期间、雇佣场所等待工作安排时遭受人身侵害，应当视为从事雇佣活动时受到侵害。根据《解释》第 11 条的规定，原告在从事雇佣活动中遭受人身损害，被告作为雇主应当承担赔偿责任。

二、赔偿数额如何确定

通过户籍证明证实原告为山东省荣成市成山镇居民，应按城镇标准计算赔偿数额。根据《解释》的规定计算各项赔偿共计 260 716.12 元。原告因对纠纷的发生存在较大过错，对自己的过错应承担 50% 的过错责任，扣除原告应自行承担的损失外，被告应向原告赔偿 127 531.06 元。

三、关于原告的工资问题

原告的工资给付请求与人身损害赔偿请求均基于同一船员劳务合同关系产生，被告未主张不能合并审理原告的工资给付请求，为了减少讼累并节省司法资源，法院进行了合并审理。扣除已付部分，被告还应向原告支付工资 19 005 元。青岛海事法院依照《民法通则》第 106 条、第 119 条的规定，判决如下：一、被告王某某于本判决生效之日起 10 日内向原告袁某某支付各项赔偿共计 127 531.06 元；二、被告王某某于本判决生效之日起 10 日内向原告袁某某支付工资 19 005 元。

【法官后语】

本案是一起渔船船员基于船员劳务合同而对其雇主提起的海上人身损害赔偿纠纷案。

1. 提供劳务一方遭受人身侵害要求赔偿时，雇主承担责任的前提是雇员在从事雇佣活动中遭受人身损害。如何认定在从事雇佣活动中遭受人身损害是本案的关键，一般情况下认定从事雇佣活动主要看是否从事雇主授权的委托事项，并适当考虑工作时间、工作场所等因素。渔船船员不同于一般雇员的特殊性主要表现在：较长一段时间内船员要随渔船连续漂泊在海上从事捕捞作业，这既是渔船的基本属性也是船员这一职业的基本特征，在这段时间内，渔船既是船员的工作场所又是休息场所，并且船员的作息时间没有规律性，因此，渔船在海上作业期间，均属雇佣期间，渔船即为雇佣场所。

2. 本案原告基于同一法律关系产生了两个诉讼请求，即基于船员劳务合同关系分别产生了人身损害赔偿请求及工资给付请求。在案件审理中，当事人均未提出两个诉讼请求不能合并审理，法院考虑到合并审理两个诉讼请求可以减少诉累、节省司法资源，且也不影响裁判的逻辑性，法院对原告的工资给付请求进行了合并审理。这充分体现了法院司法为民、以当事人为本的司法理念。

【相关法条】

1.《中华人民共和国民法通则》（2021 年 1 月 1 日废止）

第一百零六条 公民、法人违反合同或者不履行其他义务的，应当承担民事责任。

公民、法人由于过错侵害国家的、集体的财产，侵害他人财产、人身的，应当承担民事责任。

没有过错，但法律规定应当承担民事责任的，应当承担民事责任。

第一百一十九条 侵害公民身体造成伤害的，应当赔偿医疗费、因误工减少的收入、残废者生活补助费等费用；造成死亡的，并应当支付丧葬费、死者生前扶养的人必要的生活费等费用。

对应新法：

《中华人民共和国民法典》（2021 年 1 月 1 日施行）

第一百七十六条 民事主体依照法律规定或者按照当事人约定，履行民事义务，承担民事责任。

第一千一百七十九条 侵害他人造成人身损害的，应当赔偿医疗费、护理费、交通费、营养费、住院伙食补助费等为治疗和康复支出的合理费用，以及因误工减少的收入。造成残疾的，还应当赔偿辅助器具费和残疾赔偿金；造成死亡的，还应当赔偿丧葬费和死亡赔偿金。

第一千一百九十二条 个人之间形成劳务关系，提供劳务一方因劳务造成他人损害的，由接受劳务一方承担侵权责任。接受劳务一方承担侵权责任后，可以向有故意或者重大过失的提供劳务一方追偿。提供劳务一方因劳务受到损害的，根据双方各自的过错承担相应的责任。

提供劳务期间，因第三人的行为造成提供劳务一方损害的，提供劳务一方有权请求第三人承担侵权责任，也有权请求接受劳务一方给予补偿。接受劳务一方补偿后，可以向第三人追偿。

2.《最高人民法院关于审理人身损害赔偿案件适用法律若干问题的解释》（2004 年 5 月 1 日施行，该解释 2020 年修正时删除了第十一条）

第十一条 雇员在从事雇佣活动中遭受人身损害，雇主应当承担赔偿责任。雇佣关系以外的第三人造成雇员人身损害的，赔偿权利人可以请求第三人承担赔偿责任，也可以请求雇主承担赔偿责任。雇主承担赔偿责任后，可以向第三人追偿。

雇员在从事雇佣活动中因安全生产事故遭受人身损害，发包人、分包人知道或者应当知道接受发包或者分包业务的雇主没有相应资质或者安全生产条件的，应当与雇主承担连带赔偿责任。

属于《工伤保险条例》调整的劳动关系和工伤保险范围的，不适用本条规定。

承办人：曹照勇

编写人：曹照勇　毕德强

46. 意某诉佩某兹海运贸易工业有限公司、哈某克融资有限责任公司海上人身损害责任纠纷案

——在船船员人身损害的债权确认

【合规提示】

国际惯例及我国《海商法》均规定，在船舶营运中发生的人身伤亡的赔偿请求具有船舶优先权。本案系为追索船员工资之债，全体船员申请扣押拍卖船舶，在债权登记公告期间内，其中一名船员就其在船工作期间导致左手小指受伤致残事宜申请债权登记后，提起的确权诉讼案件。本案给船员、船方的合规提示：（1）船员在船工作期间的人身伤害导致的海事债权属于船舶优先权的范畴，可以对当事船舶主张船舶优先权。本案船员因追索其船员工资之债申请扣押并拍卖船舶，同时向船方主张优先受偿权，在债权登记期间，其可就在船工作期间的人身损害赔偿事宜，采取直接在原船员工资之诉中申

请追加诉讼请求或申请债权登记后提起确权诉讼的司法救济，以维护其合法权益。（2）人身损害致残等级与程度往往需要专业机构进行鉴定。因此船员在发生人身损害事故应及时就医治疗并保留治疗资料与费用单据；在治疗终结后，及时寻找专业鉴定机构对伤残等级进行司法鉴定。（3）光船承租人或船舶经营人在船员发生人身伤害事故时，应及时采取医疗治疗措施，避免因延误最佳治疗时机导致损害的扩大。（4）船方对在光船承租人所附带的船舶优先权之债，尤其是在船舶被扣押拍卖情况下，所产生的各类普通债权、海事债权、优先海事债权等应高度重视，积极应诉，避免因光租期间的债权债务导致其权益受损。

【案件信息】

1. 裁判文书字号

（2003）青海法海商初字第 176 号

2. 当事人

原告：意某，土耳其籍，“佩某”轮装配工

被告：佩某兹海运贸易工业有限公司

第三人：哈某克融资有限责任公司

3. 关键词

民事　海上人身损害　确权诉讼　司法鉴定　船舶优先权

【裁判要旨】

本案系全体在船船员因工资之债共同申请诉前扣押，又分别提起诉讼，再共同申请拍卖船舶。在债权登记公告期间内，原告就其在船工作期间导致左手小指受伤致残事宜申请债权登记后，提起的确权诉讼案件。（1）船舶优先权，是指特定海事债权人依法享有的、当债务人不履行或者不能履行债务时，以船舶为标的的对担保物优先受偿的权利，适用受理案件的法院所在地法律。根据我国《海商法》的规定，在船舶营运中发生的人身伤亡的赔偿请求，具有法定的船舶优先权。（2）关于原告受伤事实与受伤程度的认定。以船员名单、船长证明、医院证明等材料综合判定在船工作期间的受伤事实，并将法院委托的司法鉴定机构出具的鉴定报告作为判定原告受损程度的依据。

【基本案情】

被告佩某兹海运贸易工业有限公司为土耳其籍“佩某”轮的登记船舶经营人和光船承租人，第三人哈某克融资有限责任公司为船舶所有人。

原告意某系土耳其籍“佩某”轮船员，于2002年4月4日接受被告的雇佣，4月13日在印度尼西亚的索荣港（SORONG）登上“佩某”轮工作，职务为装配工，实际月工资标准为550美元。8月27日，原告与其他18名船员一起向法院提出扣押“佩某”轮的申请，原告、被告之间的劳务合同关系解除。诉讼期间，应19名在船船员的申请法院依法拍卖了“佩某”轮。

2002年7月初，“佩某”轮在中国张家港停留时，原告在工作期间被铁锤误伤左手小手指，但未能及时治疗。

“佩某”轮停靠青岛港时，经青岛市人民医院诊断，原告受伤的左小手指第一指间关节功能丧失。

2002年12月15日，原告在公告期内提出债权登记申请。12月18日，经法院委托青岛市中级人民法院法医鉴定中心鉴定，原告左手小指的伤残程度为伤残十级。

为维护原告的合法权益，原告诉至法院，请求判令被告赔偿原告人身伤害造成的经济损失80 000元，确认该海事请求对“佩某”轮享有船舶优先权，诉讼费和律师费由被告承担。

被告经合法传唤未到庭参加诉讼，亦未提交书面的答辩意见。

第三人在庭审中辩称：（1）原告索赔的是船舶在张家港锚泊期间手指受伤的人身损害赔偿，但是原告没有提供雇佣合同证明原告是在该船舶上工作的，也没有提供有关的船员名单。（2）原告提供的船长指示没有日期和加盖船章，真实性无法确认。（3）原告受到伤害的日期没有明确，诉状上只说是2002年7月，诊断书上的日期2002年8月26日、12月18日，船舶在2002年11月29日已经卖了，对之后发生的伤害不能就船舶拍卖款进行索赔。（4）原告称受到伤害是在张家港发生，但是却是在青岛看病，由此可见，原告的受伤并不严重和明显。（5）原告只称伤害是在船上发生的，但是并没有说明是在船舶营运期间受伤的。因此，按照《海商法》的规定原告的索赔不属于船舶优先权的请求范围。（6）原告称手指是被锤子砸伤的，但是并没有说明这一伤害是在船舶营运中发生的，原告没有提供证据证明伤害是因为船东或他人的过失造成的，可见，这一伤害完全是由于原告自己的过失或疏忽所造成的。（7）原告没有提供证据证明这一伤害是由船东或营运人的过失造成的，该伤害索赔就不属于海事侵权损害赔偿，也就不属于海事优先权的范围。（8）原告没有提供任何医疗花费的证明，原告称去医院看病，但是原告没有看病时的挂号单和任何医疗发票，因此原告的索赔不成立。（9）原告索赔律师费用在中国没有法律依据，也没有证据证明原告是依据合同主张的权利。

【裁判说理】

争议焦点：（1）原告的人身伤害事故是否是在船舶营运期间发生的；（2）原告受伤害程度的认定；（3）原告的伤害是否享有船舶优先权；（4）律师费的主张是否成立。

青岛海事法院认为：

1. 本案系船舶被拍卖后因债权登记而提起的确权诉讼。依照《海事诉讼特别程序法》第 116 条“债权人提供其他海事请求证据的，应当在办理债权登记以后，在受理债权登记的海事法院提起确权诉讼”的规定，本院对本案有管辖权。

2. 本案原告为土耳其自然人，被告、第三人为土耳其法人。根据《最高人民法院关于审理涉外海上人身伤亡案件损害赔偿的具体规定（试行）》第 9 条的规定，本案之争议可适用土耳其法。但原告在诉讼中主张本案适用中国法；第三人作为船舶所有人在庭审中直接适用中国法作为本案之准据法；被告既未出庭又未提交适用外国法律的约定及相关法律；《海商法》第 272 条规定：“船舶优先权，适用受理案件的法院所在地法律。”本案实体争议应适用中华人民共和国法律。

3. 被告实际占有、使用、营运“佩某”轮，并为“佩某”轮配备船员，提供燃油，该被告不仅为“佩某”轮登记的船舶经营人，也为该船舶的实际经营人。原告接受被告的雇佣和派遣到“佩某”轮上工作，双方虽没有签订书面的船员服务合同，但已经建立事实上的船员服务合同关系。原告在船上工作期间受伤致残，参照《最高人民法院关于审理人身损害赔偿案件适用法律若干问题的解释》第 11 条“雇员在从事雇佣活动中遭受人身损害，雇主应当承担赔偿责任”的规定，原告有权就其人身伤残要求被告予以赔偿。

根据《最高人民法院关于审理涉外海上人身伤亡案件损害赔偿的具体规定（试行）》第3条的规定，赔偿范围为收入损失、医疗、护理费、安抚费及其他必要的费用。参照《最高人民法院关于审理人身损害赔偿案件适用法律若干问题的解释》第17条、第18条的规定，赔偿范围应限于：（1）因就医治疗支出的各项费用以及因误工减少的收入，包括医疗费、护理费、交通费、必要的营养费等；（2）因增加生活上需要所支出的必要费用以及因丧失劳动能力导致的收入损失，包括残疾赔偿金、残疾辅助器具费、被扶养人生活费、后续治疗费等；（3）精神损害抚慰金。本案原告未要求支付医疗费、护理费、交通费及其他必要费用，也未提供相应的证据；其要求赔偿的范围应限于残疾赔偿金（收入损失）与精神损害抚慰金（安抚费）两项。

原告的伤残程度为伤残十级，原告虽未提供因伤残使其实际收入减少的证明，但伤残十级势必会在一定程度上影响到原告的劳动能力。根据《最高人民法院关于审理涉外海上人身伤亡案件损害赔偿的具体规定（试行）》第4条、第5条的规定，原告合理的收入损失应为：550×12×（70–34）×5%=11 880美元。另原告要求5000元人民币的安抚费，亦属于合理的范围，本院予以支持。

4. 船舶优先权是指海事请求权人依照法律规定，向船舶所有人、船舶经营人或光船租赁人提出海事请求，对产生该海事请求的船舶具有优先受偿的权利。原告因在“佩某”轮工作期间发生人身伤害而提出的赔偿请求，属于我国《海商法》第22条第1款第2项规定的船舶优先权的范畴；且原告在卖船公告期间内，于2002年12月15日向本院申请债权登记的行为，当属就其海事债权向产生优先权的船舶依法行使权利行为，原告的该申请已经本院审查且被本院接受，则行使船舶优先权的法定条件业已具备，亦未超过法律规定的一年行使除斥期间，应当享有船舶优先权。

5. 原告为诉讼办理公证支出的公证费200元人民币、法医鉴定费200元人民币系因诉讼而必须支出的费用，被告应予偿还。

6. 原告虽主张律师费，但未提供相关的证据，本院不予支持。

7. 由于原告向被告主张伤残补助金、收入损失、安抚费、法医鉴定费用、因诉讼产生的公证费用的总额为80 000元，并未超出合理的数额，故本院当以原告的诉讼请求为裁判本案依据。

依照《海事诉讼特别程序法》第 116 条,《海商法》第 21 条、第 22 条第 1 款第 2 项、第 28 条、第 272 条,《最高人民法院关于审理涉外海上人身伤亡案件损害赔偿的具体规定（试行）》第 3 条、第 4 条、第 5 条,《民事诉讼法》第 130 条以及有关法律的规定，判令：被告于判决生效之日起 10 日内向原告偿付残疾赔偿金、精神损害抚慰金、公证费用 80 000 元人民币及自 2002 年 8 月 1 日起至实际付款之日止的利息；并确认该海事债权对“佩某”轮享有船舶优先权；驳回原告的其他诉讼请求。

因确权诉讼一审终局，青岛海事法院的民事判决生效。

【法官后语】

1. 船舶拍卖后的债权登记及确权诉讼，是针对船舶的特有属性，建立的对债权人、债务人、船东之间债权债务的司法审理的保护制度，通过依法审理确认登记债权的数额与债权性质，裁判结果将作为债权分配的事实依据。

2. 在债权登记期间，在诉船员发现就新的海事债权，可以直接在原船员工资之诉中申请追加诉讼请求主张权利；也可以在债权登记期内先申请债权登记，再提起确权诉讼。

3. 涉外案件的审理，对案件是否有管辖权以及所适用的准据法，都属法院必须审查的范畴。

4. 我国《海商法》第 272 条规定：“船舶优先权，适用受理案件的法院所在地法律。”第 22 条第 1 款第 2 项规定，“在船舶营运中发生的人身伤亡的赔偿请求”具有船舶优先权。因此，法院对原告在船期间所发生的人身伤害损害认定对本船享有船舶优先权。

【相关法条】

1.《中华人民共和国海事诉讼特别程序法》（2000 年 7 月 1 日施行）

第一百一十六条 债权人提供其他海事请求证据的，应当在办理债权登记以后，在受理债权登记的海事法院提起确权诉讼。当事人之间有仲裁协议的，应当及时申请仲裁。

海事法院对确权诉讼作出的判决、裁定具有法律效力，当事人不得提起上诉。

2.《中华人民共和国海商法》（1993年7月1日施行）

第二十一条 船舶优先权，是指海事请求人依照本法第二十二条的规定，向船舶所有人、光船承租人、船舶经营人提出海事请求，对产生该海事请求的船舶具有优先受偿的权利。

第二十二条 下列各项海事请求具有船舶优先权：

（一）船长、船员和在船上工作的其他在编人员根据劳动法律、行政法规或者劳动合同所产生的工资、其他劳动报酬、船员遣返费用和社会保险费用的给付请求；

（二）在船舶营运中发生的人身伤亡的赔偿请求；

（三）船舶吨税、引航费、港务费和其他港口规费的缴付请求；

（四）海难救助的救助款项的给付请求；

（五）船舶在营运中因侵权行为产生的财产赔偿请求。

载运2000吨以上的散装货油的船舶，持有有效的证书，证明已经进行油污损害民事责任保险或者具有相应的财务保证的，对其造成的油污损害的赔偿请求，不属于前款第（五）项规定的范围。

第二十八条 船舶优先权应当通过法院扣押产生优先权的船舶行使。

第二百七十二条 船舶优先权，适用受理案件的法院所在地法律。

3.《中华人民共和国民事诉讼法》（1991年4月9日施行）

第一百三十条 被告经传票传唤，无正当理由拒不到庭的，或者未经法庭许可中途退庭的，可以缺席判决。

对应新法：

《中华人民共和国民事诉讼法》（2023年9月1日修正）

第一百四十七条 被告经传票传唤，无正当理由拒不到庭的，或者未经法庭许可中途退庭的，可以缺席判决。

4.《最高人民法院关于审理涉外海上人身伤亡案件损害赔偿的具体规定（试行）》（2013年1月18日废止）

三、伤残赔偿范围

（一）收入损失。是指根据伤残者受伤致残之前的实际收入水平计算的收入损失。因受伤、致残丧失劳动能力者，按受伤、致残之前的实际收入的全额赔偿；因受伤、致残丧失部分劳动能力者，按受伤、致残前后的实际收入的差额赔偿。

（二）医陪、护理费。医疗费包括挂号费、检查诊断费、治疗医药费、住院费等；护理费包括住院期间必需陪护人的合理费用和出院后生活不能自理所雇请的护理人的费用。

（三）安抚费。是指对受伤致残者的精神损失所给予的补偿。可按伤势轻重、伤痛情况、残废程度，并考虑其年龄、职业等因素作一次性的赔付。

（四）其他必要的费用。包括运送伤残人员的交通、食宿之合理费用、伤愈前的营养费、补救性治疗（整容、镶牙等）费、残疾用具（假肢、代步车等）费、医疗期间陪住家属的交通费、食宿费等合理支出。

四、死亡赔偿范围和计算公式

（一）收入损失。是指根据死者生前的综合收入水平计算的收入损失。收入损失 =（年收入 – 年个人生活费）× 死亡时起至退休的年数 + 退休收入 ×10

死者年个人生活费占年收入的 25%–30%。

（二）医疗、护理费［具体内容参见前条第（二）项］。

（三）安抚费。是指对死者遗属的精神损失所给予的补偿。

（四）丧葬费。包括运尸、火化、骨灰盒和一期骨灰存放费等合理支出。但以死者生前六个月的收入总额为限。

（五）其他必要的费用。包括寻找尸体、遗属的交通、食宿及误工等合理费用。

五、受伤者的收入损失，计算到伤愈为止；致残者的收入损失，计算到 70 岁；死亡者的收入损失，计算到 70 岁。

70 岁以上致残或死亡的，其计算收入损失的年限不足 5 年者，按 5 年计算，并予以一次性赔付（综合考虑利率及物价上涨因素）。

对应新法：

《最高人民法院关于审理人身损害赔偿案件适用法律若干问题的解释》（2022 年 4 月 24 日修正）

第十二条 残疾赔偿金根据受害人丧失劳动能力程度或者伤残等级，按照受诉法院所在地上一年度城镇居民人均可支配收入标准，自定残之日起按二十年计算。但六十周岁以上的，年龄每增加一岁减少一年；七十五周岁以上的，按五年计算。

受害人因伤致残但实际收入没有减少，或者伤残等级较轻但造成职业妨害严重影响其劳动就业的，可以对残疾赔偿金作相应调整。

承办人：郭彦滨

编写人：郭彦滨

47. 王某囡诉张某某、辛某、左某某、陈某某、刘某、董某某、郑某某、王某谦、某港务局、第三人某航运集团某海运总公司港口作业重大责任事故责任纠纷案

——港口作业纠纷中共同侵权的责任认定

【合规提示】

本案系港口作业过程中的人身伤害损害赔偿纠纷，侵权责任人牵扯港方、船方、车方、票务人员等，法律关系复杂。本案中一次事故导致大副和送站票务人员亡故，超载货车驾驶员被追究刑事责任，寻衅滋事的贩票人员被劳教。本案的民事侵权之诉，给各方当事人如下提示：（1）港口作业区域应当有其封闭的管理区域；作业区域的选择必须符合规范的作业条件；港口经营管理应当规范有序。（2）滚装船经营人应当人车分离、规范装卸秩序。（3）车辆应当在核定限额内承载货物，车主及车辆管理人应当尽其管理义务。（4）票务人员应当遵守港口管理规定及作业规程并听从船方、港方的指挥与调度。

【案件信息】

1. 裁判文书字号

（2002）青海法海事初字第 15 号

2. 当事人

原告：王某囡

被告：张某某、辛某、左某某、陈某某、刘某、董某某、郑某某、王某谦、

某港务局

第三人：某航运集团某海运总公司

3. 关键词

民事　海上人身损害　港口作业　共同危险情势　港口管理责任　滚装船作业秩序　汽车超载　寻衅滋事

【裁判要旨】

1. 公民、法人由于过错侵害国家的、集体的财产，侵害他人财产、人身的，应当承担民事责任。

2. 共同危险行为是指数人共同实施危及他人人身安全的行为并造成损害结果，而实际侵权行为人又无法确定的侵权行为。共同危险行为成立后，如果无法确定真正的侵权人，共同实施危险行为的数人承担连带责任，但究其各自的主观过错以及原因力分别占整体的百分比，各过错方应承担其相应的责任份额。

【基本案情】

“蒙G1×××6”号车为蓝色“解放”平头半挂大货车，由左某某的表姐辛某购买。2001年3月2日，左某某代表辛某与陈某某达成书面协议，用陈某某的名义办理该车的登记手续，车辆的权属及经营均归左某某。该车登记车主为陈某某，经营人为辛某。张某某受辛某雇佣，为该车的驾驶员。

“海某”轮为某航运集团某海运总公司（以下简称某海运总公司）所有的客滚装船，王某义为“海某”轮大副，原告王某囡是王某义之女，是其唯一第一顺序继承人。

某港务局客运总公司是某港务局下属的经营单位，对滚装船票出售实行计算机售票管理，在不同地段设置了不同的售票处，其中回里售票处是由郑某利与王某友共同管理。刘某在烟台港参与部分票务的出售事宜。董某某、郑某某、王某谦分别为郑某利的妻子、儿子和母亲，是郑某利的全部第一顺序继承人。

2001年9月12日，“海某”轮477航次停靠某港务局客五码头作业，王某义指挥车辆上船。张某某购得船票后，驾驶“蒙G1×××6”号大货车驶入泊位等待上船，某港务局未对该车衡重。23时40分，该车行驶至与“海某”轮相连的引桥时，刘某因张某某未通过其购买船票，在引桥上阻挠张某某上船。由于货车超载且制动无效，车辆失控下滑，与正在等候登船的“辽C9×××9”号货车前脸相撞，“蒙G1×××6”号车上装啤酒瓶的麻袋摔下，将王某义、郑某利（另案处理）砸伤致死。其后，张某某因过失致人死亡罪被判刑、刘某因寻衅滋事被劳动教养。

2002年4月29日，原告起诉要求各被告连带承担其父死亡赔偿金人民币283 000元、精神损失费50 000元。案件受理后，某港务局申请追加某海运总公司为被告，法院将其列为案件第三人。9月26日，原告追加郑某利的三位家属董某某、郑某某、王某谦为被告。

被告张某某辩称：其受雇于辛某从事运输，此次事故应由刘某负主要责任，某港务局管理不严，船东明知车票与车辆不符且超载，也应承担责任。本人应承担责任，但没有办法，因为是车主安排的，故车主也应承担责任。

被告辛某辩称：其虽是车主，但也是受害者，这次事故的主要责任应由刘某、某港务局、郑某利负责。（1）刘某酒后没有合法手续非法进入滚装船工作区、强行多次拦车。（2）某港务局管理不善，工作区混乱。（3）郑某利在没有合法手续的情况下进入港区的车辆登船工作区，并站在车辆正常等船的车行道上，也应负一定责任。（4）港口规定上船车车重不得超过50吨，不应视为案涉车辆超载。（5）事故发生后经检测，案涉车辆技术性能及刹车符合技术标准。故其不应承担法律责任。

被告左某某辩称：其代表辛某办理车辆的挂牌登记手续并签订《协议书》，辛某认可被代表的行为，故其不应承担责任。

被告陈某某辩称：其只是出借户口和身份证为左某某办理车的落籍手续，应由实际车主辛某承担责任。

被告刘某辩称：受害人之死完全因车况所致，其不应承担责任。

被告某港务局辩称：其与王某义的死亡无因果关系。王某义的死亡事故是刘某和张某某的行为造成的。某港务局在王某义的死亡事故中无过错。死者王某义也有一定责任，其应当明知两辆车之间的间隙属“危险区”，但由于疏于观察和瞭望，从而导致死亡。

被告董某某、郑某某、王某谦辩称：郑某利是某港务局客运公司回里售票处的合伙经营人，其经同意进入港口作业区，给某港务局客运公司送客，不是非法进入，也没有纠缠王某义，原告没有提供王某义死亡是由于郑某利侵权所致的证据。

第三人某海运总公司辩称：起诉状中所述事实不符合实际，其不应承担责任。

【裁判说理】

争议焦点：（1）谁是“蒙G1×××6”车的实际所有人；（2）“蒙G1×××6”号车是否超载；（3）诸被告及第三人在本次事故中是否有过错；（4）关于引桥坡度的认定；（5）本次侵权事故各责任方的责任问题。

青岛海事法院认为：

1. 王某义、郑某利死亡的事故为“蒙G1×××6”号车在登“海某”轮过程中从引桥上下滑，并与“辽C9×××9”号车相撞，引发“蒙G1×××6”号车上装啤酒瓶的麻袋摔下来，将二人砸伤致死。

2. 该事故中车辆及驾驶员（张某某、辛某为车辆方）、刘某、某港务局、某海运总公司均存在一定的过错。其中：（1）关于车辆方面：《汽车货物运输规定》规定货物装载重量以车辆额定吨位为限。本案中，张某某对车辆超载情况明知，且在购票时未如实申报载货重量；辛某作为车辆所有人与经营人，对车辆超载采取的是支持放任的管理方式。驾驶员与车主、经营人均存在违反法律规定的过错。（2）关于刘某：刘某无票进入港口作业区，无故拦截车辆寻衅滋事，已严重影响到港口的安全正常作业。（3）关于某港务局：一方面，根据《港口货物作业规则》和《海上交通安全法》，“海某”轮作业区域的四至范围以及车辆候船区域的车辆迂回半径明显不足，加之“海某”轮引桥15°坡度，表明该区域不具备安全的作业条件，属于作业区域选择不合理；另一方面，作为港口经营人在开放管理的港口区域内，对本次滚装船作业存在严重的管理疏忽和过失。（4）关于某海运总公司：作为专业的船舶所有人和经营人，在指挥中存在过错，对半挂车超载仍安排登轮有疏忽，车辆调度安排过于紧凑，对事故发生具有过错。

3. 虽然前述各方均有不同的过错，且对该事故的发生也没有共同的合意，但各方的过错相互交错，共同成就了这一危险情势。

4. 在各方过错的共同作用下，形成了危险情势，而该情势直接导致了在港口作业过程中事故的发生，且王某义、郑某利的死亡，对王某义已构成了侵权。因此，过错各方对因共同过错导致的侵权行为承担连带责任，但究其各自的主观过错以及原因力分别占整体的百分比，各过错方应承担其相应的责任份额。

5. 引桥坡度的认定。烟台市公安局交通警察支队烟台港大队出具的《道路交通事故现场勘察笔录》记载坡度为 15°，应予认定。

6. 港口作业是港口经营人的专营业务之一，保障在港人员的安全是港口经营人的法定义务，某港务局作为港口经营人应承担相应的责任。

7. 关于各过错方应承担其相应的责任份额：（1）“蒙 G1×××6” 号车驾驶员张某某、车辆的所有及经营人辛某连带承担本次事故 15% 的侵权赔偿责任。（2）刘某承担本次事故 10% 的侵权赔偿责任。（3）某港务局承担本次事故 40% 的侵权赔偿责任。（4）某海运总公司承担本次事故 35% 的侵权赔偿责任。因原告明确表示“不追究某海运总公司的赔偿责任，但却不放弃，而且只追究各被告的赔偿责任和连带赔偿责任”，因此对某海运总公司这 35% 的按份民事责任，应由张某某和辛某、刘某、某港务局连带承担。任何一方承担责任后，可依本判决向某海运总公司追偿。

青岛海事法院以判决方式结案。

【法官后语】

本案系港口作业过程中的人身伤害损害赔偿纠纷，侵权责任人牵扯港方、船方、车方、票务人员等，法律关系复杂。对青岛海事法院的一审判决，各方当事人均未上诉。判决生效后，各责任主体与原告自愿达成和解且已自动履行完毕。案件审理过程中，青岛海事法院以案说法，向港方、船方提出建议，严格履行管理责任，真正实现滚装船人车分流，取得了法律效果与社会效果的多赢。本案有以下五个值得关注之处：

1. 关于侵权责任的认定。本案系滚装船登轮作业过程中，港方、船方、车方、票务人员等均有不同的过错，导致超载车辆放行、票务人员送人登轮及票“贩子”寻衅滋事等问题。虽然各过错方对该事故的发生也没有共同的合意，但各方的过错相互交错，共同成就了这一危险情势。在各方过错的共同作用下，形成了危险情势，而该情势直接导致了在港口作业过程中事故的发生，且王某义、郑某利的死亡，对王某义已构成了侵权，应当承担赔偿责任。

2. 关于追究共同危险态势责任。本案以共同造就的危险态势导致共同侵权发生为由，判定各相关责任人承担连带赔偿责任，是我国海事司法港口作业纠纷责任认定的一个创举。各相关责任方均未上诉，以及与原告达成执行赔偿和解协议的行为，表明对该裁判原则的充分认可。

3. 关于各方承担责任的比例。本案裁判过程中，区分了各方过错比例，并在判决中将应赔付原告的款项逐项按份确认，便于各责任方按各自判明的数额履行赔偿责任。

4. 关于精神损害抚慰金的认定。本案王某囡母亲早亡，与其父王某义相依为命，两父女之间的情感，世人皆能感受和理解；王某义死亡，对王某囡的精神打击和心灵伤害，是不言而喻的；参照《山东省高级人民法院关于审理人身损害赔偿案件若干问题的意见》第 82 条至第 87 条规定的原则，判令各责任方应当给予一定的精神慰藉和补偿。该判条充分彰显了海事法官的人性关怀。

5. 以案提升港口经营的规范管理。因青岛海事法院的以案说法与不断建议，港方、船方严格履行管理责任，真正实现滚装船人车分流，起到了以法治护航生命和生产安全的作用。

【相关法条】

《中华人民共和国民法通则》（2021 年 1 月 1 日废止）

第一百零六条　公民、法人违反合同或者不履行其他义务的，应当承担民事责任。

公民、法人由于过错侵害国家的、集体的财产，侵害他人财产、人身的，应当承担民事责任。

没有过错，但法律规定应当承担民事责任的，应当承担民事责任。

第一百零九条　因防止、制止国家的、集体的财产或者他人的财产、人身遭受侵害而使自己受到损害的，由侵害人承担赔偿责任，受益人也可以给予适当的补偿。

第一百三十条　二人以上共同侵权造成他人损害的，应当承担连带责任。

第一百三十四条　承担民事责任的方式主要有：

（一）停止侵害；

（二）排除妨碍；

（三）消除危险；

（四）返还财产；

（五）恢复原状；

（六）修理、重作、更换；

（七）赔偿损失；

（八）支付违约金；

（九）消除影响、恢复名誉；

（十）赔礼道歉。

以上承担民事责任的方式，可以单独适用，也可以合并适用。

人民法院审理民事案件，除适用上述规定外，还可以予以训诫、责令具结悔过、收缴进行非法活动的财物和非法所得，并可以依照法律规定处以罚款、拘留。

对应新法：

《中华人民共和国民法典》（2021年1月1日施行）

第一千一百六十五条 行为人因过错侵害他人民事权益造成损害的，应当承担侵权责任。

依照法律规定推定行为人有过错，其不能证明自己没有过错的，应当承担侵权责任。

第一千一百六十六条 行为人造成他人民事权益损害，不论行为人有无过错，法律规定应当承担侵权责任的，依照其规定。

第一百八十三条 因保护他人民事权益使自己受到损害的，由侵权人承担民事责任，受益人可以给予适当补偿。没有侵权人、侵权人逃逸或者无力承担民事责任，受害人请求补偿的，受益人应当给予适当补偿。

第一千一百七十条 二人以上实施危及他人人身、财产安全的行为，其中一人或者数人的行为造成他人损害，能够确定具体侵权人的，由侵权人承担责任；不能确定具体侵权人的，行为人承担连带责任。

第一百七十九条 承担民事责任的方式主要有：

（一）停止侵害；

（二）排除妨碍；

（三）消除危险；

（四）返还财产；

（五）恢复原状；

（六）修理、重作、更换；

（七）继续履行；

（八）赔偿损失；

（九）支付违约金；

（十）消除影响、恢复名誉；

（十一）赔礼道歉。

法律规定惩罚性赔偿的，依照其规定。

本条规定的承担民事责任的方式，可以单独适用，也可以合并适用。

承办人：郭彦滨

编写人：郭彦滨

48. 董某玲、郑某林、王某谦诉张某晨、辛某、左某忠、刘某、某港务局、某航运集团某海运总公司港口作业重大责任事故责任纠纷案

——港口作业人身伤害赔偿混合过错的责任分担

【合规提示】

滚装船作业中的一次事故导致本船大副和违规送站的港口票务人员两人亡故，两受害人各自的全部第一顺序继承人先后分别提起诉讼。本案系就违规送站的港口票务人员人身伤害追究侵权赔偿责任的案件，是海事法院在审理本船大副人身伤害损害赔偿案件时，发现本案正在被地方法院审理，释明港口作业纠纷案件由属地海事法院专属管辖的法律规定后，地方法院将该案移送海事法院。海事法院以本案受害人在本次事故的发生中存有过错为由，以混合过错判令本案受害人与诸责任人分担责任。本案的特别启示：（1）港口作业纠纷案件系海事法院专属管辖，当事人在选择司法救济途径时，应向

驻地海事法院提起诉讼，避免贻误证据固定的最佳时机，拖延案件审理进度。（2）港方的票务人员更应当遵守港口管理规定及作业规程并听从船方、港方的指挥与调度，否则应对其违规行为导致的后果分担其相应的过错责任。

【案件信息】

1. 裁判文书字号

（2002）青海法海事初字第 22 号

2. 当事人

原告：董某玲、郑某林、王某谦

被告：张某晨、辛某、左某忠、刘某、某港务局、某航运集团某海运总公司

3. 关键词

民事　海上人身损害　港口作业　混合过错　共同危险情势　港口管理责任　滚装船作业秩序　汽车超载　寻衅滋事

【裁判要旨】

滚装船作业中的一次事故导致本船大副和违规送站的港口票务人员两人亡故。青岛海事法院在审理（2002）青海法海事初字第 15 号（以下简称 15 号案件）本船大副第一顺序继承人诉诸侵权责任人损害赔偿案件程序即将结束时，发现本次事故导致港口票务人员在非本职岗位上发生的人身伤害损害赔偿纠纷的本案，正在被地方法院审理，在释明港口作业纠纷案件由属地海事法院专属管辖的法律规定后，地方法院将本案移送海事法院。本案与 15 号案件均由同一事故引发，侵权责任人牵扯港方、船方、机动车辆方、票务人员等，法律关系相对复杂。对于与 15 号案件相同的裁判要旨，本案不再赘述。与 15 号案件的不同之处，在于本案适用了混合过错的赔偿原则。

我国《民法通则》第 131 条规定："受害人对于损害的发生也有过错的，可以减轻侵害人的民事责任。"因郑某利无票进入港口作业区，并在繁忙的港口作业期间，无视作业危险，且严重疏于观察，未尽其注意安全的义务，导致该事故的发生，其自身存在过错。故按照混合过错的担责原则，本案受害人对本次事故负有责任。

【基本案情】

因本案与15号案件系同一次事故，相关事实相同部分不在本案例中进行赘述。

某港务局客运总公司是某港务局下属的经营单位，对滚装船票出售实行计算机售票管理，在不同地段设置了不同的售票处，其中回里售票处是由郑某利与王某友共同管理。刘某在烟台港参与部分票务的出售事宜。董某玲、郑某林、王某谦（以下简称三原告）分别为郑某利的妻子、儿子和母亲，是郑某利的全部第一顺序继承人。

三原告诉至山东省烟台市芝罘区人民法院，2002年5月18日该案移送至青岛海事法院，要求各被告连带承担其父丧葬费、精神补偿费等共计238 661.50元。

被告张某晨辩称：其受雇于辛某从事运输，此次事故应由刘某负主要责任，某港务局管理不严，船东明知车票与车辆不符且超载，也应承担责任。本人应承担责任，但没有办法，因为是车主安排的，故车主也应承担责任。

被告辛某辩称：其虽是车主，但也是受害者，这次事故的主要责任应由刘某、某港务局、郑某利负责。（1）刘某酒后没有合法手续非法进入滚装船工作区，强行多次拦车。（2）某港务局管理不善，工作区混乱。（3）郑某利在没有合法手续的情况下进入港区的车辆登船工作区，并站在车辆正常等船的车行道上，也应负一定责任。（4）港口规定上船车车重不得超过50吨，不应视为案涉车辆超载。（5）事故发生后经检测，案涉车辆技术性能及刹车符合技术标准。故其不应承担法律责任。

被告左某忠辩称：其代表姐辛某办理车辆的挂牌登记手续并签订《协议书》，辛某认可被代表的行为，故其不应承担责任。

被告刘某辩称：其与张某晨有生意往来，拦截车辆事出有因。郑某利因自身原因造成意外事故死亡，事发时郑某利不是在现场送客，而是与王某义无理纠缠。郑某利之死完全因车况所致，其不应承担责任。

被告某港务局辩称：其与郑某利的死亡无因果关系，对事故也无过错。郑某利的死亡事故是刘某和张某晨的行为造成的。郑某利本人应当明知两辆车之间的间隙属“危险区”，但由于疏于观察和瞭望，导致事故发生致死。故事故发生郑某利有一定过错，某港务局不应承担责任。

被告某航运集团某海运总公司（以下简称某海运总公司）辩称：起诉状中所述事实不符合实际，其不应承担责任。

【裁判说理】

争议焦点：除与15号案件相同的事实认定焦点、本次侵权事故各责任方的责任认定焦点之余，本案增加了受害人混合过错责任认定的争议焦点。

青岛海事法院认为：

1. 王某义、郑某利死亡的事故为“蒙G××××6”号车在登“海某”轮过程中从引桥上下滑，并与“辽C××××9”号车相撞，引发“蒙G××××6”号车上装啤酒瓶的麻袋摔下来，将二人砸伤致死。

2. 郑某利的死亡事故是由诸被告的共同过错引起的，诸被告对郑某利已构成共同过错的侵权；但受害人郑某利存在明显的过错，其与侵权责任人之间存在混合过错。（1）郑某利无票进入港口作业区，并在繁忙的港口作业期间，无视作业危险，且严重疏于观察，未尽其注意安全的义务，导致该事故的发生，其本身存在过错，应承担相应的责任。（2）该事故中车辆及驾驶员（张某晨、辛某为车辆方）、刘某、某港务局、某海运总公司均存在一定的过错。各方当事人过错具体包括：第一，关于车辆方面：《汽车货物运输规定》规定货物装载重量以车辆额定吨位为限。本案中，张某晨对车辆超载情况明知，且在购票时未如实申报载货重量；辛某作为车辆所有人与经营人，对车辆超载采取的是支持放任的管理方式。二者均存在违反法律规定的过错。第二，关于刘某：刘某无票进入港口作业区，无故拦截车辆寻衅滋事，已严重影响到港口的安全正常作业。第三，关于某港务局：根据《港口货物作业规则》和《海上交通安全法》，某港务局对“海某”轮作业区域选择不合理，作为港口经营人存在严重的管理疏忽和管理过失，致使刘某、郑某利等无票人员自由进入港口作业区。第四，关于某海运总公司：其作为专业的船舶所有人和经营人，在指挥中存在过错，对半挂车超载仍安排登轮有疏忽，车辆调度安排过于紧凑，对事故发生具有过错。（3）虽然前述各方均有不同的过错，且对该事故的发生也没有共同的合意，但各方的过错相互交错，共同成就了这一危险情势。（4）在各方过错的共同作用下，形成了危险情势，而该情势直接导致了在港口作业过程中事故的发生，且王某义、郑某利的死亡，对王某义已构成了侵权。因此，过错各方对因共同过错导致的侵权行为承担连带责任，但究其各自的主观过错以及原因力分别占整体的百分比，各过错方应承担其相应的责任份额。（5）港口作业是港口经营人的专营业务之一，保障在港人员的安全是港口经营人的法定义务，某港务局作为港口经营人应承担相应的责任。

3. 在明确了郑某利与共同过错的侵权责任人之间存在混合过错后，应先区分混合过错的比例，后划分共同过错的责任比例。本案应先由郑某利承担其过错责任后，再由责任人分担相应的共同过错的侵权责任。（1）郑某利应承担其死亡事故 30% 的侵权责任，各共同过错的侵权责任人（被告各方）连带承担 70% 的侵权责任。（2）各过错方按照各自的过错具体承担的责任份额为：第一，“蒙 G××××6”号车驾驶员张某晨、车辆的所有及经营人辛某连带承担本次事故 15% 的侵权赔偿责任，左某忠作为辛某的代理人不应承担责任。第二，刘某承担本次事故 10% 的侵权赔偿责任。第三，某港务局承担本次事故 40% 的侵权赔偿责任。第四，某海运总公司承担本次事故 35% 的侵权赔偿责任。

4. 引桥坡度的认定。烟台市公安局交通警察支队烟台港大队出具的《道路交通事故现场勘察笔录》记载坡度为 15°，应予认定。

青岛海事法院以判决方式结案。

【法官后语】

本案系港口作业过程中的人身伤害损害赔偿纠纷，本案受害人的死亡事故是由诸被告的共同过错引起的，诸被告对郑某利已构成共同过错的侵权；但受害人在本案中存在明显过错，亦应承担相应责任。

1. 本案与 15 号案件系同一事故的两个诉讼，本案系诸原告先到地方法院诉讼，经释法说理后，才被移送至海事法院的案件。港口作业纠纷由海事法院专属管辖，当事人因错误选择受诉法院，之后被移送，导致本案与 15 号案件的受理有先有后，而诸被告中有一人在服刑期间发现涉嫌新罪被羁押、一人被劳教，为文书送达及案件审理平添难度。青岛海事法院统筹两案件的审理进度，使两案件在同一时间结案。青岛海事法院一审判决作出后，各方当事人均未上诉。判决生效后，各责任主体与原告自愿达成和解且已自动履行完毕。案件审理过程中，青岛海事法院注意以案说法，向港方、船方提出建议，严格履行管理责任，真正实现滚装船人车分流，取得了良好的社会效果和法律效果，实现了法律效果和社会效果的双赢。

2. 本案与15号案件系同一事故的两个诉讼，除15号案件所述的五个方面值得关注之外，混合过错的责任认定是本案的又一特点：郑某利的死亡事故是由诸被告的共同过错引起的，诸被告对郑某利已构成共同过错的侵权；但因受害人郑某利无票进入港口作业区，并在繁忙的港口作业期间，无视作业危险，且严重疏于观察，未尽其注意安全的义务，导致该事故的发生，其本身存在过错，应承担相应的责任。

【相关法条】

《中华人民共和国民法通则》（2021年1月1日废止）

第一百零六条 公民、法人违反合同或者不履行其他义务的，应当承担民事责任。

公民、法人由于过错侵害国家的、集体的财产，侵害他人财产、人身的，应当承担民事责任。

没有过错，但法律规定应当承担民事责任的，应当承担民事责任。

第一百零九条 因防止、制止国家的、集体的财产或者他人的财产、人身遭受侵害而使自己受到损害的，由侵害人承担赔偿责任，受益人也可以给予适当的补偿。

第一百三十条 二人以上共同侵权造成他人损害的，应当承担连带责任。

第一百三十一条 受害人对于损害的发生也有过错的，可以减轻侵害人的民事责任。

第一百三十四条 承担民事责任的方式主要有：

（一）停止侵害；

（二）排除妨碍；

（三）消除危险；

（四）返还财产；

（五）恢复原状；

（六）修理、重作、更换；

（七）赔偿损失；

（八）支付违约金；

（九）消除影响、恢复名誉；

（十）赔礼道歉。

以上承担民事责任的方式，可以单独适用，也可以合并适用。

人民法院审理民事案件，除适用上述规定外，还可以予以训诫、责令具结悔过、收缴进行非法活动的财物和非法所得，并可以依照法律规定处以罚款、拘留。

对应新法：

《中华人民共和国民法典》（2021 年 1 月 1 日施行）

第一千一百六十五条 行为人因过错侵害他人民事权益造成损害的，应当承担侵权责任。

依照法律规定推定行为人有过错，其不能证明自己没有过错的，应当承担侵权责任。

第一千一百六十六条 行为人造成他人民事权益损害，不论行为人有无过错，法律规定应当承担侵权责任的，依照其规定。

第一百八十三条 因保护他人民事权益使自己受到损害的，由侵权人承担民事责任，受益人可以给予适当补偿。没有侵权人、侵权人逃逸或者无力承担民事责任，受害人请求补偿的，受益人应当给予适当补偿。

第一千一百七十条 二人以上实施危及他人人身、财产安全的行为，其中一人或者数人的行为造成他人损害，能够确定具体侵权人的，由侵权人承担责任；不能确定具体侵权人的，行为人承担连带责任。

第一千一百七十三条 被侵权人对同一损害的发生或者扩大有过错的，可以减轻侵权人的责任。

第一百七十九条 承担民事责任的方式主要有：

（一）停止侵害；

（二）排除妨碍；

（三）消除危险；

（四）返还财产；

（五）恢复原状；

（六）修理、重作、更换；

（七）继续履行；

（八）赔偿损失；

（九）支付违约金；

（十）消除影响、恢复名誉；

（十一）赔礼道歉。

法律规定惩罚性赔偿的，依照其规定。

本条规定的承担民事责任的方式，可以单独适用，也可以合并适用。

承办人：郭彦滨

编写人：郭彦滨

49. 冯某国、王某玲诉青岛某区旅游事业管理局、青岛市某区某华制冷电器有限公司、岳某、李某林、第三人岳某湖、薛某芳海上人身损害责任纠纷案

——旅游经营者安全保障义务认定

【合规提示】

本案系海水浴场游客被摩托艇撞伤致死的海上人身伤害损害赔偿纠纷，在摩托艇驾驶人员被追究刑事附带民事责任后，死者父母将浴场管理人、摩托艇所有人、驾驶人及其法定监护人、摩托艇主员工共同列为当事人提起诉讼。本案的发生给各方的启示：（1）浴场作为人员密集型区域，为保障游人及旅游经营人规范经营秩序，浴场管理人应对游人区域与游艇区域严格区分。（2）游艇管理业主应对游艇驾驶人员进行严格的管理。（3）游艇驾驶人员应当取得驾驶资格证书后上岗。

【案件信息】

1. 裁判文书字号

（1999）青海法海事初字第 52 号

2. 当事人

原告：冯某国、王某玲

被告：青岛某区旅游事业管理局、青岛市某区某华制冷电器有限公司、岳某、李某林

第三人：岳某湖、薛某芳

3. 关键词

民事　海上人身损害　损害赔偿　经营责任　海上交通肇事　浴场管理

【裁判要旨】

本案被告涉及已接受刑事附带民事处罚的限制行为能力之海上交通肇事者、摩托艇经营人、浴场管理人等主体，界定各方责任是本案的关键所在。（1）对于肇事者责任而言：确定海上交通肇事行为是否为雇佣行为，是区分肇事者是否承担侵权赔偿责任的前提；肇事者承担刑事附带民事的部分赔偿责任后，是否还应承担民事侵权赔偿责任，是确定肇事者民事赔偿侵权的法律基础；最后限制行为能力的肇事者之过错赔偿责任由监护人承担是民事侵权责任的规定。（2）对于摩托艇经营人的管理责任的确定，是界定其是否承担责任的必要前提。（3）摩托艇看管人是否构成教唆是判定其是否担责的基础。（4）区旅游局所属的管理业主，对浴场管理是否恪尽职责的法定职责界定是判定其是否担责的基础。

【基本案情】

1999 年青岛市某区某华制冷电器有限公司（以下简称某华公司）购买摩托艇，向管理中心交纳管理费用，取得黄岛边防大队“金游 × 号”《出海船舶户口簿》和青岛市海上旅游局管理办公室发放的《海上旅游服务许可证》，确定其在金沙滩东侧有经营区从事水上摩托艇营运工作。某华公司法定代表人岳某瑞、岳某江和肖某三人是从事该艇驾驶的适格船员。岳某瑞在日常的经营过程中，因违规作业，曾被管理中心处罚三次。岳某是岳某瑞的侄女，初中毕业后，临时雇佣给某华公司接听电话、记录工作，也收取过岳某瑞给付的 100 元。闲暇期间，其曾数次去金沙滩浴场游玩，亦曾兼为某华公司的游艇、摩托艇招揽游客、乘客。

1999 年 8 月 19 日，在金沙滩浴场，船员肖某让岳某看管游艇。见艇主

未对钥匙妥善保管，岳某擅自作主会同他人一道推“金游 × 号”摩托艇，由李某云先行骑该艇一周。随后，岳某私自驾驶该艇带他人到海上游玩。因其系初次驾驶，没有驾驶经验，又未分清海上游艇区与游人游泳区的分界，驾驶该艇驶入游人游泳区，其因慌乱而未采取制动措施，将正在游泳的庄某撞至轻伤，后摩托艇又冲上岸，将正在海滩上玩耍的两原告之女冯某程撞至严重闭合性颅脑损伤，经抢救无效死亡。事发后，诱发原告王某玲植物神经功能紊乱、冠心病产生医疗费 446 元，致王某玲无力经营其个体商店直接损失费用 2172.30 元。为处理该事故及诉讼期间二原告产生的合理的交通费用 6478.50 元，打印费用 222 元。

11 月 30 日，山东省青岛市黄岛区人民法院作出（1999）黄刑初字第 177 号刑事附带民事判决，以岳某犯过失以危险方法危害公共安全罪判处有期徒刑二年，缓刑二年；并由岳某的法定代理人赔偿伤者庄某 9159.20 元。

二原告为作为冯某程的父母，诉至法院要求五被告监护人承担王某玲的医药费、交通费、食宿费、误工损失费、死亡补偿费及精神损失费等共计 195 324.20 元及诉讼期间的一切费用。因被告岳某案发时未成年，其民事赔偿责任应由岳某的父母作为其当时的监护人即本案的两第三人承担。

被告青岛某区旅游事业管理局（以下简称区旅游局）抗辩其不承担责任的理由为：（1）其不是侵权责任人，作为被告不适格；（2）其为行政管理和执法部门，不直接或间接参与被管理者的经营活动，不承担经营者的风险，已履行安全管理责任；（3）其在履行海上游艇管理中没有过错；（4）本次事故是由于第二被告、第三被告的过错造成的。

被告某华公司辩称：（1）某华公司是肇事船员的船主，对船员的管理、使用未尽职责，缺乏事实依据。（2）造成人员伤亡的直接原因是开艇过程中没有制动，且是判断不清，驶入了游泳区，该事实与其船员是否违章驾驶并无必然联系。（3）岳某的私自驾艇行为与某华公司没有直接联系。（4）李某云对该案负有一定责任。

被告岳某辩称：区旅游局对金沙滩管理流于形式，其不作为的行为是导致事件发生的根本原因，应承担主要责任。岳某为第二被告某华公司的职员，某华公司应承担一定责任。岳某已就本次肇事事故承担了刑事责任和相应的民事责任，故此案中不应当再列其为被告承担责任。

被告李某云辩称：岳某在刑警的询问笔录中讲明摩托艇案发时已在水中，

而非由李某云等人推下水，主张李某云教岳某如何操作更是无中生有。造成本事故的侵权人是岳某，而李某云既非侵权人也非侵权人的监护人，充其量只是事实的见证人，将其列为被告无事实及法律依据。其认为本案损害结果是由第二被告、第三被告的原因造成的，恳求法院驳回第二被告的追加被告申请。

第三人岳某湖、薛某芳述称：其女对本次事故的发生非常痛心、后悔，且已承担了相应的刑事责任和部分民事责任。因岳某无工作，自己作为岳某的原监护人，承担岳某应承担的民事责任，但请法院考虑自己的经济承受能力，依法公正裁判。

【裁判说理】

争议焦点：（1）某华公司是否应对损失赔偿承担责任；（2）岳某的海上交通肇事行为是否为雇佣行为；（3）岳某在承担刑事附带民事的部分赔偿责任后，是否还应承担民事侵权赔偿责任；（4）李某云是否构成教唆而应承担相应民事损害赔偿责任；（5）区旅游局对金沙滩的管理是否应对海上交通事故承担民事责任。

青岛海事法院认为：

1. 某华公司在本次事故中，不能有效举证证明其恪尽严格管理的职责，应当承担本次事故中的相应过错责任。

2. 岳某在无驾驶资格的情况下擅自驾驶“金游 × 号”致冯某程被撞致死，应当承担其非雇佣行为致人损害的相应过错责任。

3. 岳某在本次事故发生时未满 18 周岁，在诉讼期间虽年满 18 周岁，但其没有经济能力，应当由其原监护人（本案两第三人）承担相应的赔偿责任。

4. 区旅游局作为度假区旅游事业的主管部门及管理中心的上级主管单位，应当依法履行在该区域的卫生、行政、安全管理等全方位的管理，旅游局已将该地区按不同的旅游项目划分出不同的区域并设置了明显的界标，各游艇业主知道也应当知道其明确的经营许可区域，游人通过收听广播也应当知道游泳安全区域。原告及其他诸被告均不能提供区旅游局违反法律不作为的相应依据，故其主张区旅游局承担相应责任的证据不足，不予支持。

5. 因其他诸被告均不能提供李某云教唆、帮助岳某实施该侵权行为的有效证据，因此，其提出的李某云承担责任的主张不能成立，且原告未向李某云提出承担责任的主张，故李某云对本次事故不承担责任。

6. 本次事故的责任人应当赔偿冯某程的医疗费、丧葬费，赔偿二原告冯某程的死亡赔偿金、精神损失及由此造成的其他合理损失。

7. 对原告主张的其他不合理损失没有相应的法律依据，不予支持。

综上，依据《民法通则》第 5 条、第 98 条、第 106 条、第 119 条、第 133 条第 1 款、第 134 条第 1 款第 7 项及有关法律法规之规定，判令：某华公司与岳某各承担本次事故 50% 的侵权赔偿责任，赔偿二原告冯某程的死亡赔偿金 47 971.00 元、原告王某玲的医疗费 446.10 元及误工损失 2173.20 元、二原告交通费 6478.50 元及打印费 222.00 元、二原告的精神损失 10 000 元。

【法官后语】

本案是一宗违规驾驶摩托艇造成交通事故致人死亡的海上人身损害赔偿纠纷。本案有五个需要解决的问题：

1. 摩托艇在海上驾驶本就是带有一定风险的行为，由适格驾驶员驾驶是摩托艇主必须履行的交通安全责任；适格驾驶员不在岗的情况下，妥善保管摩托艇不被启动是摩托艇管理人的最基本的经营管理责任。本案被告某华公司作为摩托艇主和经营人，没有妥善保管摩托艇钥匙，导致其雇佣的未成年人在没有摩托艇驾驶资质的情况下带人骑艇下海，引发海上交通事故危险态势，并实际造成损害结果的发生。某华公司应对其未恪尽严格管理职责的过错，承担在本次事故中的相应过错责任。

2. 岳某在临时看管摩托艇期间，擅自无证带人驾驶摩托艇的行为并非雇佣行为，并在此违章驾驶过程中致两名游客受到人身伤害的事故发生，故其不能以雇佣关系抗辩免除其应承担的侵权民事责任。

3. 岳某因过失以危险方法危害公共安全罪受到刑事处罚并赔偿伤者庄某 9159.20 元，并不能免除其伤害致人死亡的民事赔偿责任，但其在处理该海上交通肇事期间通过交警支付给二原告的款项应从其承担的赔偿款中予以扣减。

4. 因证明李某云教唆、帮助岳某实施该侵权行为的证据不足，不能判令李某云对本次事故承担相应民事责任。

5. 作为度假区旅游事业的主管部门及管理中心的上级主管单位的区旅游局，应当依法履行在该区域的卫生、行政、安全管理等全方位管理职责。在当时立法没有明确管理规范的前提下，对开放的海上旅游区，区旅游局已将该地区按不同的旅游项目划分出不同的区域并设置了明显的界标，各游艇业主知道也应当知道其明确的经营许可区域，游人通过收听广播也应当知道游泳安全区域。显然，原告及其他诸被告均不能提供区旅游局违反法律不作为的相应依据，故其主张区旅游局承担相应责任的证据不足，不予支持。因此，法院作出上述判决。各方当事人均未上诉，该一审判决生效，并在法院监督下，各方应承担的赔偿责任均履行完毕。

海滨浴场的游艇当时尚且为新生事物，法律法规及部门规章中，对海滨浴场功能区域隔离设置没有明确要求，民事责任承担上区旅游局免除了责任。但基于生命至上的原则，法官在审理案件期间，分别口头向青岛海事局、区旅游局、青岛市旅游局提出必须加强功能区域硬隔离的司法建议。自2000年起，青岛的海滨浴场全部实现了以网绳加浮漂对游人区、游艇区进行硬隔离。当年，在海事局系统的推动下，全国的游人游艇区域硬隔离工作全面推行，海滨浴场的管理更加规范有序。

【相关法条】

《中华人民共和国民法通则》（2021年1月1日废止）

第五条　公民、法人的合法的民事权益受法律保护，任何组织和个人不得侵犯。

第九十八条　公民享有生命健康权。

第一百零六条　公民、法人违反合同或者不履行其他义务的，应当承担民事责任。

公民、法人由于过错侵害国家的、集体的财产，侵害他人财产、人身的，应当承担民事责任。

没有过错，但法律规定应当承担民事责任的，应当承担民事责任。

第一百一十九条　侵害公民身体造成伤害的，应当赔偿医疗费、因误工减少的收入、残废者生活补助费等费用；造成死亡的，并应当支付丧葬费、死者生前扶养的人必要的生活费等费用。

第一百三十三条第一款　无民事行为能力人、限制民事行为能力人造成他人损害的，由监护人承担民事责任。监护人尽了监护责任的，可以适当减轻他的民事责任。

第一百三十四条　承担民事责任的方式主要有：

（一）停止侵害；
（二）排除妨碍；
（三）消除危险；
（四）返还财产；
（五）恢复原状；
（六）修理、重作、更换；
（七）赔偿损失；
（八）支付违约金；
（九）消除影响、恢复名誉；
（十）赔礼道歉。

以上承担民事责任的方式，可以单独适用，也可以合并适用。

人民法院审理民事案件，除适用上述规定外，还可以予以训诫、责令具结悔过、收缴进行非法活动的财物和非法所得，并可以依照法律规定处以罚款、拘留。

对应新法：

《中华人民共和国民法典》（2021 年 1 月 1 日施行）

第一百一十条 自然人享有生命权、身体权、健康权、姓名权、肖像权、名誉权、荣誉权、隐私权、婚姻自主权等权利。

法人、非法人组织享有名称权、名誉权和荣誉权。

第一百二十条 民事权益受到侵害的，被侵权人有权请求侵权人承担侵权责任。

第一百七十六条 民事主体依照法律规定或者按照当事人约定，履行民事义务，承担民事责任。

第一百七十七条 二人以上依法承担按份责任，能够确定责任大小的，各自承担相应的责任；难以确定责任大小的，平均承担责任。

第一百七十八条 二人以上依法承担连带责任的，权利人有权请求部分或者全部连带责任人承担责任。

连带责任人的责任份额根据各自责任大小确定；难以确定责任大小的，平均承担责任。实际承担责任超过自己责任份额的连带责任人，有权向其他连带责任人追偿。

连带责任，由法律规定或者当事人约定。

第十九条 八周岁以上的未成年人为限制民事行为能力人，实施民事法律行为由其法定代理人代理或者经其法定代理人同意、追认；但是，可以独立实施纯获利益的民事法律行为或者与其年龄、智力相适应的民事法律行为。

第一千一百八十八条 无民事行为能力人、限制民事行为能力人造成他人损害的，由监护人承担侵权责任。监护人尽到监护职责的，可以减轻其侵权责任。

有财产的无民事行为能力人、限制民事行为能力人造成他人损害的，从本人财产中支付赔偿费用；不足部分，由监护人赔偿。

第一百七十九条 承担民事责任的方式主要有：

（一）停止侵害；

（二）排除妨碍；

（三）消除危险；

（四）返还财产；

（五）恢复原状；

（六）修理、重作、更换；

（七）继续履行；

（八）赔偿损失；

（九）支付违约金；

（十）消除影响、恢复名誉；

（十一）赔礼道歉。

法律规定惩罚性赔偿的，依照其规定。

本条规定的承担民事责任的方式，可以单独适用，也可以合并适用。

第一百八十七条 民事主体因同一行为应当承担民事责任、行政责任和刑事责任的，承担行政责任或者刑事责任不影响承担民事责任；民事主体的财产不足以支付的，优先用于承担民事责任。

承办人：郭彦滨

编写人：郭彦滨

50. 袁某贵、刘某行诉 G 公司等港口作业重大责任事故责任纠纷案

——装卸作业发生人身损害的赔偿责任认定与赔偿数额计算

【合规提示】

本案是一起船舶装卸工人人身伤亡损害赔偿案件，主要涉及卸货船起货机失灵造成损害的责任认定问题。其中，起货机在事故发生时是否处于正常工作状态又是该类案件中法院主要查明的事项。船舶装卸工人在作业过程中发生人身伤亡，可能涉及船方的责任问题。对于船方而言，事故发生后，首先应当注意保护事故现场，特别是要注意在未确认起货机技术状况的情况下，不得擅自改变或者破坏事故现场，否则将导致事故原因难以查清，进而承担由此产生的不利后果。同时，应当严格遵守相关管理规则，对起货机等设备经常性检查，消除事故隐患，避免因设备自身原因造成事故发生，引发自身赔偿责任。对于从事船舶工作的人员及雇佣公司而言，应当加强对工人的培训，细化操作管理规范，严格遵守船方相关要求，避免自身损害。对船方管理、维护不善的行为，应当及时提醒，并保留必要证据，维护自身合法权益。

【案件信息】

1. 裁判文书字号

（1993）青海法海事初字第 20 号

2. 当事人

原告：袁某贵、刘某行

被告：G 公司、O 公司

3. 关键词

民事　海上人身损害　卸货船　损害赔偿责任　赔偿数额

【裁判要旨】

1. 在卸货船起货机操作中发生的人身伤亡损害赔偿纠纷中，判定责任承担的关键在于查明人身伤亡的原因。其中，起货机在事故发生时是否处于正常工作状态又是主要查明事项。在未确认起货机技术状况的情况下，未经主管部门允许擅自破坏事故现场，违反了《对外国籍船舶管理规则》第 48 条之规定，因此产生的不利后果由擅自破坏事故现场的一方承担。

2. 因卸货船起货机失灵所造成的装卸工人人身伤亡的损害赔偿责任应由卸货船船东承担，损害赔偿的数额按最高人民法院的有关规定计算。海事法院计算损害赔偿时，可参照国外的做法将安抚费列入赔偿范围。

【基本案情】

原告袁某贵、刘某行因与 G 公司等人身伤亡损害赔偿纠纷案诉至青岛海事法院。原告袁某贵请求判令被告赔偿因其子袁某杰死亡造成的经济上的损失及精神上的损失共计 181 245.70 美元。原告刘某行请求判令被告赔偿因其所属“国某”轮 2 号起货机陈旧不堪，不能正常运转发生的伤亡事故对其造成的经济上的损失及精神上的损失共计 211 164.50 美元。

被告答辩认为此次事故的发生，完全是由于卸货人员未能遵守有关规章和引货操作人员的疏忽造成的，原告的指控无事实和法律依据，被告不存在任何责任。

经审理查明，1992 年 12 月 20 日被告 G 公司所属“国某”轮停靠在石岛港卸木材，除了 1 号起货机外，2 号、3 号、4 号起货机约 8 时开始作业。使用 2 号起货机作业的人员，舱内有袁某杰、刘某行等四人负责捆扎圆木，理货员李某江指挥起吊，起重工郭某波负责操作起货机。10 时左右，在正常起吊左舷后部一根长约 8 米、重 3~4 吨的圆木时，该圆木突然失控，甩向二舱右舷，将位于舱内右舷后部的袁某杰、刘某行打倒，造成袁某杰死亡，刘某行受伤致残丧失劳动能力。事发后，被告 O 公司代表被告 G 公司向石岛港务局出具了关于本次伤亡事故的赔偿额不超过 27 万美元的信誉担保。

事故发生当天，荣成市劳动局安全监察人员通过查看现场，并调查在场作业人员，得出如下结论：“死者袁某杰、伤者刘某行出事地点位于该轮二舱右舷后洞处，现场留有安全帽两个和眼镜一只，系死伤者出事时留下的。经现场查看，并经当时作业现场多人证实，在出事前现场作业人员的装卸作业是严格按照操作规程进行的，出事时死者和伤者是处在船舱的安全位置，未违章作业。”12月22日，中国船级社烟台分社验船师应石岛港务局的申请登船就该轮在卸货期间2号吊杆所发生装卸工人伤亡事故进行了调查，出具了检验报告。验船师认为：由于船方的原因，事故现场已遭破坏，无法准确确定事故时2号吊杆位置及绞车操纵系统的技术状态，因此，给本次事故调查所造成的困难应由船方负责。经查由被告船长签字的石岛港外轮杂项作业委托单表明，包括2号起货机在内全部起货机在作业过程中经常发生故障，其中1号起货机因油管路故障自12月19日21时至21日9时45分一直未能工作。

被告除提供了船上当班二副的证言材料及船方的有关声明外，未就本案事实提出其他证据材料。

【裁判说理】

争议焦点：卸货船起货机失灵产生人身伤亡损害赔偿责任的认定与赔偿标准。

青岛海事法院认为，本案判明责任的关键在于被告所属船舶的2号起货机在事故发生时是否处于正常工作状态。但被告船在未确认该起货机技术状况的情况下，未经主管部门允许，擅自破坏事故现场，违反了《对外国籍船舶管理规则》第48条之规定，因此而产生的对被告不利的后果应由自己承担。

被告主张事故的发生完全是由于卸货人员未能遵守有关安全规章和引货操作人员的疏忽造成的，对此只提供了二副的证言为证。依由被告船长签字的《石岛港外轮杂项作业委托单》记载：1号起货机因油管路故障自12月19日21时至21日9时45分一直未能工作，而证言中称“在他们开始卸货前，我亲自检查并试验了所有起货机，确认情况正常，运作良好，我将1号至4号起货机逐台转交给装卸工人使用”与上述事实不符。至于其所陈述的其他情况，因无其在事故现场的证据而不足为凭，因此，二副的证言难以采信。被告该主张本院不予支持。

原告提供的证据表明，被告船明知在卸货过程中起货机经常发生故障，存在事故隐患，而未采取相应措施彻底排除故障，致使装卸工人在正常作业过程中，因起货机失控而发生伤亡事故，违反了《对外国籍船舶管理规则》第19条“船舶对装卸操作应提供安全良好的条件，装卸设备应具有合格证书，保持良好的技术状态”的规定，应对此次人身伤亡事故承担全部责任。依法判决被告G公司对本次事故中原告之子的死亡承担全部赔偿责任；两被告赔偿原告损失和费用。

【法官后语】

本案主要涉及港口船舶装卸作业中，装卸工人在卸货时所发生的人身伤亡损害事故的责任应由谁承担及损害赔偿费用应如何计算的问题。

人身伤亡事故的责任认定，应当根据有关责任认定规则，结合在案证据进行。本案在事故责任认定时遇到的主要问题是分析事故发生的原因，即是因为卸货工人未遵守操作规程，还是因为起货机的故障引起？对于该领域人身伤亡损害事故的责任认定，《对外国籍船舶管理规则》有一条特殊规定。该规则第48条规定，船舶发生船员死亡事故，应立即向港务监督报告。在港内由于船方或港方人员的过失，造成对方损害或伤亡事故等，应保留现场，双方都应及时向港务监督报告。之所以规定事故发生后保留现场，是为了更好地查明事故原因，进而为后续责任认定提供重要根据。本案中，被告方船长在未经主管部门许可的情况下，将吊杆放至甲板右舷舱盖板上，改变了事故时吊杆位置。这一改变导致事故原因难以查明，违反了上述规定。另外，“国某”轮轮机长私自安排三名船员对2号吊杆操纵系统进行修理，并更换了控制系统液压油，中国船级社的验船师认为船方应对事故现场的破坏负责。因此，应当由船方承担不利后果，即推定事故责任在船方，除非其有足够的证据推翻这一认定。同时，本案还有其他证据进一步提供了责任认定的根据。通过在案证据看，被告所称伤亡事故的发生系因卸货工人未能遵守有关安全规章和引货操作人员的疏忽而造成的陈述，只有“国某”轮二副的证言为据，且二副的证言不足以证明其所述的操作工人违章。本案事故发生后，荣成市劳动局派出安全监察员到现场察看，并调查了在场作业人员，出具了《关于“国某”轮发生伤亡事故的证明材料》，证明“出事前现场作业人员的装卸作业是严格按照操作规程进行的，出事时死者和伤者处在船舱的安全位置，未违章作业”。因此，法院有充分理由认为装卸工人的操作是正常无过失的。综合在案证据看，根据相关规定，能够认定伤亡事故的发生系因“国某”轮机械失灵所致，船方对本次事故的发生负全部责任。

本案关于损害赔偿费用计算的问题也是很重要的一点，在计算涉案人身伤亡损害赔偿数额时，法院参考国外的做法将安抚费列入了赔偿范围，是对人身伤亡损害赔偿的积极探索，对更好地抚慰受伤人员及伤亡人员家属具有积极意义。当时我国对安抚费尚无相应的具体规定，鉴于被告船为外轮，根据国外计算损害赔偿的通常做法，法院最后确定伤、亡两案安抚费均为 5 万元人民币。其余赔偿费用则按照关于收入损失、其他必要费用及医疗费、护理费等的标准予以判赔。

【相关法条】

1.《中华人民共和国民法通则》（2021 年 1 月 1 日废止）

第一百零六条 公民、法人违反合同或者不履行其他义务的，应当承担民事责任。

公民、法人由于过错侵害国家的、集体的财产，侵害他人财产、人身的，应当承担民事责任。

没有过错，但法律规定应当承担民事责任的，应当承担民事责任。

对应新法：

《中华人民共和国民法典》（2021 年 1 月 1 日施行）

第一千一百六十五条 行为人因过错侵害他人民事权益造成损害的，应当承担侵权责任。

依照法律规定推定行为人有过错，其不能证明自己没有过错的，应当承担侵权责任。

第一千一百六十六条 行为人造成他人民事权益损害，不论行为人有无过错，法律规定应当承担侵权责任的，依照其规定。

2.《中华人民共和国对外国籍船舶管理规则》（1979 年 9 月 18 日施行）

第四十八条 船舶发生船员死亡事故，应立即向港务监督报告。在港内由于船方或港方人员的过失，造成对方损害或伤亡事故等，应保留现场，双方都应及时向港务监督报告。如果发生纠纷，当事的任何一方，都可以向港务监督申请调查处理，涉及刑事范围的，由中华人民共和国司法机关处理。

承办人：宋俊文

编写人：余晓龙

51. 青岛港务局某公司诉翟某公司港口作业重大责任事故责任纠纷案

——装卸作业所需“安全良好的条件”的理解与认定

【合规提示】

本案系一起港口装卸人身伤亡损害赔偿纠纷案件，双方对因船方未提供装卸作业所需安全良好的条件造成装卸人员人身伤亡时，各方主体损害赔偿责任认定存在争议。该争议的核心问题，其实是对《对外国籍船舶管理规则》第 19 条规定的“船舶对装卸操作应提供安全良好的条件，装卸设备应具有合格证书，保持良好的技术状态”的理解问题。对于船舶所有人或占有人来说，提供“安全良好的条件”是其法定义务，该义务不仅包括对装卸设备的要求，还包括对船舶装卸作业场所和与装卸作业有关的场所的要求，该义务与所装卸的货物无关，并应贯穿于整个装卸作业过程。另外，对于卸货人来说，为确保卸货作业安全，也不应因为船方负有对卸货操作提供安全良好条件的法定义务，而忽视对卸货作业条件的检查，一定要按照卸货的安全操作流程做好相关的检查工作，保证自身安全。

【案件信息】

1. 裁判文书字号

（1987）青海法海事初字第 14 号

2. 当事人

原告：青岛港务局某公司

被告：翟某公司

3. 关键词

民事　海上人身损害　船舶所有人或占有人　作业设备及环境　安全良好的条件

【裁判要旨】

《对外国籍船舶管理规则》第19条关于“船舶对装卸操作应提供安全良好的条件，装卸设备应具有合格证书，保持良好的技术状态”的规定是船舶所有人或占有人的一项法定义务。船方对装卸操作应提供安全良好的条件不仅包括机械设备要处于良好的技术状态，其作业环境也必须处于良好状态，否则对由此引起的装卸工人人身伤害要负赔偿责任。

【基本案情】

被告所属船舶“三某鹳”轮装载中国土产畜产进出口总公司的原木，自1985年7月2日从美国安哥来斯港（PORT ANGLES U. S. A.）起，于1985年7月24日9时30分靠青岛港八号码头二泊位。原告于同日10时卸货，至7月26日12时30分许甲板货全部卸完。在开舱卸货之前，被告方船长在本船不具备通风能力的情况下，既未申请港方通风，也未进行测试或将该情况告知原告；原告也既未进行检测，亦未向船方了解通风情况。该船二舱于26日10时30分许开舱卸货。14时30分中班作业工人继续卸货。15时左右，该舱内的两节原木间露出一空隙（原告所述“空洞”）。16时30分许，该舱作业工人司某下到该空隙两米左右深处套吊头丝，同舱作业工人林某发现司某面色苍白，闭着眼睛，仰倒掉入空隙的深处（距空隙口5~6米），即急忙招呼同舱作业的崔某。崔某和彭某闻讯后即从空隙两边下去抢救，林某跟在崔某的后面。林某下到一米左右时，感到头晕恶心，即爬出。甲板指挥手李某发现舱内只有林某一人便问林某，林某示意在空隙内，李某向绞车手徐某招呼后，也下舱救人。徐某也一边呼救，一边与同船作业工人刘某、李某下去抢救。上述八人除林某、徐某二人感觉不好爬出以外，其余六人均昏倒在空隙内。其他同舱人员采取一定措施后，下到该空隙内将六人相继救出。经现场和医院抢救，其中四人复苏，司某、彭某因抢救无效死亡。

事故发生后，青岛市卫生防疫站于当天24时许现场取样检测，结论是该空隙内“严重缺氧，二氧化碳含量过高”。青岛市公安局法医对两名死者的尸体检验结论为，两人“均系窒息死亡，两具尸体均有多处皮肤擦伤（非致命伤）”。司法部司法鉴定技术研究所对含氧量12%~14%、二氧化碳6.8%的状态的咨询意见是：该状态能造成机体缺氧，产生呼吸心律加快，严重者可能出现头昏头痛、眩晕等症状。

这次事故除两名工人死亡外，另有13名因抢救他人进入缺氧和二氧化碳含量过高的空隙而受到程度不同的伤害，其中4人经青岛市市立医院鉴定至今有缺氧后遗症状，不能从事重体力劳动。原告遭受的损失，除被告方已经赔偿的部分外，还有13名受伤工人的医药费及其劳务损失和4名重伤工人的收入损失等共599 126.98元（利息和贴现已计算在内）。

原告诉称：被告违背《海上交通安全法》和《对外国籍船舶管理规则》的规定，没有为装卸操作提供安全良好的条件，也未将该船舱可能缺氧的事实通知，要求被告承担事故全部责任，请求判令被告赔偿损失。

被告辩称：《对外国籍船舶管理规则》第19条的规定仅对船舶提供的装卸设备而言。原告指控被告没有提供安全良好的作业条件与事实不符，因为工人自开舱作业至发生事故共6个小时的时间，全船作业一直正常，有关部门提供的检测报告也证明舱内的工作面基本正常。尽管舱底缺氧是事实，但是被告提供的工作面是安全的，只要原告自上而下卸货，就能保证其安全。因此，不能认为被告提供的卸货条件不安全。至于原告指控被告没有将舱内可能缺氧的事实通知原告，被告认为，原木属于普通货物而非危险货物，根据国际惯例和国内实践，被告没有义务发出通知或警告，也没有义务指导工人卸货。被告认为，这起事故的发生是由于原告的疏忽和过失造成的，因为根据权威部门的咨询意见，在含氧量为12%~14%，二氧化碳含量6.8%的情况下，一般不致使人突然昏倒。受害人司某掉入缺氧的舱底很可能是失足坠落。被告还对原告提出的某些索赔项目及计算依据提出异议。

【裁判说理】

争议焦点：因船方未提供装卸作业所需安全良好的条件造成装卸人员人身伤亡时，各方主体损害赔偿责任的如何认定。

青岛海事法院认为：《对外国籍船舶管理规则》第19条关于“船舶对装卸操作应提供安全良好的条件，装卸设备应具有合格证书，保持良好的技术状态”的规定是船舶所有人或占有人的一项法定义务。该义务不仅包括对装卸设备的要求，还包括对船舶装卸作业场所和与装卸作业有关的场所的要求；该义务与所装卸的货物无关，并应贯穿于整个装卸作业过程。

根据青岛市卫生防疫站的检测报告、证人证言以及有关部门的咨询意见，装卸工人司某确系因进入原木空隙作业吸入过量的二氧化碳和严重缺氧而晕倒，以致坠入舱底窒息死亡。其他 13 人在抢救过程中，也因同样原因而受到伤害。

这次事故的发生，主要是由于被告没有为卸货操作提供安全良好的条件所致，违背了《对外国籍船舶管理规则》第 19 条的规定。同时该船既无通风设备又无通风条件，经过长时间航行，被告应当预见到舱内可能缺氧或产生有害气体并采取相应的措施。因此，被告应承担事故的主要责任。原告作为港口装卸作业公司，为确保卸货作业安全，也不应因为被告负有对卸货操作提供安全良好条件的法定义务，而忽视对卸货作业条件的检查，也存在一定过失，亦应承担一定责任。

青岛海事法院以判决方式结案，判决被告承担本次事故 90% 的责任，原告承担 10% 的责任。

【法官后语】

《对外国籍船舶管理规则》第 19 条规定："船舶对装卸操作应提供安全良好的条件，装卸设备应具有合格证书，保持良好的技术状态。"从性质上来看，该条文属于强制性法律规范，双方当事人不能协议改变；从义务主体上来看，此规范的"船舶"应理解为船舶所有人或经营管理人，即对船舶现行控制的一方；从条文内容上来看，船方对装卸操作应提供"安全良好的条件"不仅包括机械设备要处于良好的技术状态，其作业环境也必须处于良好状态，否则对由此引起的装卸工人人身伤害要负赔偿责任。

《对外国籍船舶管理规则》于 1979 年发布并实施，除根据该规则设定的外国籍船舶在港区水域内安全作业审批于 2004 年被取消外，该规则仍现行有效。也正因如此，对于包括第 19 条在内的条文规定仍应引起船方等义务主体的足够重视，以避免类似纠纷再次发生。

【相关法条】

1.《中华人民共和国民法通则》（2021 年 1 月 1 日废止）

第一百零六条　公民、法人违反合同或者不履行其他义务的，应当承担民事责任。

公民、法人由于过错侵害国家的、集体的财产，侵害他人财产、人身的，应当承担民事责任。

没有过错，但法律规定应当承担民事责任的，应当承担民事责任。

第一百零九条 因防止、制止国家的、集体的财产或者他人的财产、人身遭受侵害而使自己受到损害的，由侵害人承担赔偿责任，受益人也可以给予适当的补偿。

第一百三十一条 受害人对于损害的发生也有过错的，可以减轻侵害人的民事责任。

对应新法：

《中华人民共和国民法典》（2021 年 1 月 1 日施行）

第一千一百六十五条 行为人因过错侵害他人民事权益造成损害的，应当承担侵权责任。

依照法律规定推定行为人有过错，其不能证明自己没有过错的，应当承担侵权责任。

第一千一百六十六条 行为人造成他人民事权益损害，不论行为人有无过错，法律规定应当承担侵权责任的，依照其规定。

第一百八十三条 因保护他人民事权益使自己受到损害的，由侵权人承担民事责任，受益人可以给予适当补偿。没有侵权人、侵权人逃逸或者无力承担民事责任，受害人请求补偿的，受益人应当给予适当补偿。

第一千一百七十三条 被侵权人对同一损害的发生或者扩大有过错的，可以减轻侵权人的责任。

2.《中华人民共和国对外国籍船舶管理规则》（1979 年 9 月 18 日施行）

第十九条 船舶对装卸操作应提供安全良好的条件，装卸设备应具有合格证书，保持良好的技术状态。

承办人：黄永申

编写人：褚　茜　刘振华

后 记

从初秋到盛夏，300多个伏案的朝暮，近8万件案例的回顾，482个精品案例的研究审定，在敲下最后一个标点时，这项跨过40年光影的历程就画上了句号。时间仿佛从未走开，一次次置身于那紧张而严肃的法庭，法官们的思虑与见解犹在眼前。

透过书页，今天的我们见证了青岛海事法院40年的艰辛和坚守。1985年留置船载货物纠纷案发出“中国海事法院的首次判决”，1987年受理首例海事行政处罚强制执行案，1992年审理首例海事赔偿责任限制案，1994年判决首例海岸侵蚀损害赔偿案，2000年作出首个海事强制令；从我国自主研发的首座大型全潜式深远海智能养殖装备“深蓝一号”案，国内首艘无人驾驶自主航行系统实验船“智腾”轮案，到首起因船舶碰撞导致重大海洋污染刑事案；从“明昕”轮、“大安吉”轮成功解救被困船员，到“尼莉莎”轮带着新名字“尊重”驶向远方。一个个鲜活的案例，印刻了青岛海事法院走过的光辉历程，也见证了中国海事司法40年的发展脉络。

山东省高级人民法院和青岛市委、市政府高度重视涉外涉海企业营商环境建设。山东省高级人民法院党组书记、院长、二级大法官霍敏就文库编写工作提出明确要求并撰写序言。青岛市委常委、政法委书记程德智，青岛市委常委、副市长耿涛高度重视文库编撰及相关课题研究，给予了大力支持。山东大学政治学与公共管理学院充分发挥人才和技术资源优势，成功中标“海事审判典型案例应用导则建设项目”并积极开展研究。青岛海事法院深入挖掘典型案例资源，深度参与典型案例编写。青岛市商务局、财政局全力推动落实，项目成果得以问世。

本丛书的编辑出版是有关各方共同努力的结果。感谢山东省高级人民法院副院长吕涛，二级高级法官刘义生，研究室主任刘念虎、副主任冯艳楠，民事审判第四庭庭长张传毅、副庭长康靖、董兵法官、冯玉菡法官、刘福贵法官。感谢青岛市商务局党组书记、局长王志俊，党组成员、副局长于浩，对外贸易处处长吕坤、吕静博，山东大学政治学与公共管理学院程小花博士、边琦博士，青岛海事法院办公室副主任王建军、王洪飞，人民法院出版社副总编辑陈建德、教普编辑部副主任李安尼、责任编辑赵芳慧。感谢各位作者为撰写丛书付出的辛勤劳动和智慧！感谢山东法官培训学院对于本书给予的大力支持！感谢人民法院出版社教普编辑部对案例体例格式、目录编制、内容审校、版式设计等提出的宝贵意见！

浩渺行无极，扬帆但信风！诚望广大读者提出宝贵意见，使丛书得以不断完善。

海事司法文库“合规指引与风险防治”课题组

2024 年 6 月